民國歷史與文化研究

初 編

第 1 冊

《初編》總目

編 輯 部 編

國家、社會及第三領域：
近代江蘇各級地方自治研究（1905～1937）（上）

陳 明 勝 著

花木蘭文化出版社

國家圖書館出版品預行編目資料

國家、社會及第三領域：近代江蘇各級地方自治研究（1905
～1937）（上）／陳明勝 著 -- 初版 -- 新北市：花木蘭文化出版
社，2015〔民104〕
目6+132面；19×26公分
（民國歷史與文化研究 初編：第1冊）
ISBN 978-986-404-139-8（精裝）
1. 地方自治 2. 現代史 3. 江蘇省
628.08   103027656

ISBN- 978-986-404-139-8

9 789864 041398

民國歷史與文化研究
初 編 第 一 冊   ISBN：978-986-404-139-8

國家、社會及第三領域：
近代江蘇各級地方自治研究（1905～1937）（上）

作　　者　陳明勝
總 編 輯　杜潔祥
副總編輯　楊嘉樂
編　　輯　許郁翎
出　　版　花木蘭文化出版社
社　　長　高小娟
聯絡地址　235 新北市中和區中安街七二號十三樓
　　　　　電話：02-2923-1455／傳眞：02-2923-1452
網　　址　http://www.huamulan.tw 信箱 hml810518@gmail.com
印　　刷　普羅文化出版廣告事業
初　　版　2015年3月
定　　價　初編32冊（精裝）台幣56,000元

《初編》總目

編輯部　編

總　序

申曉雲

　　臺灣花木蘭文化出版社首批有關民國歷史與文化研究的叢書即將付梓出版了，書稿作者中有不少為我們南京大學中國近現代史研究方向的碩、博研究生，其中有十多位同學曾為我門下學子。看到他們的用心之作被作為近期民國史研究中年輕學者的新銳成果，出版繁體字版，用於兩岸學界交流，作為他們曾經的導師，感到十分欣慰。年輕同人希望我能為他們的新作寫個序，似責無旁貸。但我的學生中，被納入首批出版的新作還不少，要寫也只能是寫個「集體」的。正在考慮怎麼寫，接花木蘭文化出版社楊嘉樂女士來函，讓我也乾脆一併為出版社首批民國歷史與文化研究叢書寫一「總序」，如此厚望，也無可推卻。不過，寫「總序」與為單本書或單個作者寫序不同，由於其中一些書稿一時還無緣拜讀，冒然作序，難免言不盡意。不過，「序」畢竟不是「綜述」，重在推介，點到即可，各部新作的精彩之處，可留給讀者自己去品味。既與此批叢書中的不少作者有著師生之誼，作為老師的我，畢竟陪伴他（她）們度過了讀研期間那段難忘的時光，其中有辛苦，也有甘甜，有耕耘，也有收穫。在他們新作即將面世之際，不妨就讓我和他（她）們一起來回顧那段為教為學、相得益彰的經歷，從中領略教學相長的樂趣，順便對這批以年輕學者為主體的叢書新作略作推介，不亦樂乎。不過，既為推介，面面俱到無必要，過於籠統也不合適，對新作中比較熟悉的作者和書稿內容，會稍加介紹，挂一漏萬之處，深望各位導師和年輕作者們海涵。

　　從哪兒談起呢？先讓我們看看此批叢書大概有些什麼內容吧。從首批叢書的出版書目看，新作 22 部（合計 32 冊）中，有關民國政治史方面的研究書稿 5 部，思想文化史方面的書稿 9 部，與抗日主題相關的書稿 4 部，另有 4

部是其它方面的，如體育、教育、人物研究等。僅從涉及方面來看，選題之廣泛，內容之豐富，足以令人耳目一新。由於這些新作基本都爲這些年輕作者的學位論文，這也不由得讓我想起了同學們在進入研究生階段學習時，面臨論文選題時的情景。許是因爲地近中國第二歷史檔案館的緣故，我所在的南京大學歷史系中近代史研究方向的碩、博研究生，在入學後選擇以民國歷史與文化研究爲主攻方向的同學甚多。當然，這也跟近些年中大陸民國研究的持續升溫有關。評價歷史需要有一定的時間沈澱和空間距離，在經過了一個多世紀天地翻覆的滄桑巨變後，現今大陸的不少人，包括年輕人在內，開始對那個距今並不遙遠，但卻並不瞭解，甚至很長時間內因受思想禁錮而對之懷有很深偏見的那個眞實的民國，產生了強烈的回望和探索的興趣。人們需要瞭解自己的歷史，尤其被當下很多問題所困擾的人們，他們想知道我們的上一輩人曾經經歷過怎樣的時代，有過怎樣的選擇，爲什麼沒有實現，我們又是如何一步步走到今天的，今後還會往何處去？……類似這樣的追索是大陸近些年來「民國熱」方興未艾的重要原因。當然，「熱」是一回事，眞要做研究卻是另一回事。民國歷史涉及方面很多，對進入專業領域的研究生同學來說，選擇怎樣的題目來做論文，是需要作全面考慮的。毋庸諱言，現在我們研究生中一個現象就是不會給自己找選題，每到需要確定論文題目了，就發愁，有的乾脆找導師，給指定一個算了。這怎麼行呢？老話說「興趣是成功的一半」，沒有興趣，就激發不起探索的欲望，勉強去寫，即便完成了，也不過是篇平庸之作，不會是一篇好文章。還有一種現象，一些研究生同學，在考入某一老師門下後，習慣以導師的學術專長作爲自己的選題方向，一頭扎進專門領域。但我還是認爲，學生在求學階段，最需要的是把做學問的基礎夯實，把學術視野打開。向導師學習，學有專攻都不錯，但對本專業內其他方向的研究動態也需要及時瞭解和掌握，甚至對專業以外的知識也應該予以一定關注。只有視野開闊了，思維才能活躍，這對以後學業的精進會大有助益。所以，我的學生在準備做論文時，我會鼓勵他們儘量按自己的研究興趣去選擇適合自己去做的課題，導師的研究專長只是參考，無需保持一致。當然，在確定論文選題時，光憑興趣也不行，還必須考慮到一些做研究的主、客觀條件，如個人的稟賦和才情，資料收集的難易程度等。特別是個人的稟賦和才情方面，如同研究興趣有不同一樣，我們的同學也都各有所長和所短，體現在做學問上，有人適合於搞精確考證，有人長於提出理論問題，有的長

於分析，有的喜歡概括，有的擅長冷靜、客觀地描述，有的則擅長形象思維，這就有個「量體裁衣」的問題。只有揚長避短，才能最大程度地調動和發揮自己的潛能。我們的同學正是這樣去做的。不過，有研究興趣，也具備一定的研究基礎和條件，還只是給自己找到了一個適合去做的課題，接下來的就是如何去做才能有所創新的問題。什麼叫創新呢？創新首先是一種不固守陳規，不囿於偏見、不迷信權威的創造意識，是一種能夠發現、提出問題，並能解決問題，以為人們認識世界提供新知識的能力。就學術論文而言，一篇有學術份量的好文章或好論著，是一定要有創見的，也即必須是新的、獨到的、具有某種原創性的，有重大發現價值的。為做到這一點，我們研究生同學作出了不懈的努力，這在叢書每部新作中均有顯現，述其概要，以下幾點更為突出：

一、重典型個案的考察，既有大歷史的關懷，又有獨到的考察視角。一般而言，學位論文都具有某種樣本性，一篇論文不可能面面俱到，這樣會分散你的論旨，所以通常都會選擇個案去進行。不過，並非什麼個案都是具有考察價值的，用作學位論文的個案，最好既具宏觀審視意義，又具微觀考察價值，這樣才能以小見大。因此，找到一個好的切入點，是論文撰寫能否真正圍繞有價值問題展開的關鍵。以做政治史研究為例：人們常用「歷史大變局」來形容中國近代以來的社會轉型和變遷，而民國時期實乃歷史變局中制度轉換最為激烈的時期，僅就政體而言，但凡近代政制中有價值的政體選擇，民國時期幾乎都有試驗，然招牌換了又換，政體也是變了又變，但中國社會的政治轉型經百年輪迴，卻仍未走出專制集權的怪圈。社會發展也一樣，除舊布新的「革命」一場接一場，但帶給人們的卻不是社會的穩定和新價值的確立，反是長時期的動盪、脫序和失範。面對這一轉型困頓，很多學者都作過研究，體現了大的歷史關懷。但從考察方面和研究成果來看，關注的方面較多偏重於上層的改制，對下層相應變革和社會層面推進考察卻相對薄弱。然而，明顯的是，上層的政治變革，若沒有觸動舊制的根基，任何建立新制的努力，終將歸於失敗。正因為此，我們的年輕學者在對中國近代社會轉型困頓作出探究時，在選擇典型個案時，開始更多地將考察目光轉向社會層面，致力於歷史變遷現場的還原和實態的揭示，從社會秩序重構的角度，對中國近代社會轉型困頓的原因，作出了新的探討。如張文俊博士的新作《政制轉型與山西政治秩序重構研究（1911～1928）》，即以閻錫山這位在民國歷史上歷

經北京政府和國民政府兩個時期，無論在中央還是地方，均具重要影響力的
實力派代表之「治晉模式」爲考察個案，通過對「山西王」閻錫山「以不變
應萬變」歷史線索的梳理，對舊秩序崩潰和新秩序構建中「山西模式」所代
表的這一無序中有序的軍紳政權所具有的樣本意義作出了揭示，既深化了對
民國政制變遷和社會轉型中所遭遇問題的認知，也爲下層變革的路徑提供了
歷史的參考和借鑒。佟德元同學的博士論文《轉型、博弈與政治空間訴求：
1928～1933 年奉系地方政權研究》，則將考察重點放在國民革命「統一告成」
之際的東三省奉系政權的「換制」改革上，通過對東北政務委員會這一國民
黨「以黨造國」時期具有標誌性意義的過渡機構之設置和運行的透視，較爲
集中地對東北易幟後張學良地方政權與南京中央的眞實關係進行了視角獨到
的透視和解讀。由於奉系團體曾爲民國北京政府時期全國舞臺上的權力握掌
者，東北易幟也是國民黨最終完成「統一」的標誌，故對張學良東三省當局
在與南京中央的互動和博弈中被逐步削弱、直至消亡的考察，是一個透視國
民黨建立政權之際，如何確立「黨治」權威，完成中央和地方關係整合的極
好視角。除張、佟二位外，將考察時段集中於國民革命和北伐時期，著重對
國民黨政權確立過程中的統一方式和政治整合手段作出個案考察的，還有程
玉祥、張甯、何志明等人的一些書稿。程、張分別以閩西海軍的倒戈和閻錫
山的「易幟」爲例，通過對北伐南北易勢後的「換旗」現象，做出了透視和
分析，在展現歷史複雜性的同時，對近代社會的政治轉型以「武力統一」方
式達成的利弊得失，作出了審視和叩問，給人以重要的歷史啓迪。何志明同
學的論著則以國民黨蔣系勢力比較雄厚的江浙地方黨部爲考察對象，對國民
黨政權建立初期內部「黨力」渙散之實況、癥結所在，以及面臨的執政困境，
作了頗有深度的揭示。而這一時期國民黨基層紛擾所暴露的問題，其實也是
其後國民黨執政二十多年間深陷其中而無法解脫的夢魘。陳明勝博士的著
述，關注的也是社會轉型問題，卻選取了 1905～1937 年間江蘇省地方自治流
變爲考察重點，通過對清末新政時期、民國北京政府時期、以及南京國民政
府三個不同歷史階段中江蘇地方自治的推進過程的實態呈現，不僅對民國時
期的自治運動之演進脈絡作出了梳理，也對自治運動在近代中國社會轉型中
所具的路徑探索意義作了富有說服力的揭示。關於地方自治，以往大陸的歷
史書寫是存在不少片面性的，如將民國以來地方自治的訴求，視爲與中央政
權的疏離，是一種對國家統一具有威脅的「分裂」行徑，這實際是對歷史的

誤讀和偏見。陳明勝的研究表明，地方自治乃近代憲政運動的產物，無論是思潮的興起，還是其後不斷地被提倡和踐行，都始終包含了對歷史上國家統一靠武力和兼併達成加以摒棄的意圖和訴求，它不僅是對中國政治轉型另一整合路徑——「和平統一」的探索，也是一種用制憲來實行民主訓練和社會改造，自下而上推進民主建制的嘗試和實踐。儘管由於種種原因，地方自治的精神並沒有得到真正貫徹，但所提出的問題，以及在推行過程中的經驗教訓，對當今國家民主化進程在基層的推進，無疑是一個重要的借鑒。

　　二、重思想文化層面的開展，既具歷史維度，也有理論高度。由於以往大陸思想禁錮較多的緣故，在民國歷史研究中，對思想文化史的研究，可說是較為薄弱的一塊，不僅著述少，論文也不多。而正如人們所知道的，民國時期儘管政局動盪多變，但卻有過思想文化的高峰鼎盛期，也湧現了一大批至今仍無人與之比肩的思想文化巨人和藝術大師。而我們所說的近代中國社會的政治變革和轉型，實際上也都是思想文化引領的結果。為拯救陷於危亡中的國家，找到救治中國的藥方，並探明國家現代發展的路向，民國時期中國的很多知識精英曾苦苦地上下求索，並付諸於身體力行。然而，由於眾所周知的緣故，他們的思考和探索，不僅至今乏人研究，甚至仍繼續被屏蔽在當下很多歷史學者的視域之外，更別說為廣大民眾所瞭解了，這是非常令人遺憾的事。我們說，歷史學基本功能有兩個：一是挖掘歷史真相，重在回答歷史「是什麼」；二是提供歷史借鑒，重在回答歷史「為什麼」，伏爾泰有言：「瞭解過去時代的是怎樣想的，要比瞭解他們是怎樣行動的更為重要」，這是因為，有選擇能力的人類，正是通過自己所認定並信奉的理念與思想原則來確定自己行動，並創造歷史的。而「瞭解過去時代的是怎樣想的」，正是思想史研究的主要任務。思想史研究既然如此重要，為什麼研究者和成果都不盡如人意呢？以本人之見，除以上提到的政治因素外，治思想史對研究者有一定的學養要求，恐也是門檻因素之一。我們說，治思想史者，首先自己必須有思想。換言之，視野要開闊、思維要活躍，還要有鮮明的問題意識。此外，也還需有較好的文字功底，起碼能準確地表述自己的思想。這些對年輕學子而言，無疑都是挑戰。令人欣慰的是在這些挑戰面前，我們新一代的學人並不怯場。從首批叢書的 20 餘部書稿來看，選擇從思想家人物和思想文化層面切入的研究著述竟有近 9 部之多，就數量而言，將近一半。其中將研究旨趣放在近代中國自由主義知識分子的憲政訴求，以及政治民主化理念和進程考

察上的，有葉興藝的《現代中國第三勢力憲政設計研究》、林建華《現代中國自由主義思潮的高漲和沈寂——〈觀察〉與中國現代自由主義思潮》；把考察重心放在尋求秩序和社會改造路徑探索上的，有王尤清的《轉型時代知識分子的立國訴求：張君勱社會主義思想研究》和周朗生的《尋求秩序：梁漱溟政治思想研究》兩部。重點對民國時期一些重要政治家、思想家人物之思想主張作出闡述和解讀的，則有潘惠祥《在政治與學術之間：錢端升思想研究（1900～1949）》、朱仁政《孫中山權力制約思想研究》兩部，還有一部書稿是以「現代中國語言批評」為題的。另外還有兩部著述，是關於民粹主義和「安那其主義」（無政府主義）的研究：一部為聶長久、張敏的《中國早期民粹主義政治思想研究（1907～1927）》，一部為盧壽亨的《中韓「安那其主義」運動比較研究》。民粹主義和安那其主義是兩種破壞性極大，但在中國近代以「革命」標榜的運動中時有呈現，並具有持久性影響力的思潮，以此兩種極端思潮為研究對象，說明我們年輕學者不僅具有敏銳的問題意識，也具有清醒的現實關懷。思想史新作中，還想略作推介的是王尤清博士對張君勱社會主義思想的研究。近些年來的思想史研究中，對近代中國自由主義思想家人物及其自由主義價值觀和啟蒙思想的闡述，一直是較受人們關注的方面，但對他們自由主義理念中的某些社會主義元素卻少有重視。而社會主義思潮，作為對社會正義問題的響應，在中國的五四時期，也曾經是啟蒙思潮的一部分。當自由主義與馬克思主義尚未分化的時候，社會主義曾經是他們共同的理想。有研究表明，中國的新自由主義知識分子或多或少都具有某種社會主義的情懷。王尤清的博士論文的研究的對象張君勱，就是這樣的一位既對自由主義的理念有著執著堅守，又對社會主義的某些價值觀一往情深，在民國時期政、學兩界都具重大影響力的先驅人物。以往學界對張君勱的研究多集中在張作為行動型自由主義「憲政運動」的領軍人，以及作為在近代中國極具影響力的新儒學開啟者的建樹方面，很少注意到張君勱還是一位社會主義的鍾情者。那麼，為張君勱所青睞的社會主義具有怎樣的特徵，張對之曾有過怎樣的闡述和踐行，何以能讓張君勱這樣的思想巨擘人物為之付出矢志不渝的努力呢？王尤清博士用他的書稿對這些問題作了回答。王著特別指出：儘管就政治上而言，張君勱是個失敗者，他一生為之奮鬥的事，無論是他政治上的憲政訴求，還是他文化上的儒學開新，都沒能看到成功，其所孜孜以求的「民主社會主義」立國方案更是一個畫餅。但正如作者所言，

思想家的重要性取決於思想的內在力量，取決於他對社會問題認識和把握的
洞察力，而並非簡單對一時社會實踐的支配作用。思想只有放在長時段的大
歷史中才能呈現出其應有的魅力，從這一角度審視，輕言張君勱所作出的努
力已經全然失敗，似乎爲時尚早。儘管從歷史發展的結果來看，張君勱等人
主張緩進改良的社會改造方案，是一個被放棄了的選擇，但學術研究不以成
敗論英雄。張君勱提出超越於俄化和西化之外的國家發展路徑，不僅將彌補
中國自由主義研究的不足，還將極大地豐富對「社會主義」這一在近代中國
發展中最具影響力思潮的研究。這樣的學術見解是頗具新銳之氣和理論膽識
的。

　　三、重新史料的收集和利用，見解新穎，方法多元，這也是該批叢書新
作的共同特色。從這批書稿新作中，我們可以看到各位作者在史料收集上均
用力甚勤，書中所引資料，絕大多數出自第一手的原始檔案文獻，或時刊文
章。做思想史研究的做到了對原典、原著的縝密閱讀，作政治史、社會史考
察的重歷史現場的實態還原，在史料收集和利用上，也都具有詳實、周延、
新穎的特點。無論是敘論還是立論，都能力求做到「有一分史料說一分話」。
尤其在抗日作戰史的撰寫上，特別要提一提的是張在盧等人編著的《中國八
年抗戰參戰各軍傳略》。張老是民國歷史的親歷者，今年已是八十五高齡，
是這批叢書中唯一的一位長者。由於以往大陸在對抗戰史的敘事和書寫上都
存有極大的片面性，國民黨軍爲抗戰勝利作出的犧牲和貢獻基本給抹殺了。
而由張老領銜寫成的這部《中國八年抗戰參戰各軍傳略》，分上、下二冊，
計 33.3731 萬字，詳述抗戰時期參戰各軍軍史，用詳實確鑿的史料將正面戰
場抗敵英雄的浴血奮戰昭告後人，不僅讓歷史眞相得到了澄清，也起到了激
勵民族正氣的極大作用。在這裏，我們要向張在盧老先生致以特別的敬意。
與抵日、抗日有關的還有其他幾部書稿的撰寫，如周石峰的《抵制日貨運動
的歷史困境（1908～1945）》、王東進《國民政府對日戰爭索賠研究》，以
及陳國威的《抗戰期間國民政府僑務政策及其實施》等，也都史料詳實，論
證嚴密，辨析到位，具有很強的說服力。更值得一說的是叢書新作作者在研
究方法上的探索和求新。近些年中，海外學者在中國研究上學術取向，很爲
年輕學人所推崇，對於同學中自覺運用國外一些新概念、新方法、新術語來
解讀歷史，表述觀點，我常予以鼓勵，但相應產生的問題是年輕同學對西方
學界一些概念、術語也有生搬硬套的現象。從這批叢書的書稿來看，我們年

輕學人對國外學界前沿學者的學術取向與分析框架多有吸納，他們既能立足前沿，又不唯「前沿」是趨，並無一些年輕作者文中常見的食洋不化的通病，但論文的解釋力卻大大增強。如陳明勝的書稿，在解讀和分析江蘇地方自治運動的實際開展時，就採用了美國著名漢學研究學者黃宗智的「第三領域理論」，較好地揭示了地方秩序建構中地方精英人物——士紳階層的特殊角色和作用。張文俊博士的論著將對閻錫山「山西模式」的考察，也借用了國外學者常用的「國家與社會」分析框架，致力於國家權力、地方政治與個人行爲的互動透視，從而對新舊轉換時期上下互動的複雜政情，地方相應變革的實態，包括轉型困頓的原因，作了很好的揭示。潘英斌關於中國近代體育中身體政治的研究則是借鑒了西方人類學的一些考察視角和分析手法，不僅視角新、見解新，方法也新。其它作者，也都在各自的書稿中展其所長，他們的研究不僅保持了中國傳統歷史學重史料、重實證的風格，對政治學、社會學、法學、教育學等不同人文社會學科的研究理論和方法也多有借鑒，從而使研究成果更增加了學科交叉的特色。由於方法運用得當，論據充分，論著的學術價值也由此得到提升。

以上是我對此批叢書新作特色、旨趣和要義的簡評。無可諱言，由於論文寫作之時，這些新作作者還都在求學階段，對於初出茅廬的他們來說，目前呈現在讀者面前的這些新作，還不同程度地存有一些粗略的痕跡。他們所提出和探討的課題，也還留有不少可以去做進一步探究和深入考察的方面。爲此，他們正在繼續做著補正的工作，以期不久的將來會有更精湛的研究成果問世。而臺灣花木蘭文化出版社能推出這些書稿，對他們而言，無疑是一個大的激勵。在這裏，我想藉此「序」一席之地，特別感謝臺灣花木蘭文化出版社的社長高小娟女士、總編輯杜潔祥先生，以及與我們各位作者保持密切聯繫的楊嘉樂女士和該出版社的諸位同人們，是你們著眼於大陸學術新秀的挖掘，用資助出版的方式，使年輕作者的研究成果也有高質量出版的機會，這不僅體現了你們推進學術發展上的遠見卓識，也是你們具有高度人文情懷和文化使命感的表現，你們的努力，不僅將有力地推動民國歷史研究走向深入，還將爲兩岸的文化交流和學術繁榮作出獨特的貢獻。

最後，我似乎還應該提到一下，爲培養這些年輕學者而付出辛勞的各位博士生導師們。他們分佈國內各地的名校，也都是當下大陸史學界，尤其是中國近現代史研究領域的翹楚人物，如北京大學的歐陽哲生教授、王岳川教

授，北京師範大學李帆教授，南京大學張海林教授、浙江大學金普森教授、華東師範大學姜進教授、吉林大學寶成關教授、蘇州大學周可真教授，福建師範大學林國平教授、西北大學張豈之教授等。對這些學界前輩和先進們，我有的熟悉，有的還未及謀面，但一直心懷景仰，冒昧代勞作序，不勝惶恐。出版社特意囑我要在總序中一併致謝。其實，作為研究生導師，能夠看到自己的學生在學業上有所創獲，並不斷有新作問世，各位一定和我一樣，予願足矣！南京大學前身原金陵大學教授王綏有言：「人生有三樂：得天下英才而教育之，其樂一也；著書立說，流芳百世，其樂二也；仰不愧於天，俯不作於人，其樂三也。」我想，王綏教授的「三樂」，也說出了我們共同的心聲，不妨以此共勉。作為以「傳道、授業、解惑」為職志的老師，最感欣慰之事，就是看到一批又一批學界新秀的出現。「長江後浪推前浪，後生可畏，焉知來者之不如今也」，學術的希望永遠在年輕人。而對年輕學人來講，完成碩、博士論文的寫作僅是腳下走出的第一步，卓越超群，非篤學不為功，希望我們的後來者能繼續不驕不躁，潛心向學！所以，也借這次為叢書作序的機會，給同學們送上全體為師由衷的祝願，希望你們能「百尺竿頭，更進一步」，今後更加發奮努力，爭取有更多、更新的研究成果問世！在學術舞臺上更好地展示你們年輕一代學人的風采和實力！是為序。

南京大學歷史系、民國史研究中心　申曉雲
2014 年 12 月寫成於南京鼓樓南秀村宅邸

《民國歷史與文化研究》初編　書目

《民國歷史與文化研究》初編各書作者
簡介・提要・目次

第一、二冊　國家、社會及第三領域：近代江蘇各級地方
自治研究（1905～1937）

作者簡介

　　陳明勝，男，1978 年 3 月生，山東省聊城市人。先後畢業於聊城大學歷史系、福建師範大學社會歷史學院、南京大學歷史學系，相繼獲得歷史教育學士、歷史學碩士、歷史學博士等學位，主要從事晚清、民國政治史研究。現任南京審計學院馬克思主義學院講師，主講《中國近現代史綱要》課程。在《社會科學》、《民國研究》、《江蘇社會科學》、《安徽史學》、《史學集刊》等國家核心期刊發表論文十餘篇。

提　　要

　　基於以往學術界對近代中國地方自治研究之不足，筆者試建構國家、社會、第三領域的分析框架，選取 1905～1937 年間的江蘇各級地方自治為個案，對地方自治與近代中國政制轉型之關係展開研究。文章分導論、大變局下的近代江蘇社會、清末江蘇各級地方自治與君主專制政體的沒落、民初江蘇各級地方自治與共和政體的嬗變、南京國民政府時期江蘇各級地方自治與一黨專制的形成、地方自治與近代中國政制轉型關係之檢討等六個部分。在對史料進行梳理和分析的過程中，地方自治與近代中國政制轉型關係之圖景被勾勒出來：近代中國地方自治推行的過程，實質上就是國家對第三領域和民間

社會不斷滲透的過程；地方精英雖然不斷與國家博弈，但總體上看，因為近代士紳階層的分化及其功能的異化，導致整體實力不斷下降，面對國家的強勢滲透，其始終處於弱勢地位；基層社會的廣大民眾因為智識不足、民主參與意識薄弱等因素，對地方自治往往抱著拒斥或漠不關心的態度，在國家強勢滲透的過程中，其更多的是扮演冷眼旁觀的第三者。地方自治有名無實，憲政民主理想破滅，一黨專制國家形成，其內在邏輯的發展實質上正是國家、地方精英、基層民眾三種力量綜合作用的結果。

目　次

第三、四冊　政制轉型與山西政治秩序重構研究（1911～1928）

作者簡介

張文俊：男，1983 年 1 月生，山西繁峙人，先後獲山西大學學士和碩士學位、南京大學歷史學博士，現爲山西大學歷史文化學院副教授，研究方向爲中華民國史和區域社會史。在 2009 年至 2011 年期間，赴南開大學和香港中文大學進行學術交流，先後主持並參與國家級或省部級科研項目 8 項，在《史學月刊》、《抗日戰爭研究》、《民國研究》和《歷史教學》等核心期刊發表文章 10 餘篇，參編著作 3 部。論著《辛亥革命與山西軍紳秩序構建》獲 2011 年度山西省「百部（篇）工程」三等獎。

提　要

辛亥革命後中國面臨最大問題是舊制已倒、新制未立，國家權力斷層，社會進入新舊交替的急劇轉型期。這一轉型期最突出問題是社會和政治嚴重

失序和失範，導致中國政治呈現不確定性。因此，新秩序構建成爲當時中央與地方、中國社會各階層不得不面對與關注的迫切難題。當全國大多數社會精英都捲入政治秩序構建的漩渦中時，山西閻錫山與士紳合作建構了一種穩定且有序的軍紳秩序。他以獨特的思想理念治晉，同時又在政局變幻莫測與軍閥連年混戰中，以「軍主紳輔」、「以不變應萬變」與「督撫式的革命」保持了山西在大失序環境中的有序，進而對中國的政治出路進行了深入思考與積極探索，從而在全國創造了具有另類特徵的「山西模式」，即政制轉型中山西一直由閻錫山控制的一種穩定且準獨立的軍紳秩序。這一模式不僅維繫了他在民國的的政治不倒、山西「動態中的靜態」以及以用民政治爲核心的社會控制，而且也凸現了閻錫山在歷史演進中的社會角色，他是一個新結構中的舊人物、舊人物中的趨新者，以及「革命」潮流下社會改良主義者的典型。通過對山西模式起落興衰的透視，可重新審視中國近代社會轉型中「武力造國」的利弊得失，略窺在「君治」向「民治」轉型過程中君治與民治之間的博弈，及改良、革命與社會進步之間的關係。

目　次

上　冊

第五、六冊　轉型、博弈與政治空間訴求：1928～1933年奉系地方政權研究

作者簡介

　　佟德元，1982 年生，遼寧瀋陽人，歷史學博士，贛南師範學院歷史文化旅遊學院，中央蘇區研究中心講師。2009 年於遼寧大學歷史學院中國近現代史專業取得歷史學碩士學位。2012 年於南京大學歷史系中國近現代史專業取得歷史學博士學位，並師從高華教授和申曉雲教授從事民國史研究。在《史林》、《安徽史學》等期刊發表學術論文近 10 篇，部分論文被人大複印資料全文轉載，現主持國家社科基金項目，江西省高校人文社科項目多項。

提　要

　　在北洋各大派系中，唯有奉系橫跨北洋和國民黨兩個時期。因此將以體制轉型爲時代背景的張學良時期的奉系地方政權作爲本書的研究對象，具有重要的學術意義。在本書中，筆者以大量檔案史料爲基礎，進行實證，並輔以多學科的研究方法，力求從隱沒在故紙堆中的一個個歷史碎片中去探尋和還原前人所未曾發現的一些歷史面相。

　　在東北易幟前後，企圖控制東北的主要有三股政治力量。除了實際控制東北的奉系外，還有試圖控制東北的國民黨及國民政府，和已經在東北擁有巨大權益的以日蘇兩國爲代表的外國勢力。因此在易幟後的東北，實際形成了「國民黨、國民政府──奉系──日、蘇」這樣一個中央與地方、中國與外國的三方關係。在這個三方關係框架下，筆者主要討論了以下幾個問題：

　　一是張學良時期奉系地方政權的運作機制及與東北地方政府的關係。皇姑屯事件後奉系建立了一個以張學良爲核心的標榜「主權在民」、「三權分立」等原則，而實際上行「以軍代政」、「以軍管政」的東北保安政權。易幟後，東北政委會成立，奉系地方政權雖然經歷了體制轉型，但實際實行的仍是軍人專政。而且東北政委會對東北地方政府的控制仍沿用著張作霖時期既有的傳統手段，其統治基礎並沒有鬆動的象。可見奉系仍舊殘留著諸多舊軍閥的傳統與因子，而這種傳承的根深蒂固的特性又勢必將使國民黨的黨治體制難於順利地在東北建立起來。

二是奉系地方政權與國民黨和國民政府的關係。易幟後的奉系與國民黨和國民政府在統一的前提下，維持著「分治合作」的格局。在行政上，即除了形式上的統一外，東北及中原大戰後成爲奉系地盤的冀察平津等省市仍爲奉系實際控制著。在黨務上，國奉雙方在黨權上進行了爭奪，使得國民黨在東北出現「官黨」和「秘黨」的雙重面相。與此同時，奉系也積極調整與國民黨及國民政府的關係，如盡量按照國民政府的法律法規對東北進行改革，以完成去北洋化。

三是奉系地方政權的外交權問題及其對日蘇外交政策與影響。與東北內政問題始終交織著國民黨和日蘇等外國勢力兩方面因素一樣，東北外交問題也同樣存在國民黨、奉系、日蘇三方雙邊關係的矛盾交織。國民政府雖然在爲統一外交權而努力，但奉系地方政權始終擁有實際外交權。由於受到國民政府的掣肘，以及在對日和對蘇外交問題上所面臨的情況不同，使得奉系在是否與何時使用實際外交權的問題上出現搖擺和失誤，導致對外關係處理不當，並最終導致奉系苦心經營多年的東北完全喪失，而奉系也開始走向末路。

四是「政治分會──政務委員會」制度的形成、發展及其影響。政治分會制度和政務委員會制度均發端於國民黨北伐期間，而以東北易幟爲契機，政治分會制度被賦予新的生命，與原政務委員會制度融合，形成新的政務委員會制度。至此，「政治分會──政務委員會」制度形成。在北洋時代向國民黨時代轉變過程中，在國民黨由革命黨向執政黨轉變過程中，這一地方政治制度對於國民黨穩定地方實力派，建立國民黨的正統地位，實現統一和應付華北危局均起到了重要作用。

通過本書的研究，筆者發現面對時代轉變和體制轉型，面對國民黨、國民政府以及日蘇對東北的不同利益要求，奉系及其地方政權有著強烈的生存空間和政治空間的雙重訴求，並在這種要求與訴求的較量與博弈中，奉系及其地方政權不斷演變、蛻變，直至走向解體和消亡；而面對國家統一與整合的時代要求，國民黨則將政務委員會這一臨時性、過渡性的制度最終升格爲正式性、常設性的制度，使得南京國民政府時期的中國始終維持著統一的局面。

目　次

上　冊

第七冊　權力重構與利益抗爭：國民黨江浙黨部的政治主張及其實踐（1928～1931）

作者簡介

　　何志明，四川省通江縣人，2008 年及 2011 年相繼畢業於四川師範大學、南京大學，分別獲史學學士、碩士學位。現爲南京大學歷史學系博士研究生，研究方向爲中華民國史及中國當代史，已發表多篇文章於《抗日戰爭研究》、《二十一世紀》（香港）、《中共黨史研究》、《當代中國史研究》、《民國研究》、《黨史研究與教學》等刊物。曾前往牛津大學萬靈學院，臺灣中央研究院近代史研究所、香港中文大學中國研究服務中心進行學術訪問及交流研修。

提　要

　　1928 年中國國民黨在形式上統一全國，標誌著黨國體制最終取代西方式的議會體制。國民黨由此成為一個非競爭性政黨。國民黨自 1924 年效法俄國列寧主義政黨模式進行改組，決定在「以黨造國」的基礎上，開始「以黨治國」。但國民黨內部的權力分配卻與列寧主義政黨模式大相徑庭。國民黨宣佈實施「訓政」後，在中央層級，其通過「中央政治會議」這個黨政「連鎖」實現了以黨領政，但在地方層級，國民黨地方黨部卻淪為政府的附庸，黨權大為低落。雙方由此發生了一系列的交鋒，這實際上暴露了在訓政前期國民黨央地黨部之間的政治分歧。

　　本書通過分析 1928～1931 年間國民黨江蘇、浙江黨組織為了實現自身的權力目標而進行的抗爭，以期揭示該時期國民黨內部存在的政治分歧。江浙兩省為國民黨控制的重心，但通過分析兩省國民黨員的總量變化、職業構成，可以得知兩省黨內鬥爭激烈，並且在吸納新成員方面偏重知識群體，國民黨並未實現由精英黨向大眾黨順利轉型。

　　江浙黨部為了爭取自身權益，實現「提高黨權」的目標，進行了諸多努力。本文以浙江黨務接收糾紛、江蘇破除迷信運動以及浙江二五減租停辦引發的國民黨中央、江浙省縣黨部及江浙省縣政府三方互動為分析視角，發現國民黨中央在面臨地方黨政糾紛時，往往採取了偏袒省縣政府一方的態度，而使江浙省縣黨部處於尷尬的地位，後者不僅未能實現重構地方政權的利益格局，反而使自身難以獲得各方認同。

　　訓政前期國民黨央地黨部為何出現了如此大異其趣的政治分歧？這實際上與國民黨中央對於地方黨部的地位認定不清有關，由於國民黨高層不少成員接受西方精英教育，使他們無形之中將地方黨部定位與「議會」相雷同，其中如胡漢民，他提出的「虛黨」思想，更是使國民黨地方黨部難以達到列寧主義政黨在地方政權中的優勢地位，其利益抗爭舉措最終亦功敗垂成。可見，訓政前期國民黨內複雜的政治生態卻值得我們關注。

目　次

第八、九、十冊　在政治與學術之間：錢端升思想研究 （1900～1949）

作者簡介

　　潘惠祥，男，1975 年生。浙江人，12 歲移民香港。香港嶺南大學社會科學系（亞太研究）畢業，北京大學歷史學系碩士、博士畢業。研究方向：中國近現代史、近現代思想文化史、憲政史、知識分子史等。現為澳門大學教育學院兼職講師。

提　要

　　本文旨在通過研究錢端升前半生之學術與政治實踐，嘗試探討兩者之關係，及豐富近代中國自由主義和知識分子譜系。

　　由於各種原因，一批頗為重要和有影響力的民國自由主義知識分子，仍未獲深入研究。這批人物大多集中在政法學界，如王世杰、周鯁生、周炳琳、陶孟和、張奚若、張慰慈、李劍農、燕樹棠等。就知識分子分類而言，錢端升介乎「議政不參政型」與「參政型」之間。因此，研究錢端升，有豐富近代中國自由主義和知識分子譜系之意義。

　　作為政治學家，錢端升一生活躍於學術與政治舞臺，與政治和政治學結

下不解之緣。在學術領域，錢端升自 1924 年哈佛政府學系博士畢業後，歷任清華、北大、中央大學政治學教授。在抗戰期間擔任北大政治學系主任和法學院院長。由於在學術領域的傑出貢獻，1948 年當選爲第一屆中央研究院院士。

在政治領域，錢端升一生孜孜追求近代西方民主制度在中國的移植和生根，與其所學專長高度一致。作爲中山先生的信徒，錢端升不僅積極參與現實政治，主張一黨專政，還加入國民黨，希冀通過翼贊一個現代政黨，改變現代中國。但同時反對黨化教育，主張言論自由、教育獨立和法治政府。

這三種思想，與上述民國時期學人相較，高度一致。不同之處，集以下各種矛盾思想於一身，包括：亞里士多德的理想主義、中庸主義、馬基雅維利的現實主義。再加上美國式的樂觀主義和自由主義。可以說，錢端升思想集上述各種思想之大成。

在民國自由主義知識分子當中，錢端升屬於另類分子。他集各種矛盾於一身，既提倡理想，又主張現實；既主張專制，又贊成民主；既贊成中庸，又提倡極權。錢端升思想的矛盾性和複雜性，反映了 20 世紀上半葉中國政治的波譎雲詭。他的思想既是一面棱鏡，又是一個坐標。它折射出民國時期自由主義思想進程中的一個片段，同時又標示出其政治思想與其他學人之間的位置和距離。

整體而言，1949 年前的錢端升，在政治與學術之間，始終堅守著知識分子立場：獨立於權威和忠於自己的信仰。當現實政治與其學人立場相違背時，力持後者立場。

目　次

序　言

上　冊

第十一、十二冊　轉型時代知識分子的立國訴求——張君勱社會主義思想研究

作者簡介

　　王尤清：貴州盤縣人，南京大學歷史系博士，現為貴州財大學副教授。研究領域為中華民國史、思想文化史、貴州地方史。發表《和而不同：張君勱與張東蓀對民主認知的比較》、《國家‧社團‧個人——〈政治典範〉之譯介與張君勱的秩序選擇》、《國民政府在貴州少數民族地區的抗戰動員》、《清末民初貴州的紳權勢力與地方政治》、《民國前期南北地緣話語與政治演進》等十餘篇論文。

提　要

　　本書以張君勱民主憲政理念下的社會主義思想作爲研究對象，通過系統審視其社會主義思想形成和發展演進的歷史，展現轉型時代知識分子的立國訴求。張君勱的社會主義思想形成於 1920 年代前後，始於觀察和借鑒德國魏瑪共和國所實施的民主社會主義。基於自由主義的立場，張君勱反對蘇俄模式，主張和平緩進的民主改良路線，提出工商發展與社會倫理相調和、個人自由與社會公道並行不悖的社會主義理念。譯介拉斯基的《政治典範》是張君勱社會主義思想系統化的開始，結合中國的政治生態和社會發展現狀，通過對拉氏的理論進行揚棄處理，張君勱形成以「國家、社會和個人」三元並存的學理框架，這種三元並存的思想格局始終伴隨其後的思想取向和政治活動。尤其是 1930 年代，受日本入侵以及國內政局演變的影響，張君勱吸收德意志民族主義及黑格爾的國家哲學，建構以國家民族本位爲基礎的「立國之道」，提出「修正的民主政治」和「國家社會主義」。以「修正的民主政治」回應「獨裁」思潮的挑戰，矯正民主政治之偏弊，尋求自由與權力達於平衡；以「國家社會主義」熔市場與計劃於一爐，取資本主義與社會主義之中道，力求使國家、社會和個人三者「相劑於平」。並組建中國國家社會黨，希望在民族危亡的情況下，適當加強國家層面的權力，通過修正民主政治和社會主義的實施，實現「民族自活」和「社會公道」，以此踐行不同於國共兩黨的制度模式。抗戰勝利前後，根據國內政治生態的變化，張君勱對民主政治進行了與時俱進的調適，並通過起草《中華民國憲法》，從憲政框架下闡述其社會主義主張，至此，張君勱的社會主義思想基本成熟和定型。

目　次

上　冊

第十三、十四冊　現代中國語言批評的發生

作者簡介

　　郭勇，1978 年生，湖北麻城人，先後畢業於湖北三峽學院、華中師範大學、北京師範大學，獲文學學士、碩士、博士學位，參加北京大學的美學 藝術學高級研討班學習並結業。現爲三峽大學文學與傳媒學院副教授、研究生導師、三峽大學「151」人才工程學術帶頭人。主持國家社科基金項目、湖北省社科基金項目、湖北省教育廳社科基金項目、教學研究項目等科研、教研項目，出版專著《蔡元培美育思想研究》，在《外國文學研究》《山東大學學報》等核心期刊上發表多篇論文。主要研究方向爲中國文論、中西比較詩學。

提　要

　　所謂「語言批評」，是指在文學研究中，語言始終是一個重要的維度。這不僅是因爲文學必須以語言爲媒介，而且語言在文化系統中都是不可或缺的組成部分。語言和語言觀念的變革，往往影響到文學和文化的變革。因此，從語言入手考查文學的特性、文學與語言和語言活動的關係等問題，就是一條可行的思路。不妨把這樣一種思路、觀念和方法稱爲「語言批評」。它不是語言學研究，而是文學研究。中國自古就有語言批評，以「言意之辨」爲其核心命題，而現代中國的語言批評，以「言文一致」爲其核心。

　　中國現代思想文化的變革是以文學革命爲先導，而文學革命又是以語言變革爲突破口，「言文一致」又是其中至關重要的一個命題，語言、文學與文

化在「言文一致」這一命題上發生了緊密的關聯和互動。

引言簡要梳理研究現狀，概述晚清與「五四」知識分子圍繞言文關係問題展開論爭的歷史過程及意義。

第一章論述「言」、「文」、「筆」之考辨與現代「文學」觀念的萌生。清中葉阮元就發動了一場「言文之辨」，後來劉師培、章太炎等人接過這個話題繼續討論，堪稱「言」「文」關係論爭的前奏。隨著各派論爭的深入，現代意義上的「文學」觀念逐步浮出水面。

第二章分析語言／文字之爭與中國文學現代轉型之間的關聯。這一章以漢字拼音化與文學變革之關聯為核心，「言文一致」命題涉及到了語言與文字一致的問題，由此引發了晚清與「五四」的漢字改革運動。漢字的工具性和文化屬性逐步被發掘，漢字改革實際推動了中國文學的現代轉型。

第三章分析口語／書面語之爭與現代白話文學的創立。晚清與「五四」的文化變革，在國語運動與白話文運動中取得重大進展。國語運動與白話文運動也追求「言文一致」，卻出現了口語化取向與書面化走向的二律背反。但最終，現代白話成為一種公共話語。

第四章探討晚清特別是「五四」知識分子對言文關係問題的回顧與重寫文學史及新文學的經典化。這為書寫全新的、現代意義上的文學史提供了條件，同時也是話語權力的爭奪戰。《中國新文學大系》的出版，則是新文學經典化鏈條上最重要的一環。

「言文一致」是中國近現代思想文化史上的重要命題，雖發端於語言文字領域，卻蘊含著文化革新的要求。它是晚清和「五四」兩代知識分子的共同追求，體現出他們經由語文變革實現文學革新的設計思路，中國現代文學由此得以建立。此外，他們也已經意識到語言文字的意識形態性，因而也體現出借助語言變革實現中國思想文化現代化的願望。這正是中國現代語言批評具有「現代性」的根本原因。

目　次

上　冊

第十五冊　現代中國自由主義思潮的高漲與沈寂——《觀察》與中國現代自由主義思潮

作者簡介

　　林建華，男，黑龍江肇東市人，1965 年 4 月 5 日出生，遼寧師範大學政治與行政學院教授，博士生導師，吉林大學行政學院政治學博士，中國社會科學院博士後，黑龍江大學博士後，中共中央宣傳部馬克思主義理論教材工程建設專家，大連市委黨校學術委員會特聘委員，大連民族學院特聘教授、大連金州新區黨員幹部教育特聘教授。曾任吉林日報理論評論中心副主任，東西南北雜誌副主編，曾經獲得中國晚報新聞類一等獎。2002 年調到遼寧師範大學工作，2006 年被評為教授，2010 年評為博士生導師。先後在國家級核

心期刊發表學術論文 40 餘篇，出版《20 世紀 40 年代中國自由主義思潮》等專著 5 部，承擔完成國家社科基金、教育部社科基金、遼寧省社科基金 6 項，曾在「遼海講壇」做過多次專題講座。

提　要

　　20 世紀 40 年代在中國興起的自由主義思潮，是自由主義在中國現代思想史上的絕唱，對中國社會的政治思想和文化等多方面產生了深遠的有影響，而《觀察》周刊無疑是這一思潮中的最強音，《觀察》周刊及其作者群的思想不僅內容豐富，而且很有見地。本書主要從十一個方面對這一問題進行了爬梳、整理和研究，即：《觀察》及其作者群的政治立場、自由主義者的判斷標準與《觀察》及其作者群的自我認知、《觀察》及其作者群的自由主義思想之源、自由價值與中國社會：《觀察》對自由本質的全面解讀、「選票」與「飯碗」：《觀察》對政治民主與經濟民主的辨析、「自由仍須守法」：《觀察》關於自由與法律誤讀的匡正、革命與改良的互變：《觀察》關於革命與改良的基本立場、「失敗的統治」與「潰爛的政治」：《觀察》對國民黨統治的批判、「民主的多少與有無」：《觀察》對中共的懷疑與觀望、中共對自由主義思潮及其《觀察》的批判、《觀察》對 20 世紀 40 年代自由主義思潮影響的再認識。20 世紀 40 年代的自由主義思潮是一種「修正組合型」的思想模式，與中國社會具有異質疏遠性。本書既可以填補 20 世紀 40 年代自由主義思想研究空白，也能夠為進一步加強對這一問題的研究奠定基礎。

目　次

第十六冊　現代中國第三勢力憲政設計研究

作者簡介

　　葉興藝,男,漢族,浙江台州人氏,生於一九七六年閏八月初二。又師從著名近代史學家寶成關先生專攻中國近現代政治思想史,為吉林大學法學博士、歷史學博士後。現為中華人民共和國國家民族事務委員會直屬高校大連民族學院經濟管理學院副教授、行政管理系主任,兼任大連民族學院文科實驗中心副主任、中央民族大學 MPA(公共管理專業碩士)外聘碩士生導師、遼寧省公共管理類專業教學指導委員會委員。主持中華人民共和國國家社會科學基金青年項目《微博反腐的風險規制與制度化、法治化研究》、國家教育部人文社會科學基金青年項目《現代中國第三勢力憲政設計研究》等科研項目20多項,出版《多元文化主義》、《領導幹部壓力緩解與心理健康調適》等譯著、專著 4 部,主編《任務型語碼轉換式雙語教學系列教材・行政管理》等教材3部,發表學術論文30多篇。

提　要

現代中國第三勢力是指 1927 年大革命失敗到 1947 年國共兩黨徹底決裂民盟被迫解散期間，活躍在中國社會和政治舞台上，既反對國民黨的一黨專政及其保守性，又批評共產黨的暴力革命及其激進政策，以眾多性質相近的政治黨派和社會團體爲依託，以民族資產階級、上層小資產階級以及自由知識份子爲主體，追求自由、民主、憲政並試圖走第三條道路的政治勢力。

本書即是對作爲一個整體的現代中國第三勢力的憲政訴求和憲政設計所展開的全面研究。本書的基本框架是：諸論部份釐定第三勢力的概念、交代研究的緣起和意義並檢視該選題研究現狀和不足；上篇部份是對憲政設計一般理論的探討，論證了憲政設計何以可能並試圖構建一個憲政設計的理論框架；中篇部份是對作爲一個整體的現代中國第三勢力的憲政設計的研究，系統梳理了現代中國第三勢力的淵源流變和憲政運動簡史，重點分析了現代中國第三勢力的憲政理念和憲政模代；下篇部份則是現代中國第三勢力典型人物張君勱憲政設計的個案研究；本書最後對現代中國第三勢力的憲政道路進行了評判，並揭示出近代中國憲政的困境。

現伐中國第三勢力的憲政設計，在當時的歷史條件下的確是海市蜃樓，但我們也不能因此而否認其所包含的合理性因素及所昭示的價值。站在第三勢力的角度來全面認識那個時代的中國的政治狀況，對於回顧和審視這段並不遙遠的歷史以及中國所選擇的道路，具有很大的理論價值和現實意義。

目　次

第十七冊　孫中山權力制約思想研究

作者簡介

　　朱仁政。男。漢族。1969 年 8 月 22 日出生。山東省海陽市人。2008 年 6 月獲吉林大學法學博士學位。曾師從寶成關先生多年，專攻中國近代政治思想史。現就職於大連市人民檢察院。曾在《法制與社會發展》、《中國刑事法雜誌》、《國家檢察官學院學報》等刊物發表論文多篇，主持編寫了《關東解放區的人民檢察制度》（全國檢察機關重點課題）。是全國檢察理論研究人才庫成員。現正參與撰寫中國檢察官文聯重點課題《檢察職業行爲研究》一書，是課題組主要成員。

提　要

　　建立一個「人民有權、政府有能」的國家是孫中山的終生追求，如何在保證「政府有能」的同時實現人民對國家權力的有效控制，始終是孫中山思

考和關注的一個重要問題。文章認爲孫中山的權力制約思想有著比較完整的理論體系，既有對人民有權的關照，又有對以權制權的重視，也有對法治的弘揚和官員道德的強調，它們相輔相成，共同構成了孫中山權力制約思想的有機整體。其中，「人民有權」思想是孫中山權力制約思想的邏輯基點，解決的是權力制約的價值取向問題，體現的是以權利制約權力；權力分立思想是孫中山權力制約思想的政制設計，解決的是國家體制層面的設計問題，體現的是以權力制約權力；包括五權憲法在內的法治思想是孫中山權力制約思想的法律化，解決的是權力制約的具體實現問題，體現的是以法制權；「人民公僕」思想是孫中山權力制約思想在道德層面的構想，解決的是權力主體即人的問題，以期通過權力主體的自我約束，實現對權力的規制，體現的是以德制權。文章旨在通過對孫中山權力制約思想的分析與研究，揭示孫中山權力制約思想的邏輯體系、思想特徵和實踐價值，以期爲當代中國正在進行的以加強權力監督制約爲主題的政治體制改革提供借鑒。

目　次

第十八冊　尋求秩序：梁漱溟政治思想研究

作者簡介

　　周朗生，雲南陸良人，1971 年 10 月生，1992 年考入雲南師範大學政教系，1996 年畢業進入陸良縣第三中學任教。2000 年考入雲南師範大學攻讀中國哲學研究生，師從伍雄武教授和楊志明教授，2003 年畢業，獲碩士學位。同年考入吉林大學行政學院攻讀政治學理論研究生，師從寶成關教授，2006 年畢業，獲博士學位，入雲南師範大學社會發展學院工作。現為雲南師範大學哲學與政法學院黨委副書記、副教授、碩士生導師。主要研究領域為政治學理論、中外政治思想史。發表論文二十餘篇。

提　要

　　本文所要揭櫫的是梁漱溟獨具特色的政治思想：中國走出秩序危機的路徑既不應該走西方的路，也不應該走俄國的路，而應該探索中國自己的路。爲尋求走出「秩序饑荒」的路徑以實現社會與政治的秩序化，梁漱溟早年崇尚憲政，三四十年代則省察和旁觀憲政，七十年代重申憲政，對憲政經歷了一個肯定、否定、否定之否定的揚棄過程；他從未曾在一般意義上反對民主，反對革命，反對政黨政治。梁漱溟爲實現其政治理想，曾兩度投身於政治與社會實踐，長達七年的鄉村建設是梁漱溟尋求從基層（鄉村）著手的秩序重建之路，重視農村、農民和農業在中國現代化中的基礎性地位；隨後長達九年的政黨活動是他尋求從上層（政黨）著手的秩序重建之路，組建中國政治上的第三勢力，尋求國共的團結與合作。其政治思想的旨趣是尋求既不同於國民黨也有別於共產黨的建國之路，梁漱溟及其思想的失敗實際上是第三條道路在中國的失敗。而梁漱溟自己所參與的政治與社會改造活動，一定意義上，是把革命理想融於改良的運動之中，同時又賦予改良運動以革命的意義。當前被「三農」問題持續困擾下的中國，雖毋庸「照著」梁漱溟的鄉村建設模式而行，卻應「接著」梁漱溟的思索和實踐前行。

目　次

第十九冊　中韓「安那其主義」運動比較研究

作者簡介

　　盧壽亨，韓國人（1980 年生）。2008 年畢業於南京大學歷史系碩士課程、2012 年畢業於同學校博士課程。學位論文為《中國戰爭之前在華韓人安那其主義運動研究》和《中韓「安那其主義」運動比較研究》。到現在發表《韓國志士申采浩的生平和思想簡論》、《在華韓人安那其主義者與巴金》、《1924 年的安那其主義者和國民黨》、《替換的社會主義意識形態──安那其主義》、《安那其主義和中國馬列主義的來源》等論文。並從事中韓翻譯，翻譯《中國六朝瓷器》等論著。

提　要

　　本書以「中韓兩國近代安那其主義（Anarchism）思想和運動的比較研究」為主題，在比較視野下，全面審視和比較，近代以來在中韓兩國激進主義運動中，產生過並深遠影響社會的安那其主義思想、觀念、運動、標誌性人物及其主張。

　　論文的框架如下：（1）中韓知識分子接受該主義和展開運動的過程；（2）「安那其・布爾什維克論爭」；（3）安那其主義者的政黨、政治運動；（4）安那其主義者的社會、文化、教育運動。（5）抗日思想和鬥爭。

　　筆者發現如下特點。第一，共同之處。（1）他們反對少數集團的領導和專制，反對布爾什維克；（2）理論來源於巴枯寧和克魯泡特金；（3）與民族主義（右派）勢力的聯合；（4）重視總體的社會革命。第二，不同之處。（1）該主義在中國新文化運動期間成為激進思想界的主流，1920 年代後喪失地位。韓人安那其主義的鼎盛期是 1920 年代中期。隨著情況，他們各自實踐思想運動，而人數沒變少；（2）華人感到危機之後，尋找出路，這過程中產生論爭和分裂。韓人具有共同問題，他們之間沒發生論爭和分裂；（3）華人更

關注社會矛盾和其解決方法。韓人更關心驅逐帝國主義問題；（4）華人來說，該主義是一個思想理論。韓人來說，該主義是爭取民族、民眾解放的手段。第三，筆者擺脫盲目非難該主義的立場，克服對該主義的偏見，並發現該主義的價值仍不失其生命力。

目　次

第二十冊　中國早期民粹主義政治思想研究
（1907～1927）

作者簡介

聶長久（1973.6---），男，黑龍江省肇東市人，吉林大學馬克思主義學院副教授，政治學博士，馬克思主義理論博士後。主要研究方向爲馬克思主義生態倫理、社會主義思潮，著有《馬克思主義生態倫理》《和諧中國》等著作，並在《當代中國史研究》等刊物上發表學術論文十餘篇。

張敏（1973.6---），女，遼寧省喀左縣人，長春工業大學人文學院副教授，哲學博士，主要研究方向爲社會學理論。

提　要

《中國早期民粹主義政治思想研究（1907～1927）》對從 1907 年到 1927 年間民粹主義政治思想的形成和發展進行了全方位的研究。著作對民粹主義的概念內涵和特徵等基本問題進行了系統地分析，同時從類型學的角度上對民粹主義進行了新的分類，區分出民粹主義民主和民粹社會主義兩種主要的形態。近代中國的商品小農構成民粹主義產生和發展的主要階級基礎。中國早期民粹主義政治思想產生和發展還存在著諸多的思想和文化條件；盧梭和托爾斯泰對於中國近代民粹主義的形成和發展產生了間接和直接的影響。中國近代的民粹主義政治思潮具有十分豐富的傳統文化特色，這主要體現在大同理想、反智主義、性善論以及泛道德主義的思維方式等幾方面。民粹主義是中國思想的先行者，他們關注農村改造鄉村的實踐是探索有中國特色發展道路的最初嘗試。中國早期民粹主義政治思想有力地推進了馬克思主義在中國早期傳播。同時，中國早期民粹主義政治思想中的負面成分在相當程度上促進了中國形形色色的左傾機會主義的產生和發展。聖愚崇拜現象是近現代中國民粹主義的典型表現之一。民粹主義的發展與實踐體現爲民粹主義特色的群眾運動，文革時期出現了聖愚崇拜的返祖現象。

目　次

第二一、二二冊　中國八年抗戰參戰各軍傳略

作者簡介

　　《中國八年抗日參戰各軍傳略》的主編爲張在廬，天津市寧河縣人，生於 1929 年，早年曾經在河南省內的研究所和大學從事經濟歷史研究與教學工作，擔任過教授和研究員職務。現已退出崗位，在鄉自選課題項目，進行有關抗日戰爭等方面的歷史知識普及和學術探討，並參加關愛抗戰老兵活動。編著本書的合作者均仍在學界，企業界工作或學習。

提　要

　　自盧溝橋事變開始，中國進入全面地全民族抗日戰爭階段。本書爲抗日戰爭普民知識，介紹了在八年來參戰的各軍的情況。屬於國民政府直接領導的有：按照番號編排的國民革命軍一百個軍。另有新編、暫編的幾個軍，以及敵後的遊擊部隊。屬於共產黨領導的有國民革命軍第十八集團軍和新編第四軍以及各抗日縱隊。對其成立時間、編制、參加的戰役、戰果、以及其結局都做了介紹。其目的是：讓現代青年記住這段歷史，還原歷史的眞貌。昔日參加抗日的軍民，是爲戰爭而生的一代人，是爲民族赴難的一代人。在被日寇鐵蹄踐踏的國土上，他們在烽火中出沒，在戰場中堅撐，無論他們背景如何，都是民族英雄，應該受後人敬重。

目　次

上　冊

序　言

第二三、二四冊　抗戰期間國民政府僑務政策及其實施

作者簡介

　　陳國威，1968 年出生廣東湛江，曾求學於南京大學，獲歷史學博士學位。現爲廣東嶺南師範學院基礎教育學院副教授，講授《史學概論》、《中外文化交流史》、《中國古代經濟史》、《廣東民俗》等課程；主要從事民國華僑史、中外文化交流史、心理史學等方面的研究，曾在《華僑華人歷史研究》、《史學月刊》、《社會科學戰線》等刊物發表學術論文 25 篇，參與編寫著作 3 部，參與國家級項目與教育部課題各 1 項，主持市級項目 1 項。

提　要

　　本書將抗戰時期國民政府的僑務政策及其實施作爲研究對象，詳細分析了相關僑務理念、僑務機構組織結構、政策內容及運作等，指出了此期間國

家僑務政策運作實際有兩大中樞存在。僑委會主管國內僑務，歸屬行政系統；海外部統轄海外工作，隸屬黨務系統；兩者都在運行僑務政策。黨務系統的加入，壯大了僑務行政的力量，促使僑務政策得以更好地執行。在僑務政策上，國民政府或出臺，或調整動員政策、僑團政策、保僑政策、經濟政策、文化教育政策等。一方面動員華僑積極捐輸支持國內抗戰，為華僑的捐輸創造條件、掃除障礙；另一方面盡力保證戰時華僑的安全和利益，有效保僑護僑；同時也不放鬆文教事業，鞏固和加大與海外華僑之間的維繫力。其中最得力的是動員政策。此外僑務政策運作過程中出現的中央和地方權力紛爭情況，也是值得關注的一個重要問題。從總體上來講，抗戰時期國民政府的僑務政策取得了不錯的效果，包括支持抗戰；保僑護僑以及整合海外僑團，促進了民族主義的培養等，這為國家的僑務工作法制化、組織化、協調化積累了寶貴的經驗。抗戰時期國民政府的僑務政策及實施雖然也存在不少缺陷和不足，但整體上我們應給予一個肯定的評價。

目　次

上　冊

第二五、二六冊　抵制日貨運動的歷史困境（1908～1945）

作者簡介

　　周石峰（1970～），湖南隆回人，歷史學博士，教授，貴州省高校學術帶頭人、貴州省史學會理事和貴州儒學研究會常務理事。師從貴州師大吳雁南、張新民先生攻讀碩士學位，師從金普森先生攻讀博士學位。在《中國經濟史研究》等雜誌發表學術論文 40 餘篇，在中央文獻出版社等出版論著 2 種，主持完成國家社科基金等項目 3 項，獲貴州省哲學社會科學優秀成果獎二等獎和三等獎各一項。曾赴莫斯科大學、武漢大學和廈門大學等訪學和交流。

提　要

　　該研究以中日之間國力不均衡的歷史背景爲審視基點，以民族情感與經濟理性的交互作用爲邏輯統攝，對 1908 至 1945 年歷次抵貨運動的歷史困境作了系統研究。

　　抵貨運動經濟效力有限、政治效果不著，面臨六重困境的制約。首爲經濟困境。抵制日貨給中國工商兩業以及民衆生活造成深刻影響，僅能有限抵制而無法全面抵制，注定可暫而不可久。二是群體分歧和衝突。抵貨運動內部的群體差異性，極大地制約著抵貨運動的經濟效力，往往成爲日方外交抗議的口實，也是中國歷屆政府管控甚至取締抵貨運動的理由之一。三是地域差異。各地抵制行動起訖時間不一，抵制力度大小不等。地域不均衡性爲日貨轉移銷售渠道提供契機，從整體上弱化或抵消了抵貨運動的經濟效力。四是崇洋風尚。民族主義是抵貨運動賴以勃興和推進的思想資源，崇洋觀念則成爲抵制運動經濟效力充分彰顯的觀念障礙。五是日本朝野的強勢應對。日本民衆的強硬訴求，成爲日本政府強硬施壓中國政府的社會基礎。日方的反

制構成中國政府限制和取締抵貨運動的強大外部壓力。最後是黨政力量與抵
貨興衰之間的歷史關聯。晚清以降各屆政府的社會控制能力雖然強弱有別，
但至少可以主導抵貨運動的方向和軌跡。絕大多數抵貨運動的興衰起伏，與
政府態度密切相關。歷屆政府對待抵貨運動的立場雖然不盡相同，但基本上
經歷了從默許到打壓的變化過程。

　　要之，抵制日貨運動雖為中國民族主義運動史不可低估的一環，但顯係
近代中國在經濟、政治、外交、軍事等都無法抗衡日本強權之下的次憂選擇，
既非救國利器，亦非強國之道。

目　次

第二七冊　國民政府對日戰爭索賠研究——以「先期拆遷賠償」爲中心的考察

作者簡介

王東進，南京大學歷史學碩士；南京市江寧高級中學歷史教師，中一職稱。

研究方向：中國近現代史、中學歷史教學。

發表的主要論文及論著：

《簡論戰後初期國民政府對日本的戰爭索賠》，《歷史教學問題》2006 年第 5 期。

《淺析北洋軍閥對政治統治合法性的訴求——以吳佩孚爲例》，《許昌學院學報》2007 年第 3 期。

主編《江寧地方史簡明教程》（2009 年江蘇教育出版社）

提　要

根據當今國際法的劃分戰爭賠償包括國家間的戰爭賠償和民間個人受害賠償兩個部分。本文主要探討的是國民政府的對日戰爭索賠中國家間的戰爭賠償部分。關於國民政府的對日戰爭索賠，史學界進行了大量研究，但主要集中於探討國民政府最終放棄對日戰爭索賠的原因，而對於國民政府對日戰爭索賠的主要成果「先期拆遷賠償」的研究則比較薄弱。本文通過對「先期拆遷賠償」出臺、實施及其夭折全過程的考察，以及圍繞這一過程相關問題的研究，著重對以下兩個問題作了探討：一、國民政府為進行對日戰爭索賠做了哪些努力，其「先期拆遷賠償」是如何進行的，獲得的成果對國民政府戰後經濟恢復起了怎樣的作用？二、國民政府在對日索賠問題上有過怎樣的考慮，索賠的實施受到哪些因素的制約？國民政府最終放棄對日戰爭索賠原因何在？對於前述問題，本文通過大量史實的考證，首先肯定國民政府為實現對日戰爭索賠是作出大量努力的，如調查抗戰損失、制定索賠方案、設置索賠機構，以及「先期拆遷賠償」的實現等，其成果不僅對國民政府戰後經濟恢復起到了重要的作用，對新中國成立後的重工業建設也具有一定的奠定作用。至於國民政府放棄對日戰爭索賠的原因，本書也從戰後美國對日政策的轉變、國民政府遷臺後國際上的不利處境，以及日臺條約談判中日本政府的故意打壓等諸多方面作了透視和評析，認為國民政府的對日戰爭索賠問題是受制於多方因素的，國民黨政府最終從國際人道主義及國際法角度放棄對日本的戰爭索賠要求，順應了二戰後國際社會戰爭賠償理念的轉變趨勢，「以德報怨」從理念上看並無大錯。然而，「以德報怨」的目的是為中日兩國永久和平奠定基礎，倘僅僅將此視作一項經濟問題，而沒有相應要求日方對戰爭罪行作出深刻反省，就偏離了放棄對日戰爭賠償的本意，不僅由此錯過了通過放棄對日索賠從根本上使兩國關係得到改善的極好機遇，還給嗣後日本右翼勢力拒不承擔戰爭責任提供了「話把」，這是值得我們深刻反思的歷史教訓。

目　次

第二八冊　強種救國：中國近代體育中的身體政治

作者簡介

　　潘英斌，1981 年生，福建漳州人。1999 年至 2003 年就讀於南京大學歷史系，獲得歷史學學士學位，2003 年至 2006 年就讀於南京大學歷史系中國近現代史專業，獲得歷史學碩士學位。2006 年至今，就職於廣告傳媒行業。

提　要

　　「東亞病夫」是中西文化在近代開始碰撞後，對中國和中國人形象共同

描述的結果。它既指病國，也指病民，是對國家實力地位和國民身體素質的一種屈辱性定型。「東亞病夫」在傳播過程中，往往是國民個體身體與國家身體的互相指代，這又意味著，病夫狀的國民身體隱喻了國家的疾病和衰弱。因此，在救亡圖存的愛國民族主義情緒中，早期啓蒙思想家的求強思索，出現了身體關注路徑。身體不僅成爲反思的對象，而且成爲改造的對象。他們批判病民，其目的是爲了強種救國，在改造國民身體的目標上，寄託復興民族、振興國家的政治目的。體育作爲干預和訓練身體的一種技術性手段，在近代中國的發展，便因爲近代中國救亡圖存主題下的特殊身體關注，而成爲近代中國人身體生成史上的一個重要領域。眾多的體育思想言論，包含著強烈的身體關注和身體改造欲望，它們作爲推動中國近代身體政治化、國家化的「輿論」力量，實際上反映了近代中國人身體在歷史發展進程中受干預、管理的被動狀態。身體時刻處於充滿關照和改造欲望的民族國家政治力量陰影下，是非自主的。在近代的競技體育中也仍然可以看到這種身體政治。擂臺賽、各種運動會，成爲連接身體與民族國家榮辱命運的體育實踐方式，它們不僅充滿了身體關注言論，表現了政治力量對身體的興趣和意圖，更重要的是，它們有時表現了民族國家力量對身體這一場域的直接佔領。

目　次

第二九、三十冊　民國時期中國考試制度的轉型與重構

作者簡介

　　胡向東，1966 年出生於湖北老河口。湖北省教育考試院研究員，華中師範大學歷史學博士，省政府津貼專家。主要研究方向爲教育、考試管理和考試史等。已出版著作有：《考試的實踐與探索》（2002）、《湖北考試史（上、下編）》（2007）、《民國時期中國考試制度的轉型與重構》（2008）、《高考試題分析與評價》（2004-2008）《高考命題的理論與實踐》（分語文、數學、英語三冊，2011）等。曾獲湖北省社會科學優秀成果一等獎。

提　要

　　中國進入近代以來，綿延幾千年的考試文化也與其母體——中國傳統文化一同開始了近代化的艱難轉型。1862 年近代學堂及學堂考試的創辦，標誌著以科舉爲代表的傳統考試開始向近代考試轉變。而 1905 年科舉的廢除和 1912 年中華民國的建立，則爲中國傳統考試的近代轉型提供了必要的政治、經濟和社會發展環境。當然，由於民國時期動蕩複雜的時代背景和傳統考試文化的作用等因素影響，這一時期的中國考試雖完成了近代化的制度重構，卻並未完全實現眞正的轉型。

　　本文首先分析了民國時期考試制度轉型的歷史文化淵源和思想基礎。延續 1300 年的科舉考試制度，選拔官吏，溝通社會，統攝教育，獎學勵才，也促使「學而優則仕」的儒家思想制度化，形成中國社會「官本位」傳統，扼殺人才個性和創造性，並在中國民族文化心理中留下了「戀考情結」。這些傳統考試文化的豐厚積澱，既爲中國考試在近代的轉型提供了傳統文化資源，也成爲其努力向近代考試演化過程中的沉重負擔。對中國傳統考試文化情有

獨鍾的孫中山先生，批判繼承了中國傳統考試文化遺產，科學取捨西方資本主義國家公務員考試的觀念和方法，提出了獨特的考試權獨立學說，並在南京臨時政府和廣州革命政府時期對實施文官考試制度進行了全面構劃，為民國考試的轉型提供了思想基礎和制度藍圖。而戴季陶等人對孫中山考試思想的闡述和發展，又直接指導了民國考試制度特別是文官考試制度的構建和發展。

民國考試制度轉型的一個重要標誌，是文官考試和教育考試的判然兩分。本書在對民國考試轉型的傳統文化淵源和思想根基進行分析的基礎上，以民國考試的制度構建為主線，分別對民國時期的文官考試和教育考試的制度演變、實施情況進行了全面的分析和評述。就文官考試而言，經過北京政府、南京政府等幾個歷史時期的建設與發展，形成了中國歷史上最為完備的考試體系、法規體系，建立了人類歷史上第一個在行政權之外，獨立行使文官考試選拔、任用、考績、獎懲等權力的專門考試和人事管理機構，並由此形成民國文官考試一整套組織機構體系，使中國傳統考試制度文化在民國時期得到延續和發展。通過實施文官考試，選拔出了一批批建設人才並進行了分發任用，為民國文官隊伍輸送了新鮮的血液。但是，由於政局動盪、戰亂不斷，國民黨政權缺少必要的權威，各種派系勢力對考試制度肆意破壞，以及傳統用人思想的慣性影響，民國文官考試制度實施情況遠未達到其制度設計的效果，通過考試選拔的文官數量十分有限，發揮的作用則更有限。相比較而言，民國教育考試的制度轉型則要徹底得多。由於建立了近代學制，放寬了辦學管制，考試權下移到學校，相對軟弱的政府對教育界的思想箝制也力不從心，民國時期的教育特別是抗戰前的教育發展很快，教育考試也隨之得到很大發展，種類繁多，制度完備，在考試理念與技術方法方面更是有了長足的進步，中學畢業會考、學業競試等統一考試制度的創建，在合理繼承傳統考試文化基礎上，更使中國考試文化在民國時期有了一個創造性的發展。

民國時期考試制度的轉型與重構基於社會發展的根本要求，也受到考試內在發展規律的影響。本文從四個方面對轉型的外部因素進行理論分析，即：民國經濟社會轉型對新型人才的要求、民初「國家危機」對恢復文官政治的呼喚、近代城市變革與職業發展對職業分類和社會分層的要求、知識階層的形成對自身價值實現渠道的渴望。而在考試文化內部的轉型發展過程中，民

族戀考心理的慣性影響爲之打下了深厚的文化基礎，考試觀念的更新成爲其變革的前導，考試管理體制的改革和創新成爲推動轉型的關鍵因素之一，考試內容的轉化則擔負著轉型的核心任務。在眾多的社會因素和內在因素影響下，民國時期的考試發展形成自己的文化特色：守本開新，立法行考，雖已走上法制化軌道卻依然被專制統治的人治因素所困擾。

中國考試制度的現代轉型要走的路還很長，而我們可以從民國考試轉型的過程中得到一些考試與社會發展關係的規律性啓示：考試是促進社會發展和人的發展的重要機制，它可以促進社會政治、經濟和文化環境的優化，但若統治者背離社會發展方向，考試又會對社會政治經濟和文化發展產生消極影響，考試的成敗不僅與自身的設計和執行密切相關，而且更取決於是否具備適宜其運行的客觀條件和文化環境。在考試與教育的關係方面，考試可以促進教育發展價值取向走向科學化，但放大考試對教育的督導作用又會反過來戕害教育。考試又是一門科學，它有著自身的發展規律，必須加強考試科學化建設，防止放大考試功能，保證考試實施與其目的的高度一致。民國考試制度轉型過程中的諸多經驗和教訓，對當今中國社會建立真正意義上的公務員考試制度、理順教育與考試的關係、實現傳統考試文化在當代的轉換和創新，有著重要的借鑒意義。

目　次

上　冊

嚴序　嚴昌洪

第三一冊　民國北京政府時期的留學管理研究

作者簡介

王靜，女，1979 年生，南京大學歷史系博士，現爲南京大學大學外語部助理研究員。研究方向爲民國教育、留學史、中日關係史，曾發表過《概述中日戰爭時期的國籍變更》、《影視文學中的歷史人物和歷史人物評價》、《全球化時代大學生教育的立場選擇》、《在華留學生的中國歷史教育全英文教學模式探討》、《教育國際化與重點高校人才培養》、《從「七七事變」看日本恥感文化》等多篇文章。曾主持南京大學人事處 985 師資隊伍建設項目「公共基礎教學單位師資隊伍建設研究」，並作爲課題組主要成員參加江蘇省社科基金項目「江蘇高等教育國際化發展研究」。

提　要

留學是培養各種專門人才的重要途徑之一，留學管理是留學教育的重要組成部分，高效的留學管理將有效促進優秀人才的培養和留學事業的良性發展。民國北京政府時期，中央政府權威低落，國際地位低下，內戰頻繁，政局動蕩，財政困難，留學經費不足。但當時新舊文化交融，思想界活躍，民間話語權強大，人們崇尚「教育救國」，留學生中湧現出一大批大師級人才。

本文重點考察分析了北京政府時期的留學概況、留學生群體和留學管理者群體概況、留學管理機構設置及權限劃分、管理政策的演變與完善、不同留學階段（派遣、海外管理、歸國）的管理模式和留學接受國的中國留學生管理模式等內容，並對既往學者所忽略的地方政府稽動留學派遣、江浙等省留學規程和留學生考試制度、北京政府留學人才政策、中央與地方留學管理互動關係、管理主客體互動關係、國外學校的中國留學生管理方式和留學管理者群體分析及個案研究等問題進行了梳理和研究。

總體來說，民國北京政府時期的留學管理呈現出多元化、無序化和民主化的多重特徵。注重派遣規模，不重質量；重視完善管理政策，忽視操作實效；重視任用留學人才，但缺少人才成長的環境、氛圍和配套的資金。當時的教育界、實業界和留學界在借鑑清末留學管理經驗的基礎上，積極探索和嘗試不同的管理方式，促進了留學派遣的完善，也爲其後的南京國民政府和當代留學人才培養、管理和任用提供了借鑑作用。值得一提的是，當代中國應警惕西方利用一些中國留學生尤其是少數民族留學生進行反華活動的陰

謀，並防止中國對西方政治、經濟、商業和文化的過度盲從傾向。

目　次

第三二冊　倒戈與統一：閩系海軍研究（1926～1935）

作者簡介

　　程玉祥，南京大學中華民國史研究中心博士研究生，主要從事中華民國海軍史、中國國民黨史研究。

提　要

　　本文圍繞南京國民政府成立前後閩系海軍發展的三大主題：歸附國民革命、爭設海軍部、統一海軍的嘗試，對閩系海軍在政權易手和歸屬轉變之後，與蔣介石主導的軍委會之間，圍繞對海軍軍政權的實際控制問題所展開的較量作一探究。

　　在國民革命軍北伐的衝擊下，從屬於北京政府的閩系海軍伺機倒戈。閩系海軍爲保持自身獨立性，與蔣介石談判歸附條件。本文從考證歸附條件出發，詳細論證了北伐期間閩系海軍歸附國民革命的整個過程。

　　海軍設部之爭實質上是閩系與蔣介石對海軍軍政權的爭奪，其結果一方面是閩系得以實現「擴署爲部」，並從海軍部及其附屬機構的人員構成上看，海軍部爲閩系海軍的天下；但在另一方面，蔣介石採取取消海軍司令部，實行軍委會、海軍部分掌海軍軍令權、軍政權等新的舉措，從體制上根本改變了閩系獨掌海軍大權的局面。

　　本文從海軍艦隊和海軍教育兩個角度深入分析海軍部、軍委會的統一方案及其實施情況。閩系雖然在統一海軍上極爲主動，但進展緩慢；另一方面，蔣介石不願看到由地方色彩濃厚的閩系來完成海軍統一，從而另設電雷學校，以期培養未來海軍中堅人才，牽制閩系。在統一海軍軍事教育上，閩系亦未能取得實質進展。閩系在統一海軍的實踐中，既遭到海軍其他派系的抵制，又受到軍委會海軍統一方案的牽制。最終南京國民政府海軍在軍委會的

努力下完成了統一。

目　次

1927年閻錫山易幟研究

作者簡介

　　張寧，女，山東省成武縣人，1987 年 12 月生，酷愛讀書寫作。本科就讀於甘肅省蘭州大學歷史文化學院，專業爲歷史學基地班，大學期間在山東大學交換學習一年，2011 年畢業，獲歷史學學士學位。碩士研究生就讀於江蘇省南京大學歷史系，專業方向爲中國近現代史專業，2014 年畢業，獲歷史學碩士學位。對於中華民國政治史，國共兩黨史以及中華人民共和國史頗具研究興趣與熱情，曾在《歷史學家茶座》、《文史天地》、《北華大學學報》、《南京日報》、《都市時報》等報刊上發表有關文章十餘篇。爲搜集史料，撰寫碩士畢業論文，作者曾到臺灣東吳大學交換學習一學期，在臺期間，多次至國史館、「國家圖書館」查閱檔案。現爲出版社編輯。

提　要

　　本文以民國政要閻錫山的易幟作爲個案，將閻錫山易幟放置在北伐的時代大背景下，按照「背景 經過 原因 影響」的邏輯主線展開論述，探究其易幟原因及詳細軌跡，還原易幟的經過與前因後果，進而透視北伐時期易幟這一普遍現象的實質與影響。閻錫山易幟既是奉系、武漢國民與南京方面權力博弈的結果，亦是他主動選擇的結果。與孫中山與國民黨在政治理念上的某

些相似性，是其易幟的思想原因。閻錫山在山西進行清黨，對山西國民黨進行改組，對省政與軍隊進行改造，在表面上是順應南京國民政府，但其實質是將其個人政治理想置於三民主義革命旗幟之下，以求得在思想與實踐方面仍能控制山西。這種通過易幟達成的統一，無法解決政治認同問題與地方割據問題，直接影響到奉行黨國一體的南京國民政府的理國能力及對於地方的控制能力，背離了北伐的初衷。

目 次

國家、社會及第三領域：
近代江蘇各級地方自治研究（1905～1937）（上）

陳明勝　著

作者簡介

陳明勝，男，1978 年 3 月生，山東省聊城市人。先後畢業於聊城大學歷史系、福建師範大學社會歷史學院、南京大學歷史學系，相繼獲得歷史教育學士、歷史學碩士、歷史學博士等學位，主要從事晚清、民國政治史研究。現任南京審計學院馬克思主義學院講師，主講《中國近現代史綱要》課程。在《社會科學》、《民國研究》、《江蘇社會科學》、《安徽史學》、《史學集刊》等國家核心期刊發表論文十餘篇。

提　　要

　　基於以往學術界對近代中國地方自治研究之不足，筆者試建構國家、社會、第三領域的分析框架，選取 1905 ～ 1937 年間的江蘇各級地方自治為個案，對地方自治與近代中國政制轉型之關係展開研究。文章分導論、大變局下的近代江蘇社會、清末江蘇各級地方自治與君主專制政體的沒落、民初江蘇各級地方自治與共和政體的嬗變、南京國民政府時期江蘇各級地方自治與一黨專制的形成、地方自治與近代中國政制轉型關係之檢討等六個部分。在對史料進行梳理和分析的過程中，地方自治與近代中國政制轉型關係之圖景被勾勒出來：近代中國地方自治推行的過程，實質上就是國家對第三領域和民間社會不斷滲透的過程；地方精英雖然不斷與國家博弈，但總體上看，因為近代士紳階層的分化及其功能的異化，導致整體實力不斷下降，面對國家的強勢滲透，其始終處於弱勢地位；基層社會的廣大民眾因為智識不足、民主參與意識薄弱等因素，對地方自治往往抱著拒斥或漠不關心的態度，在國家強勢滲透的過程中，其更多的是扮演冷眼旁觀的第三者。地方自治有名無實，憲政民主理想破滅，一黨專制國家形成，其內在邏輯的發展實質上正是國家、地方精英、基層民眾三種力量綜合作用的結果。

目

次

圖表目錄

第一章 導 論

第一節 選題緣由

　　建立獨立富強的民主憲政國家，是近代國人順應歷史潮流，不懈追求的政治理想。作爲構成現代憲政的要素之一，地方自治久爲國人重視並積極付諸實踐，其爲人們探討近代中國的政制轉型提供了一個十分重要的視角。

　　地方自治，從詞彙學上講，它是「自治」與「地方」兩個概念的復合。簡單言之，自治即自我治理。但近代意義上的自治〔註1〕有著更爲豐富的內涵，英美法系國家認爲，「自治權是人權的一部分，是與生俱有的天賦人權，自治相對於國家權力而言，國家權力是後來的、派生的。」大陸法系國家則強調，「自治權是國家與法律賦予的，自治與官治一起，共同組成了國家的管理制度。」〔註2〕亦有學者把地方自治分爲三種流派：英美學派、大陸學派、折衷學派，〔註3〕實際上，折衷學派是綜合英美學派和大陸學派兩派之長的產物，其主張：「人民自治的思想爲自治的指導原理，乃自治之理想；團體自治

〔註1〕近代意義上的地方自治，是啓蒙運動、工業革命和資產階級大革命的產物。陳紹方：《地方自治的概念、流派與體系》，《求索》2005年第7期，第45頁。

〔註2〕王聖誦：《近代鄉村自治研究》，中國政法大學2005年未刊博士畢業論文，第3頁。

〔註3〕英美學派強調人民的自治，其自治權包括地方行政、立法、司法等各個方面，含義較爲廣泛；大陸學派則強調團體的自治，自治權限制在地方行政領域，範圍較小；折衷學派則既關注個人自治，又關注團體的自治，將兩者有機整合。參考陳紹方：《地方自治的概念、流派與體系》，《求索》2005年第7期，第46頁。

思想，為產生自治制度之形態。」〔註4〕顯而易見，近代中國所引介的自治制度就是以德日為代表的大陸法系國家的自治制度，決定了近代中國基層社會秩序整合過程中自治與官治的雙重系統。

地方，是一定區域的泛稱。當與自治結合之後，亦可以有兩種解釋：從法學意義上講，地域性特點是地方自治團體之地團法人與社團法人、財團法人的主要區別之一。作為地方自治最基本的要素之一，它與區域內之人民、選舉產生之自治機關、自治權限等共同構成地方自治這一法人團體。從政治學上看，它是一個與中央相對的概念。由此一概念出發，地方自治有與中央分權的意思，是「相對於中央集權而言、基於分權原理而設計的一種地方政治制度」。〔註5〕從西方地方自治之理論基礎——民主主義與自由主義——觀之，民主主義「強調地方自治是當地居民的一種自我管理方式」，自由主義「作為國家縱向結構的制度設計，目的是分權與制衡」，〔註6〕這一解釋兼具法學與政治學的雙重涵義。

總之，地方自治可簡單概括為：在一定區域範圍內，在國家監督之下，由該地方人民自訂規約，通過選舉產生自治機關，管理本地方的公共事務。

毫無疑問，對近代地方自治研究有著較高的學術意義和實踐價值。

第一，在以往地方自治的研究中，學界已經取得眾多成果，但仍然存在諸多不足：在研究視角上，大多數學者停留在對地方自治本身的研究，而忽略地方自治與憲政民主及制度建構路徑探索上的關係，而此一點對於解讀近代中國政制轉型具有十分重要的指導意義。在研究方法上，部分學者通過對新的理論與方法的借鑒，取得一些突破，但仍然存在某些缺陷，其中比較明顯的問題就是把地方自治置於國家與社會之二元分析框架中，而這一研究框架並不完全符合近代中國的社會現實。因此，有必要建立新的分析框架，對近代中國地方自治與政制轉型問題進行更加準確的分析。

第二，地方自治與近代中國政制轉型問題的研究有利於歷史與現實問題的解決。首先，近代中國的政制轉型在上個世紀的前三十年變得更加劇烈，民主共和製取代了封建君主專制，但民主憲政的理想並未實現。緣何會如此？

〔註4〕沈清泉：《地方自治觀念與系統》，〔上海〕地方自治月刊編輯委員會編《地方自治》第1卷第1期，民國三十年一月。
〔註5〕陳紹方：《地方自治的概念、流派與體系》，《求索》2005年第7期，第47頁。
〔註6〕田芳：《地方自治：法律制度研究》，北京：法律出版社2008年版，第10頁。

其中一個重要的問題，就是在中央政治體制變革的同時，有沒有形成與之匹配的地方政治制度？其次，當前我國正處於政制改革的深化時期，基層社會改革的關鍵仍是社會民主的實現以及新秩序的建構問題。因此，培養廣大基層民眾的民主意識和參與精神，成為必要之舉，而地方自治則是實現此一目標的有效途徑。

另外，本文選擇江蘇省為個案，是基於其典型性與代表性之故：

首先，江蘇省具有典型性。近代以來，隨著西學東漸的深入，江蘇省成為首當其衝的前沿陣地。受西方自治思潮的影響，江蘇地方自治起步較早，清末就成為全國的楷模。北京政府時期，江蘇地方精英為踐行地方自治與國家展開激烈博弈，在全國造成一定影響。南京國民政府時期，江蘇作為國民政府首都所在地，往往成為國民政府自治法令的實驗區，具有很強的典型性。

其次，江蘇省有它的代表性。江蘇向有蘇南、蘇北之約定俗成，蘇南開化，人文薈萃、經濟發達，蘇北則相形見絀，因此造成近代蘇南、蘇北在地方自治推行過程中較大的差異。同一個省份，卻屬於不同的世界，這些狀況更加適合於做比較研究。另外，近代江蘇創辦的自治類型豐富多彩，有政府主導的、有地方士紳創辦的，有商人創辦的，有學生創辦的，有社會團體創辦的等等，基本囊括了全國各地所有的類型。因此，通過江蘇省內不同區域地方自治的比較研究，可以進一步透視不同文化、經濟背景下地方自治推行的動力問題，亦可以推知當時全國範圍內的大體情形。

再次，以中國幅員之遼闊，欲做一全面研究恐失之過粗，為避免因寬泛而產生膚淺的弊病，把江蘇一省作為研究對象有必要性與可行性；同時，筆者也沒有把視野鎖定在更小的範圍，是恐因典型性而喪失代表性之故。本文研究時段從 1905 年一直延續到抗戰前，主要考慮其有利於清末、南京臨時政府時期、北洋北京政府時期、南京國民政府時期四個時段的比較；而止於 1937 年則基於南京國民政府在前十年建設時期，地方自治形態已經基本定型，抗戰與第二次國內戰爭時期的地方自治並無質的發展，因此暫不做延伸考察。

第二節　研究現狀

目前學術界對地方自治的研究可謂汗牛充棟，學者們從不同角度對不同區域、不同時間段所推行的地方自治進行或微觀或宏觀的研究，這些成果為

筆者的研究提供了諸多借鑒，也提出更大的挑戰，步前人之後塵已是學術研究之大忌，超越前人又何等困難。以下筆者以時間爲主線把以往學者的研究成果做一簡單歸納概括。

一、國內學者對地方自治的研究現狀

（一）1949 年之前

1、清末民初之際，關於地方自治的研究以一般性介紹爲主。全國性刊物如《東方雜誌》、《申報》、《大公報》等都刊載過大量關於地方自治的文章；地方性刊物如《江蘇》、《四川》、《浙江潮》、《遊學譯編》、《河南》、《江西》、《雲南》等也時常刊載時人關於地方自治的論說。這些介紹爲國人瞭解地方自治開闢了重要的渠道。20 世紀 20 年代前後，介紹地方自治的書籍逐漸增多，如商務印書館出版的《地方行政要義》，該書彙集「東西各行政法大家之理論，參證中國及各國歷史上地方行政今昔之情狀，貫穿現行各法令，疏證新舊各典籍報章」，是一部十分實用的書籍。另外還有雷奮編的《地方自治講義》和《日本地方制度》，孟森編的《地方自治淺說》，胡爾霖譯述的《歐洲大陸市政》，劉世長編的《縣自治法要義》，李劍農編的《地方自治綱要》、日本人水野博士的《地方自治精義》，法學士小合伸的《日本府縣制郡制要義》等紛紛出版發行，〔註7〕可見時人對地方自治之熱情。

2、南京國民政府時期，關於地方自治的專著猛增。總體來看，可分爲兩大類，〔註8〕第一類偏重於爲國家政策作注釋，這類書籍或經政府授意、由私人撰寫，或由政府機關直接編纂。如內政部編纂，柯琴輯的《總理對地方自治遺教輯要》一書，以孫中山的建國程序說與地方自治開始實行法爲全書的經脈，主要介紹孫中山的自治理論，該書可視爲孫中山自治思想的文獻輯錄，還談不上學術上的探討。〔註9〕再如中國國民黨中央執行委員會訓練委員會編的《地方自治》，全書圍繞《縣各級組織綱要》展開，正如在序言所說「本書之目的，爲研究實行方法，而非探討學說理論。」〔註10〕可見，

〔註7〕蘇社特刊：《地方自治》，1922 年第 2 期。

〔註8〕因爲這類書籍較繁雜，有上百種之多，只好歸納分類，此處不再詳列，書名可參見參考文獻。

〔註9〕柯琴輯：《總理對地方自治遺教輯要》，北京：商務印書館中華民國三十三年初版。

〔註10〕中國國民黨中央執行委員會訓練委員會編：《地方自治》，民國三十年版。

此類書不重學理探討，而注重實用性。

　　另一類則能夠在學術上對地方自治針砭時弊提出個人見解，有爲中國尋求新出路的意味。如梁漱溟的《中國之地方自治問題》一書，以批評過去地方自治的失敗來影射現實，把過去地方自治失敗的原因歸咎於中國人缺乏「紀律習慣」，缺乏「組織能力」，以及自給自足的經濟條件。他認爲中國欲取得地方自治的成功，必須注重團體的作用，而團體的前提條件則是「政治、經濟、教化三者合一」。梁漱溟對古代所謂「地方自治」的界定，以及顧及中國固有之精神的論述是很有見地的。〔註11〕這是對近代地方自治屢陷困境的一種反思，說明部分有識人士開始轉向傳統，意欲構建中國特色地方自治的衝動。

　　關於地方自治的文章，還散見於當時各種雜誌之中，如《平等雜誌》、《民治評論》、《民主政治》、《民立週刊》、《民眾運動月刊》、《民聲週報》、《地方自治半月刊》、《省縣自治通則討論專號》等。總之，就此一階段地方自治的研究趨勢看，以服務現實爲第一要義，反思性的研究成果還不多。

（二）1949 年之後

　　1949 年以後，地方自治研究大致可以分爲兩個階段：改革開放之前，因受革命政治氛圍的影響，研究者對清末及民國時期的地方自治大都持否定態度，這種態度直接影響到對地方自治的客觀研究。改革開放之後，地方自治研究倍受關注，研究成果如雨後春筍，紛紛湧現。總而觀之，大致有以下三個特點：第一、研究對象不斷細化，第二、研究方法與視角不斷更新，第三、區域性地方自治研究異軍突起。下面主要就改革開放之後的研究成果進行概述。

第一、研究對象不斷細化

　　以近代地方自治思潮爲研究對象〔註12〕。汪太賢博士的學位論文《晚清地

〔註11〕 梁漱溟：《中國之地方自治問題》，山東：山東鄉村建設研究院版，出版日期不詳。

〔註12〕 以此爲選題還有：劉小林、梁景和：《論清末地方自治思潮》，《學術論壇》1998 年第 2 期；吳桂龍：《晚清地方自治思想的輸入及思潮的形成》，《史林》2000 年第 4 期；姚琦：《論清末地方自治思潮及其影響》，《青海民族學院學報（社科學版）》2002 年第 2 期；吳建國：《清末民初的自治思潮述評》，《西南民族大學學報（人文社會科學版）》2004 年第 12 期；馬小泉：《公民自治：一個百年未盡的話題 —— 讀康有爲〈公民自治篇〉（1902年）》，《學術研究》2003 年第 10 期；汪太賢：《晚清學人對民主自由訴求的一種表達 —— 以嚴復地方自治主張的提出與闡釋爲例》，《中國法學》2004 年第 2 期和《晚清國外地方自治思想輸入考論》，《湘潭大學學報（哲

方自治思想的萌生與演變——從鴉片戰爭至預備立憲前夕》很具代表性，文章以地方自治思想從國外輸入與傳播、在中國的最初提出、話語與意旨的演變以及自治思潮的勃興等為線索，由思想而思潮，梳理了近代地方自治在中國不斷發展的過程，作者突破前人之處在於高屋建瓴地指出，晚清地方自治思想轉變的內在理路是中國傳統的民本、民貴、養民思想在甲午戰後讓位於西方的民權、民主、自由等，正是這一自治思想資源的變化，賦予地方自治以新的涵義，並在民族危機進一步加深的情況下成為各界人士鼓吹以及實踐的對象。〔註13〕

以聯省自治為研究對象。聯省自治是 20 世紀 20 年代一場重要的政治運動。以聯省自治為主題的專著主要有二：一是胡春惠的《民初的地方主義與聯省自治》，一是李達嘉的《民國初年的聯省自治運動》，胡著著重於聯省自治運動產生背景的分析與各省自治運動概況的敘述，認為清末民初地方主義的不斷擡頭是聯省自治運動興起的直接原因。〔註14〕與胡不同，李著則嘗試從「聯省自治」名詞的產生與時局之間的關係為突破點，進一步闡明聯省自治的性質及其興衰的主要因素。〔註15〕大陸方面尚無專著，此類研究多以論文形式出現，〔註16〕如馮筱才指出，浙江省憲自治運動是民初中國聯省自治

學社會科學版）》2004 年第 5 期；郭紹敏：《清末士大夫的地方自治思想與地方自治政策之推行——以〈清末籌備立憲檔案史料〉為中心的考察》，《安徽大學法律評論》2007 年第 1 輯等。

〔註13〕汪太賢：《晚清地方自治思想的萌生與演變——從鴉片戰爭至預備立憲前夕》，武漢大學 2004 年博士學位論文。

〔註14〕胡春惠：《民初的地方主義與聯省自治》，北京：中國社會科學出版社 2001 年版。

〔註15〕李達嘉：《民國初年的聯省自治運動》，臺灣弘文館出版社 1986 年版。

〔註16〕相關研究成果還有：謝俊美：《略論聯邦制和聯省自治運動》，《華東師範大學學報（哲學社會科學版）》1995 年第 5 期；李蓓之：《略論 20 年代初「聯省有治」運動》，《上海大學學報（社科版）》1996 年第 3 期；李繼鋒：《分合之際——二十年代初省憲運動的背景分析》，《民國檔案》1996 年第 3 期；張繼才：《論清末民初聯邦思想》，《武漢科技大學學報（社會科學版）》2000 年第 2 期；張海廷：《聯邦制與單一制「對立」還是「統一」》，《河北法學》2002 年第 3 期；周東華：《略論 1920～1923 年的「聯省自治」思潮》，《北京行政學院學報》2001 年第 3 期；姚琦：《論 20 世紀上半期中國聯邦制思潮及其影響》，《寧夏大學學報（人文社會科學版）》2003 年第 5 期；朱秀蓉：《試論北洋政府時期的聯省自治思想》，《雲南大學學報法學版》2004 年第 4 期；嚴泉：《「聯省自治」運動中的省憲研究——民國初年「聯省自治」的制度探析》，《學術界》2005 年第 6 期；李利霞、趙經：《論 20 世紀 20 年代初期的聯省民主制思想》，《華中農業大學學報（社會科學版）》2006 年第 3

浪潮中的一個重要組成部分。它在省內外多種因素的推動下發生，並在運動中先後產生了三種不同的省憲：九九省憲、三色憲法、浙江省自治法。省憲的條文體現了當時人們的自治理想，但運動參與者動機各異使之自始便存在著嚴重分歧，省憲理想成為他們追求不同利益目標的工具。運動斷斷續續的進行伴隨著各方勢力激烈的衝突，亦折射出浙省多重的地方政治權力結構。運動無果而終，並非簡單由於「軍閥扼殺自治」。〔註17〕另外，聯省自治的研究主要集中於省自治運動較為高漲的省份。〔註18〕

以縣制為研究對象。魏光奇在《官治與自治》一書中，對古今縣制沿革進行了系統的研究，基於此種指導思想，本書撰寫有著強烈的專題性，如以縣制、縣財政制度、縣人事制度等為線索分別展開，求通的結果卻又失之於某一時期整體情境的呈現，總體而言，該書不乏真知灼見。論文方面也出現不少佳作〔註19〕，王兆剛通過對南京國民政府縣自治的研究，認為其之所以

期；郭姝：《省憲運動與「聯省自治」——中國近代聯邦主義的萌芽、省思與啟示》，《浙江學刊》2006 年第 5 期；李榮坤：《聯省自治運動在 20 世紀20 年代初興起原因新探》，《西南交通大學學報（社會科學版）》2006 年第6 期；王瑩：《聯省自治緣起探析》，《南京工程學院學報（社會科學版）》2007 年第 2 期；陸幸福：《亂世中的權力結構之變——以中國近代的聯省自治運動為場景》，《重慶工學院學報（社會科學版）》2007 年第 4 期；龍長安：《李劍農聯邦制思想述論》，《中國近現代史研究》2007 年第 12 期；孫欽浩：《論聯邦主義在我國的曲折歷史遭際與現狀》，《泰山學院學報》2008 年第 1 期；莫慶紅、唐正芒：《二十世紀初「聯省自治」思想的悖論》，《求索》2008 年第 4 期；田子渝：《湖北地方自治論述》，《湖北大學學報（哲學社會科學）》1995 年第 6 期；歐陽斗平：《論近代湖南紳權運動與省憲自治》，《長沙大學學報》2006 年第 1 期；孫卓：《聯省自治與湖南省憲法》，《百年潮》2005 年第 3 期；陳華麗、莫慶紅：《雲南聯省自治運動述論》，《前沿》2007 年第 11期；劉滄海：《〈福建省憲法〉之文本分析》，《岳陽職業技術學院學報》2008年第 1 期等。

〔註17〕馮筱才：《理想與利益——浙江省憲自治運動新探》，《近代史研究》2001 年第 2 期。

〔註18〕相關研究成果有：魏光奇：《直隸地方自治中的縣財政》，《近代史研究》1998年第 1 期；徐建平：《清末直隸州縣自治運動初探》，《燕山大學學報（哲學社會科學版）》2007 年第 4 期；劉國習：《清末湖南留日學生的湖南地方自治論》，《湖湘論壇》2008 年第 2 期等。

〔註19〕相關研究成果：白貴一：《20 世紀 30 年代南京國民政府縣自治研究》，北京：知識產權出版社 2009 年版；王兆剛：《論南京國民政府的縣自治》，《安徽史學》2001 年第 2 期及《抗戰前南京國民政府縣自治失敗原因探析》，《歷史教學》2002 年第 10 期；周玉玲：《新縣制下縣各級民意機關研究》，蘇州大學

失敗，主要原因有四：國民黨及國民政府不具備領導一場現代社會變革所需要的素質與能力；從國民黨推行縣自治的實際作爲來看，具體制度和舉措有諸多失當之處；自治人員素質低下；國民黨推行縣自治存在著深刻的內在矛盾等。〔註20〕

　　以區鄉鎮村自治爲研究對象〔註21〕。如李德芳在《略論民國鄉村自治的社會制約因素》一文中，從封建的鄉村經濟形態與政治結構、嚴重變態的鄉村社會流動、極端貧苦的農民生活、傳統的鄉村社會文化等方面對民國時期鄉村自治的社會制約因素進行分析，作者認爲，不徹底改變傳統的鄉村經濟形態、政治結構和宗法文化這個封建主義的外殼，民主自治制度就不能生根、開花、結果。〔註22〕

　　以保甲制爲研究對象〔註23〕。冉綿惠的《近年來國內有關民國時期保甲制度研究的新趨勢》是一篇具有綜述性質的文章，在肯定當前保甲制研究成果的同時，亦指出幾點不足：民國時期檔案資料與地方報刊資料發掘不夠；對於保甲人員素質缺乏定量分析；保甲制與基層社會既衝突又融合的關係分

2002 年碩士學位論文；李樹芬：《南京國民政府時期省縣行政制度與權力研究（1927～1937）》，四川大學 2007 年碩士學位論文；方旭紅：《南京國民政府縣級政權的運作機制：1927～1937 年》，《安徽史學》2005 年第 2 期；忻知：《各省實施新縣制推行地方自治成績總檢討》，《民國檔案》2005 年第 3 期；陳雷：《論國民黨新縣制與地方自治的關係》，《阜陽師範學院學報（社會科學版）》2006 年第 4 期；洲紹英：《抗戰時期國民黨新縣制述評》，《重慶師院學報哲社版》1995 年第 3 期；曹成建：《1920 年代末至 1930 年代初南京國民政府地方自治政策的實施效果及其政策走向》，《1920 年代的中國》，北京：中國社會科學文獻出版社 2005 年 9 月版；周玉玲：《論新縣制下基層民意機關制度設計的三大民主障礙》，《連雲港師範高等專科學校學報》2008 年第 4 期等。

〔註20〕王兆剛：《論南京國民政府的縣自治》，《安徽史學》2001 年第 2 期。

〔註21〕相關研究成果有：李德芳：《南京國民政府鄉村自治制度述論》，《河北大學學報（哲學社會科學版）》2002 年第 4 期；尹紅群：《南京國民政府鄉村制度變革：政治結構及問題》，《社會科學輯刊》2004 年第 6 期；王飛：《國民政府「新縣制」下的鄉鎮體制》，首都師範大學 2007 年碩士學位論文等。

〔註22〕李德芳：《略論民國鄉村自治的社會制約因素》，《貴州社會科學》2001 年第 3 期。

〔註23〕相關研究成果：王雲駿：《民國保甲制度興起的歷史考察》，《江海學刊》1997 年第 2 期；謝增壽：《國民黨南京政府保甲制度述論》，《西華師範大學學報（哲學社會科學版）》1984 年第 4 期；武乾：《南京國民政府的保甲制度與地方自治》，《法商研究》2001 年第 6 期；張勇、包樹芳：《試論南京國民政府時期的鄉鎮保甲長》，《撫州師專學報》2003 年第 2 期等。

析甚少；不少地區的保甲制研究還未展開；共產黨對保甲制的態度缺乏研究等。〔註24〕這些不足仍然需要更多研究者的參與才能逐漸改觀。

　　專題與個案研究。專題性研究以清末地方自治風潮研究最為典型，如周積明、謝丹在《晚清新政時期的反地方自治風潮》一文指出，導致民變的綜合原因是官方苛捐、枉法與民眾的守舊、保守，無疑阻礙了近代化的進程。並據此認為，在現代化改革過程中應注意資金籌集的方式、加強宣傳力度、打擊貪污腐敗、提高改革者的素質、開通民智等。〔註25〕另外，自治財政、選舉制度、戶政法、自治立法等都被納入學者們的研究視野〔註26〕。以人物為個案的研究也在不斷增加，如關於孫中山自治思想的研究〔註27〕，張連紅在細緻梳理孫中山政治思想發展歷程之後，指出經過長期的革命實踐與理論探索，在中央與地方關係問題上，孫中山最後形成了一種集聯邦制與集權制兩者之長的均權構想，希望中央與地方關係以此達到分權而不分裂、集權而不專制的最佳境界。〔註28〕該文可視為對孫中山均權思想的經典解讀。《陳炯明地方自治及其評析》一文認為，聯省自治並不就是地方割據，而地方割據勢力卻利用聯省自治的旗幟以張目，在聯省自治的大潮中，陳炯明算是一個

〔註24〕 冉綿惠：《近年來國內有關民國時期保甲制度研究的新趨勢》，《民國檔案》2007 年第 2 期。

〔註25〕 周積明、謝丹：《晚清新政時期的反地方自治風潮》，《河北學刊》2002 年第 4 期。

〔註26〕 相關研究成果有：葉利軍：《民國北京政府時期選舉制度研究》，湖南師範大學 2004 年博士學位論文；王聖誦：《近代鄉村自治研究──戶政法文化詮釋》，中國政法大學 2005 年博士學位論文；隆奕：《試論南京國民政府地方自治立法》，西南政法大學 2004 年碩士學位論文等。

〔註27〕 關於孫中山地方自治思想研究的文章較多，如曾景忠：《孫中山地方自治思想述論》，《廣東社會科學》1988 年第 1 期；鄭永福：《孫中山與地方自治》，《中州學刊》1983 年第 2 期；賀躍夫：《孫中山的地方自治觀與南京政府之實踐》，《中山大學學報論叢》1995 年第 5 期；周玉玲、楊慧：《孫中山與蔣介石地方自治思想的差異》，《江南社會學院學報》2001 年第 2 期；唐衛國：《孫中山地方自治思想研究》，《河北法學》2001 年第 6 期；洪英：《孫中山先生地方自治思想綜述》，《當代法學》2003 年第 8 期；馬小泉：《孫中山地方自治思想之學理意義》，《史學月刊》2005 年第 5 期；張緒忠：《孫中山與聯省自治運動》，《貴州文史叢刊》2006 年第 3 期；彭學寶：《孫中山與毛澤東地方自治思想比較述評》，《商丘師範學院學報》2007 年第 7 期；張欽朋：《試論孫中山地方自治思想》，吉林大學 07 年碩士學位論文等。

〔註28〕 張連紅：《從聯邦到均權：孫中山對中央與地方關係的探索》，《史學月刊》1998 年第 2 期。

特例。〔註29〕另外還有人專文對黃興、毛澤東、蔣介石等人的自治思想進行探討。〔註30〕

第二、研究方法與視角不斷更新

以近代化爲研究視角〔註31〕。馬小泉從社會政治結構與政治發展的角度對清末地方自治展開討論，把國家對社會的整合，以及政治制度的近代化有機結合在一起，認爲清末地方自治的創辦是國家與社會共同推進的結果。〔註32〕因應國家－社會理論框架的運用，作者引進西方詞彙，把資產階級分爲上、中、下層，這種做法是否符合中國國情尚待進一步論證。高旺認爲，西方地方自治思潮在近代中國的興起既與中國歷史上「郡縣論」和「封建論」的爭論有關，又與近代西學東漸、列強環伺的形勢有關。這一論述賦予近代地方自治以鮮明的中國特色，是對衝擊——反映模式的突破。〔註33〕

國家與社會二元分析框架的運用。馬小泉在《國家與社會：清末地方自治與憲政改革》一書中，著重於「從社會政治結構即國家與社會的關係，從中國地方政治現代化即政治發展的角度，對清末地方自治作一系統的考察。」〔註34〕周松青則以西方爲參照物，對清末民初的地方自治進行對比研究，認爲近代地方自治引進之後，始終未能與國家有效的融合，自治在中國的體制異化是其不能有效推行的原因；傳統國家向民族國家的轉換，使地方自治生

〔註29〕 白貴一：《陳炯明地方自治及其評析》，《韶關學院學報（社會科學）》2007年第11期。

〔註30〕 相關研究成果有：鄧江祁：《黃興地方自治思想探析》，《長沙理工大學學報（社會科學版）》2008年第1期；周玉玲：《剖析蔣介石地方自治思想》，《內蒙古民族大學學報（社會科學版）》2001年第4期；曾慧華：《青年毛澤東地方自治思想》，《西南民族學院學報（哲學社會科學版）》2002年第11期等。

〔註31〕 相關研究還有：余子明：《清末地方自治與城市近代化》，《人文雜誌》1998年第3期；趙可：《辛亥革命時期的城市自治思想與20世紀上半葉的城市發展走向》，《辛亥革命與二十世紀的中國》，北京：中央文獻出版社2002年版；尹航：《淺析清末城鎮鄉地方自治制度》，《社會科學戰線》2005年第2期；劉斌：《試論清末地方自治理論與實踐》，《中北大學學報（社會科學版）》2007年第1期等。

〔註32〕 馬小泉：《清末地方自治運動論綱》，《史學月刊》1993年第5期。

〔註33〕 高旺：《清末地方自治運動及其對近代中國政治發展的影響》，《天津社會科學》2001年第3期。

〔註34〕 馬小泉：《國家與社會：清末地方自治與憲政改革》，河南：河南大學出版社2001年8月版。

存空間面臨著更大的擠壓的危險。〔註35〕

以國家對社會整合爲視角〔註36〕。常書紅認爲，因爲資本主義化士紳的崛起和憲政思潮的風行，傳統的鄉族自治結構逐漸瓦解、近代化的地方社會控制模式初步形成，但是這一過程並不順利，其中最主要的原因是因爲社會結構分化不足所造成的，舊的士紳力量被新士紳（紳商界和紳學界）所取代，但新的士紳力量未能形成具有較強內聚力的社會力量，難以形成維護社會秩序的自覺意識，也就難以完成對社會整合的重任。〔註37〕作者雖然並未明確提出國家與社會之間的部分，卻隱隱意識到國家與社會之間的「夾層」實際上就是新士紳存在的空間。

以民眾社會參與爲視角〔註38〕。如馬小泉的《地方自治：晚清新式紳商的公民意識與政治參與》一文，則在國家與社會博弈的大框架下，從社會轉型的角度出發，對清末地方自治給予正反兩面的評價。作者認爲，清末地方自治的嘗試，對於以官僚政治爲核心的傳統政治生活來說，具有某種民主啓蒙和社會動員的意義。而根本價值，乃在於反對封建專制統治，實現資產階級的民主政治。對於中國早期政治現代化的歷程，具有重要的促進作用。但是，清政府支持並積極推行地方自治，並非爲了賦予人民參政議政的權利，實現資產階級的民主政治；而是爲了調適政府與社會的關係，確立新紳商的「輔治」地位，以官辦自治的形式，達到穩固專制政權基礎的目的。這種評價極有見地。〔註39〕

就此一階段地方自治的研究現狀來看，新方法、新視角的出現使地方自

〔註35〕周松青：《異化、國家和記憶：清末民初地方自治的兩難》，《史林》2007年第2期。

〔註36〕相關研究成果有：賀要夫：《晚清縣以下基層行政官署與鄉村社會控制》，《中山大學學報（社會科學版）》1995年第4期；王先明、常書紅：《晚清保甲制的歷史演變與鄉村權力結構——國家與社會在鄉村社會控制中的關係變化》，《史學月刊》2000年第5期；馬小泉：《晚清政府對地方自治的操縱與控制》，《歷史檔案》1995年04期等。

〔註37〕常書紅：《清末民初地方社會整合格局的變化》，《史學月刊》2003年第4期。

〔註38〕相關研究還有：梁景和：《論清末地方自治的實踐》，《西南交通大學學報（社會科學版）》2000年第4期；馬寶成：《清末新政時期的地方政治參與》，《東嶽論叢》2000年第2期；梁景和：《清廷督導下的地方自治運動》，《江蘇社會科學》2001年第1期；魏光奇：《清末民初地方自治下的「紳權」膨脹》，《近代中國的城市與鄉村》，北京：社會科學文獻出版社2006年版等。

〔註39〕馬小泉：《地方自治：晚清新式紳商的公民意識與政治參與》，《天津社會科學》1997年第4期。

治的研究更加深入；從宏觀探討到微觀分析，多方位的展開使地方自治的研究更加全面。但也存在明顯的不足，清末民初地方自治的研究比較成熟，不但把研究對象進一步細化，而且新方法、新視角的利用也較爲充分，而對南京國民政府時期的自治研究則明顯不足，很少運用新的方法。

第三、區域性地方自治研究異軍突起

隨著地方自治研究的深化，區域性地方自治研究倍受研究者關注，值得注意的是國內部分高校的碩博研究生把區域性地方自治作爲選題，出現了一批具有較高質量的碩博論文，顯示出地方自治研究向縱深發展的趨勢。爲突出江蘇省地方自治的研究現狀，以下分江蘇省外與江蘇省兩個部分進行敘述。

1、江蘇省外之區域地方自治研究

第一，就研究對象來看，以省自治或聯省自治爲主。這一點前面已經敘及，不再贅述。

第二，就研究者的身份來看，以高校的碩博研究生爲主。選題從鄉村政治結構到鄉鎮自治，從縣級財政再到自治人員，呈現出不斷細化的趨勢。〔註40〕如楊煥鵬博士的學位論文《國家視野中的江南基層政治（1927～1949）——以杭、嘉、湖地區爲中心》，其中有兩節涉及到地方自治問題，其一爲地方「自治」與「以黨治國」。作者認爲，戰前國民黨黨部打著訓練人民行使四權的旗號，以地方自治爲工具，加強與地方政府的權力之爭；抗戰時期新縣制與鄉鎮自治的實施，導致國家權力下延，國民政府認可並積極推進此一黨治與自治結合的方式，但是這並未改變黨部在基層勢力虛弱的現狀。其二爲新縣制與「地方自治」。在新縣制之下，國民黨不但要通過黨的力量向基層滲透，還通過團的力量以自治的名義把掌握在豪紳手中的基層政權納入國家的軌道，以實現對鄉村社會的控制。〔註41〕

〔註40〕 于建嶸：《轉型期中國鄉村政治結構的變遷——以岳村爲表述對象的實證研究》，華中師範大學 2001 年博士學位論文；程郁華：《二十世紀三四十年代鄉保行政人員貪污與暴力現象研究——以桐鄉、新昌兩縣 30 件案件爲例》，華東師範大學 2004 年碩士學位論文；馮小紅：《鄉村治理轉型期的縣財政研究（1928～1937）——以河北省爲中心》，復旦大學 2005 年博士學位論文；豐簫：《1945～1949 年浙江省嘉興鄉鎮自治研究》，復旦大學 2006 年博士學位論文；祖秋紅：《「山西村治」：國家行政與鄉村自治的整合（1917～1928）》，首都師範大學 2007 年博士學位論文；馮向暉：《浙江清末地方自治運動研究》，浙江大學 2009 年碩士學位論文等。

〔註41〕 楊煥鵬：《國家視野中的江南基層政治（1927～1949）——以杭、嘉、湖地區

第三，部分臺灣學者對區域性地方自治亦作了開拓性的研究。〔註42〕如沈松橋通過對近代河南自治與保甲制遞嬗的研究，認爲從清末至抗戰前夕，中國地方政治的發展過程，乃是由以參與爲重的政治動員，轉化到以統制爲主的政治控制。文章認爲河南地方自治與保甲之所以不能達到預期目的，除了制度之不良，經費困難與人民程度不足，以及劣紳的把持等外，根本原因在於河南的社會、經濟條件之不能爲下層結構的現代化提供有力的支撐。「與其說是政治的現代化，毋寧說是政治的內卷化。」〔註43〕在後續研究中，沈指出，自太平天國運動以來，社會軍事化進程不斷加劇，舊的社會秩序解體，地方權力結構處於重新編組的歷程中，以武力（民團）爲依託的地方精英不斷壯大。因爲宛西當時混亂的社會局面，創辦民團大部分是爲自衛。而爲了使私人組織的合法化，開始籌設自治，這與國民政府推行的地方自治正好契合，但是兩者內容卻截然不同，宛西自治是利用地方革命的口號，否定了國家權威的正當性。沈松橋稱之爲地方精英對國家權力的侵奪，並宰制農村。總之，通過宛西自治，可以看到國家與地方精英對地方控制權的激烈爭奪。

2、江蘇省地方自治的研究

與其他省區地方自治的研究相比，江蘇省地方自治的研究成果更爲豐碩。

清末民初之際，仍以一般性介紹爲主。因爲江蘇省地方自治起步比較早，倍受人們關注。南京國民政府時期，對江蘇省地方自治的研究明顯增加，其中又以官辦刊物爲主，如《江蘇保甲》，此刊物雖然是以介紹保甲制爲主，基於國民政府把保甲融入地方自治，使其變成對地方自治進行研究與鼓吹的陣地；再如《江蘇月刊》，《江蘇民政》等刊物也不乏對江蘇地方自治的介紹與研究，這與當局意圖是相吻合的。

新中國成立之後，對江蘇省地方自治的研究逐漸增多，並以清末民初地方自治的研究爲主，可以分爲通論、個案與專題研究三大類。

爲中心》，復旦大學 2005 年博士學位論文。
〔註42〕類似研究還有：張玉法：《清末民初的山東地方自治》，《中央研究院近代史研究所集刊》第 6 期；王萍：《廣東省的地方自治——民國二十年代》，《中央研究院近代史研究所集刊》第 7 期等。
〔註43〕沈松橋：《從自治到保甲：近代河南地方基層政治的演變，1908～1935》，《中央研究院近代史研究所集刊》第 18 期。

第一、通論性質的文章並不多〔註44〕，其中《清末江蘇地方自治述論》則從清末江蘇地方自治的背景、萌動、推行、困厄及原因分析等方面入手，對江蘇地方自治做了一個全景式的論述，該文把清末江蘇地方自治的實施爲兩個階段，即江蘇地方自治的萌動階段和清政府籌辦下的江蘇地方自治階段，作者認爲，兩個階段的自治實施取得了一定成績，但也存在一定問題。〔註45〕臺灣學者王樹槐先生的《中國現代化的區域研究：江蘇省，1860～1916》是研究江蘇地方自治的必讀之作，這部綜論性的作品展現了江蘇省近代化的整體面貌。〔註46〕

第二、個案研究則主要集中在三個點上：上海、蘇州、南通。

上海地方自治的研究最爲成熟，從史學到政治學，從公共領域到市民社會，從個案分析到比較研究，不斷得以深化。其中周松青的專著《上海地方自治研究（1905～1927）》是對清末民初上海地方自治研究的一部經典之作，該書運用西方民主理論、政治學等學科的方法來考察上海二十多年的地方自治史。〔註47〕同時，以上海地方自治爲題材，周松青還相繼發表幾篇質量較高的論文。〔註48〕朱英則通過湖南保衛局和上海總工程局的比較研究指出晚清地方自治發展的內在理路。〔註49〕

對蘇州地方自治進行概括性研究的以《晚清蘇州地方自治略論》爲代表，作者認爲，地方自治的出臺固然包含著清政府消解革命的潛在用心，卻也體現了中國資產階級要求分享政治權利的願望。由於 20 世紀初的蘇州具

〔註44〕相關研究：楊濤《淺論晚清江蘇地方自治中的官辦模式》，《殷都學刊》2004年第 4 期及《晚清江蘇地方自治的推行背景探析》，《天中學刊》2004 年第 3期等。

〔註45〕崔道峰：《清末江蘇地方自治述論》，揚州大學 2005 年碩士學位論文。

〔註46〕王樹槐：《中國現代化的區域研究：江蘇省，1860～1916》，中央研究院近代史研究所 1984 年版。

〔註47〕周松青：《上海地方自治研究（1905～1927）》，上海：上海社會科學院出版社2005 年版。

〔註48〕如周松青的系列文章：《公共領域與上海地方自治的起源》，《檔案與史學》1998 年第 1 期；《清末上海地方自治與合法性》，《華東師範大學學報（哲學社會科學版）》2003 年第 1 期；《地方自治與清末民初的上海平安城市建設》，《法治論叢（上海政法學院學報）》2007 年第 3 期；《異化、國家和記憶：清末民初地方自治的兩難》，《史林》2007 年第 2 期等。

〔註49〕朱英：《戊戌至辛亥地方自治的發展——湖南保衛局與上海總工程局之比較》，《近代史研究》1999 年第 4 期。

備特殊的政治經濟與人文條件，地方自治活動領先於同一時期的其他中國城市，它雖然還達不到當時西方國家民主政治的水平，但畢竟在民權基本建設方面邁出了可貴的第一步，在中國地方政治史上具有劃時代的意義。〔註50〕與全面論述相比，學者們更多地把目光集中於民間的自治團體——蘇州市民公社——的研究〔註51〕，最近的研究成果當屬李明的《社會結構變遷視野下的蘇州市民公社考論》一文，文章認為，辛亥革命前後，隨著地方自治思潮和活動的興起，蘇州市民公社誕生於社會轉折性變遷中。此後，這一國內僅見形態的基層自治組織，始終與地方政府保持著既平行合作又矛盾衝突的關係。它的一系列實踐，拓寬了社會公共領域。作為一種社會秩序自我調節、社會能量自我集聚的現代社會組織力量，市民公社在中國社會由傳統走向現代的過程中扮演了重要角色。作者大量借助西方的政治理論，對市民公社進行全新的闡釋，是對前人研究的進一步深化。〔註52〕

在南通地方自治的研究中，張謇是最受研究者所關注的。因為張謇在南通自治中的巨大貢獻，南通地方自治與張謇的研究一般是同時進行的。在大部分研究中，作者都能採取一分為二的觀點，在肯定張謇貢獻的同時，也指出其自治完全靠個人的力量推行，並未脫離傳統的紳治，其保守性不免人亡政息的悲劇。如《張謇地方自治思想探究》一文以張謇自治思想的產生與演變為線索，對張謇的地方自治思想進行了梳理，肯定了在當時的積極意義，同時也指出其中的不足，即強烈的精英主義色彩。由於受到當時政治環境和個人思想的局限，張謇的地方自治最終未能擺脫個人自治的悲劇。〔註53〕也有人對張謇在南通所推行的地方自治進行了過度的否定，如在《張謇及其南通現代化模式的失敗原因》一文中，作者從聖王之道與器用之學的矛盾、不切實際的德治幻想、烏托邦式的自我封閉等方面對張謇所推行的南通地方自

〔註50〕張海林：《晚清蘇州地方自治略論》，《江蘇社會科學》2000年第3期。

〔註51〕較早論述該主題的還有屠雪華的《試論蘇州市民公社的性質》，《江海學刊》1995年第3期和《關於蘇州市民公社幾個問題的探討》，《民國檔案》1995年第4期；李明的《蘇州市民公社解體的緣由——清末民初蘇州民間社團組織個案研究》，《學術月刊》2001年第12期和《蘇州市民公社的衍變及現代意義》，《史林》2003年第1期；李躍的《蘇民市民公社研究》，蘇州大學2008年的碩士學位論文等。

〔註52〕李明：《社會結構變遷視野下的蘇州市民公社考論》，《上海師範大學學報（哲學社會科學版）》2009年第3期。

〔註53〕馬珺：《張謇地方自治思想探究》，《中州學刊》2008年第2期。

治的內在矛盾進行分析，認爲南通模式的失敗，張謇要負重大責任。〔註54〕
大有完全否定之勢。當然，大部分文章持論是公允的。〔註55〕

　　第三、專題性研究別具特色〔註56〕。以自治糾紛爲對象的研究爲例，楊
濤認爲，反自治民變不僅是民反官，還體現爲民眾與新舊士紳（主要是新士
紳），新舊士紳之間，乃至新舊士紳與官府之間的矛盾，是社會矛盾的整體發
作。體現了地方自治推行過程中，國家－社會關係在政治、經濟、文化教育
資源調整中的總體失序狀態。不足之處在於將部分表現視爲原因導致邏輯上
的混亂與認知上的困難。〔註57〕

　　相比較而言，以南京國民政府時期江蘇地方自治爲研究對象的文章較
少，比較經典的是王奇生的《戰前中國的區鄉行政：以江蘇省爲中心》一文，
文章指出國民黨執掌全國政權後，自上而下構築了一條黨政並行的政治雙
軌。但在戰前，黨的組織觸角基本上止於縣城，而行政軌道則逐漸延伸到縣
以下鄉村社會。國家政權的下延與二十世紀鄉村政治文化生態的衰頹相激
蕩。自治名義下的區鄉組織實際成爲國家政權的行政末梢；原本偏重政治控
制的保甲，最終淪爲社會徵取的重要工具。區鄉保甲體制的相繼建立，恰逢

〔註54〕 劉遠柱：《張謇及其南通現代化模式的失敗原因》，《中國礦業大學學報（社會
　　　　科學版）》2004 年第 3 期。

〔註55〕 此類研究成果還有：蔡蘇龍，牛秋實：《張謇與晚清地方自治》，《益陽師專
　　　　學報》2001 年第 5 期；蔣國宏：《張謇與南通早期現代化》，《南通工學院學
　　　　報（社會科學版）》2003 年第 3 期；高鵬程，蔣國宏：《淺析張謇興辦南通
　　　　慈善事業的動機》，《南通職業大學學報》2005 年第 3 期；高鵬程、蔣國宏：
　　　　《淺析張謇興辦南通慈善事業的動機》，《南通職業大學學報》2005 年第 3
　　　　期；馬敏：《營造一個和諧發展的地方社會——張謇經營南通的啓迪》，《華
　　　　中師範大學學報人文社會科學版》2006 年第 2 期；陶燕輝：《張謇地方自治
　　　　思想探析》，《南通職業大學學報》2007 年第 4 期；張榮生：《張謇經營南通
　　　　地方自治的理念與實踐》，《南通大學學報（社會科學版）》2008 年第 2 期
　　　　等。這些文章從不同的角度對張謇的自治思想進行了闡述。

〔註56〕 相關研究成果：楊文娟：《清末地方自治中自治區域的劃分問題——以蘇州
　　　　地區爲例》（復旦大學 2008 年碩士論文）以自治區域的劃分爲視角解讀清末
　　　　地方自治問題，是一篇很具特色的論文；李奇：《清末江蘇地方自治中的縣鄉
　　　　選舉（1909～1911）》（華中師範大學 2003 年碩士學位論文）則以清末江蘇地
　　　　方自治中的縣鄉選舉爲研究對象，進行了較爲細緻的分析，作者認爲，作爲
　　　　中國歷史上首次實行的選舉，雖然它還有許多不完善的地方，但還是產生了
　　　　深遠的影響。

〔註57〕 楊濤：《晚清江蘇民變中的反地方自治現象探析》，《史學月刊》2007 年第 6
　　　　期。

其曾地爲土豪劣紳提供了一個縱橫馳騁的舞臺。國家政權的深化與地方精英的惡化相伴隨，鄉村社會日益淪爲貧窮與動蕩交錯的深淵。該文雖不是以自治爲主題，但是卻以自治的官治化爲伏筆。〔註58〕

　　總之，就建國後江蘇省地方自治的研究現狀來看，主要存在以下特點：第一，從研究時段來看，主要側重於清末民初這一階段，對於南京國民政府時期的研究則明顯不足；第二，從研究地域來看，則主要側重於蘇南，蘇北除南通外，很少涉及。第三，就研究方法看，除了歷史的研究方法外，也有不少學者開始借鑒政治學、社會學以及法學的學科方法，使該領域的研究向縱深發展。由以上特點也引申出幾點需要進一步努力的方向：即加強南京國民政府時期江蘇省地方自治的研究；注重對江蘇省地方自治整體史的考察；繼續借鑒多學科的綜合研究方法。

二、國外學者對中國地方自治研究現狀

　　隨著國外中國學的不斷發展，對中國基層社會組織的研究不斷增多，雖然很多研究並未明確以地方自治爲題，但卻具有重要的參考意義。

　　如杜贊奇以1910～1942年的華北農村爲例，把組成基層社會的各種力量置於文化的權力網絡之上，深刻地描繪出近代國家政權變遷過程中國家與社會的互動。〔註59〕伊懋可則通過"The Gentry Democracy in Shanghai, 1905-1914"和"Administration of Shanghai，1905-1914"兩文對清末上海地方自治興起的原因、過程，自治政府結構、運作機制，以及地方自治領導人的身份、職業，地方自治政府組成與租界的影響等進行了研究分析，指出：上海城廂內外總工程局是近代中國第一個正式的民主政治機構；上海地方士紳在地方當局默許的前提下，積極從事城市的事務，進行自治實驗，削弱王朝的專制統治；如果能在滿清統治的前提下進行民主建設，可能會比民國政府取得更好的成績。〔註60〕在 *Chinese Democracy, the Self-government Movement in Local*

〔註58〕王奇生：《戰前中國的區鄉行政：以江蘇省爲中心》，《民國檔案》2006年第1期。

〔註59〕〔美〕杜贊奇著，王福明譯：《文化、權利與國家：1910～1942年華北農村》，江蘇：江蘇人民出版社2003年版。

〔註60〕伊懋可："The Gentry Democracy in Shanghai,1905-1914"（In Modern China's Search for a Political Form, edited by Jack Gray, London, 1969.）；"The Administration of Shanghai，1905-1914"（伊懋可著、馬駿譯：《上海市政（1905～1914）》，上海社會科學院歷史研究所，上海史志研究會，上海史研究通訊，

Provincial and National Political, 1905-1914 一書中，傅因徹從地方、省、中央三個層次對清末民初地方自治運動的動力、運作及其取得的成績及影響進行了較全面分析，認爲清末民初的地方自治運動有兩個動力：地方精英的推動與官方的倡導，二者在一定程度上是相互促動的。〔註61〕Roger R. Thompson 則通過清末自治運動中政府與有關官員所倡導的各級議會的考察與分析，指出清末國家與社會關係互動的事實。〔註62〕日本學者田中比呂志認爲，清末地方自治是政府統合社會的工具，政府對地方精英既寄予希望又進行道德教化，而民眾對國家與地方精英都缺乏信任感，這使地方精英處於兩難地位。〔註63〕日本學者笠原十九司一反過去對北伐時期上海三次暴動的研究思路，把上海暴動納入上海自治運動中進行分析，認爲上海市民是以上海自治的形式參與上海革命的，上海特別市政府的成立正是這一目的的實現。〔註64〕黃冬蘭的《國家、地方社會與地方自治——清末川沙自治個案研究》以清末發生在川沙縣的一起大規模的民眾反對地方自治的事件爲個案，探討了清末地方自治在縣以下基層社會的具體實施情況，分析了包括士紳、書吏、民間宗教結社的首領及其信徒、以及一般民眾對地方自治的態度和反應。認爲，清末地方自治並未改變傳統的官民關係，地方精英最大限度地利用地方自治所賦予的合法地位，獲得了較以前更大的活動空間，地方社會形成了以地方精英爲中心的新的權力秩序。而地方精英在推行地方自治的過程中損害了部分人的利益、增加了一般民眾的經濟負擔，是本次風潮出現的主要原因。〔註65〕張信的研究表明在河南西南部與河南北部存在著兩種不同的政治模式，因爲整體環境的不同，導致了國家主導與社會主導的區別，在向近代轉

1982 年第 1 輯。）

〔註61〕John H. Fincher：Chinese Democracy, the Self-government Movement in Local Provincial and National Political, 1905-1914, John H. Fincher, ST. Martin's Press, New York, 1995.

〔註62〕Roger R. Thompson：China's Local Council in the Age of Constitutional Reform, 1898-1911, Published by the Council on East Studies, Harvard University, and distributed by Harvard University Press, Cambridge and London,1995.

〔註63〕《清末民初的國家統一・地方自治・地方精英》，《辛亥革命與二十世紀的中國》，北京：中央文獻出版社 2002 年版。

〔註64〕笠原十九司：《北伐時期的上海自治運動》，《民國檔案》1995 年第 1 期。

〔註65〕〔日〕黃冬蘭的《國家、地方社會與地方自治——清末川沙自治個案研究》，《學術月刊》2009 年第 9 期。

型過程中，兩地經歷了不同的路徑。〔註66〕再如孔飛力的《民國時期的地方自治政府：關於控制、自治和動員問題》〔註67〕、和田清的《中國地方自治發展史》〔註68〕也是中國的地方自治研究中較爲重要的作品。

綜上所述，近代中國地方自治的研究已經進入到一個比較成熟的階段，從史實梳理到理論反思，從宏觀探討到微觀研究，都出現了比較成熟的研究成果。另外，政治學、法學、社會學等相關學科方法的引介，爲地方自治的研究開拓了更爲廣泛的空間，促使其研究不斷向縱深發展。但是，近代中國地方自治的研究仍然有其不足之處，如大部分研究者很少進行「通」的研究，就政治制度的連續性來看，人爲的割裂將使我們很難明瞭近代以來地方自治演變的整體情形，因此，做一「通」的研究很有必要。同時，目前研究除了加強通的研究以外，還要注意理論上的適用性，基於中國社會的特殊性，如果對西方學術研究的理論框架總是持不加分析的拿來主義，往往會陷入理論上的誤區。

第三節　資料來源、研究方法與創新之處

一、資料來源

「上窮碧落下黃泉」，有幾分資料說幾分話，這是前輩研究者所持的治史態度，也是筆者謹記的教誨。基於此，筆者對有關江蘇省地方自治的資料做了大量的搜集，現將各種資料分類如下：

第一、檔案與政府公報。檔案與政府公報是頗受大家認可的第一手資料，本文所採用的檔案資料來源有二：其一是第二歷史檔案館、江蘇省檔案局、蘇州市檔案局等部門所藏之未刊檔案，如江蘇省檔案館所藏之國民政府時期民政廳、建設廳、秘書處等機關有關地方自治的未刊檔案；其二是前輩史學工作者對相關檔案資料的彙編，如故宮博物院明清檔案部編的《清末籌備立憲檔案史料》，第二歷史檔案館編的《中華民國史檔案資料彙編》等。

〔註66〕〔美〕張信：《二十世紀初期中國社會之演變——國家與河南地方精英 1900～1937》，北京：中華書局 2004 年版。

〔註67〕〔美〕孔飛力：《民國時期的地方自治：控制、自治和動員的問題》，伯克利和洛杉磯：加州大學出版社 1975 年版。

〔註68〕〔日〕和田清的《中國地方自治發展史》，東京汲古書院 1975 年版。

政府公報則主要是南京圖書館、南京大學圖書館、上海圖書館等所藏的《政府公報》、江蘇省政府公報等。檔案與公報雖然是第一手資料，但並不能說完全可信，如下級在對上級呈報地方政情時不免有造假行爲，上級對下級的命令又不免條文化、形式化的弊病，這些問題決定檔案與公報在很大程度上並不能完全眞實客觀地反映豐富多彩的歷史，所以借助於其他相關資料來充實、互證是極爲必要的。

第二、地方志與文史資料。地方志與文史資料是研究地方史不可或缺的資料，地方志因爲對某一地全方位的書寫，有利於研究工作者從全局來把握該地方的歷史，但是地方志的修撰質量卻因修撰者的態度與智識的高低而出現巨大差異，不排除失眞或抄襲其他志書的行爲。文史資料往往是親歷者的回憶或口述，有較大的可信度，其生動性也是其他資料所不能比擬的，但是它的弊病在於大部分資料是親歷者對發生在幾十年前事情的回憶，僅憑人的記憶，很難完整無誤地記錄歷史，其中不免有因時間久遠而造成的記憶模糊與錯誤，而當事人的主觀意識又給歷史蒙上了一層面紗。

第三、報紙與期刊。報紙與期刊爲筆者提供一些在檔案與政府公報中看不到的東西，如果說檔案與政府公報是來至官方的決策，那麼，報紙與期刊則更多是發自民間的聲音，兩者相互印證，是歷史研究的重要方式之一。但是，這又不能一概而論，報紙期刊因發行者不同而性質不同，內容也往往有所側重，如《申報》、《大公報》以民間聲音爲主，而《中央日報》則是政府的喉舌。期刊也是如此，《東方雜誌》在很大層面上是反映民間人士對社會、政情以及風向的評述，而《江蘇民政》則是江蘇民政廳所辦的以詮釋政府政策爲主的刊物。當然，大部分刊物是綜合性的，通過這些豐富多彩的報刊，有利於解讀時人的一般思路。

第四、時人文集。時人文集是筆者所認可的較爲重要的一種資料，如《梁啓超全集》、《孫中山全集》、《張謇全集》等，都是筆者參閱的對象，與文史資料相比，不會出現因時間久遠而導致的錯誤，且更能反映時人對某些問題的看法。

第五，對前人研究的借鑒。筆者的研究是建立在前人艱辛努力的基礎之上的，通過對以往期刊、專著、碩博論文的研讀，有利於筆者繼承批判態度的形成。同時，既注重借鑒，更要注意學術規範，此爲筆者研究所持之基本態度。

　　以上所列數種資料，重要、次要之分都是相對而言的，至關重要的是能夠在相互對比中發現更爲眞實的歷史。

二、研究方法

　　如前所述，以往地方自治研究基本是在國家與社會二元分析框架之下進行的，這一分析框架的有效性與有限性局限了研究者的視野，因此，在本文中，筆者擬引進第三領域的概念，將地方自治置於國家、社會、第三領域的分析模式當中。

　　國家與社會是一組相對而生的概念，分開解釋將導致其內涵與外延均無法確定。從歷史發展的進程來看，社會先於國家，國家自社會中誕生。但自國家產生之後，便形成與社會不斷分離的巨大張力，國家成爲「從社會中產生但又自居於社會之上並且日益同社會脫離的力量」。〔註69〕中國因爲國家與社會分野並不明顯，因而產生另外一種表述方式——官方與民間，其和國家與社會是一種表述有別，實質對應的概念範疇。結合近代中國的實際情形，在本文中，筆者把國家理解爲體制內強制力量的集合，如國家直接設置之各級行政官廳及根據國家法律制度所設置之附屬機關；而社會則是體制外的民間社會，主要指那些不直接受國家行政機關及其法律制度制約的私人空間與組織。唐士其把國家定義爲在特定的領土範圍內合法地壟斷了暴力的使用權，並對此範圍內的所有居民進行管理和提供保護的社會組織形式。而將社會定義爲在地理範圍上與國家大致重合的但又不具備上述國家基本特徵的人類及其各種組織形式的總體。〔註70〕這種表述與筆者在本文中的界定基本一致。

　　第三領域的概念是黃宗智提出的，他認爲在中國的國家和社會之間，還存在著一個既獨立於國家與社會，國家與社會又都參與其間的第三領域。〔註71〕

〔註69〕《馬克思恩格斯選集》，第4卷，北京：人民出版社1966年版，第170頁。

〔註70〕參見唐士其：《西方關於國家與社會關係的理論》，《國際政治研究》1994年第4期。

〔註71〕黃宗智認爲國家與社會二元對立的分析框架對中國來說並不合適，因爲其仍然延續了傳統歷史學家把西方的解釋體系強加在中國的做法，因此他強調應該根據中國的實際情況來確定一個新的解釋體系，即中國社會的三分法：國家、社會以及國家與社會之間的第三領域。在此一領域，「國家與社會又都參與其中。再者，這一第三領域隨著時間的變化而會具有不同的特徵與制度形式，對此需要做具體的分析和理解。」黃宗智主編：《中國研究的範式問題討

體現了中國的國家與社會之間還存在一個中間地帶的基本事實，與時下流行的公共領域的提法相比，〔註72〕這種說法更加符合中國的現實。就近代以來的歷史看，第三領域是一個不斷變化的過程，不管是國家化還是社會化，都反映了近代國家與社會激烈博弈的基本事實（如下圖示）。

1-1-1：國家、社會、第三領域示意圖

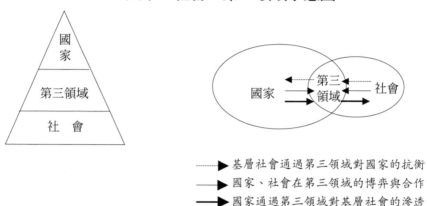

········▶ 基層社會通過第三領域對國家的抗衡
───▶ 國家、社會在第三領域的博弈與合作
━━▶ 國家通過第三領域對基層社會的滲透

從理論上講，第三領域是國家與社會共同參與的部分，勢必導致國家與社會在該領域的合作與博弈。中國的歷史事實表明，古代中國的社會結構是穩定的，之所以如此，主要是因為地方士紳在國家與社會之間起著十分特殊的作用。「過去政令之傳達於民眾，完全由於士紳階級。民眾有什麼要求，由彼上聞；政府有什麼設施，由彼下達。政府與民眾的聯繫，只是這個沒有法定地位的士紳階級。」〔註73〕近代以來，隨著第三領域的主角 —— 士紳階層 —— 的分化與功能的異化，第三領域發生質變，國家與社會之間的關係隨之變化，從而形成基層社會結構解體與重構的基本動力。是哪些因素導致

論》，北京：社會科學文獻出版社2003年版，第260頁。

〔註72〕因為第三領域在國家與社會之間的緩衝作用，導致其不像西方公共領域那樣以對專制權力的制約為本質特徵，把自由主義看做生命之源。用斯特朗（Strand）的話講，「歐洲公共領域的存在首先採取了出自公共領域和私人領域的國家和社會的劇烈的兩級化發展形式」，西方人認為作為自由人組合的「社會」是與國家相對立的，而這正是中國傳統思想中所缺少的。」（參見黃宗智主編：《中國研究的範式問題討論》，北京：社會科學文獻出版社2003年2月版，第164頁。）這種具有妥協性與靈活性的中國式的第三領域亦被斯特朗稱之為「某種有限的、『軟性的』公共領域」，這是其與資產者公共領域的區別之一，也是中國社會相對穩定的因素之一。

〔註73〕金半歐：《自治與自衛的一種觀察》，《地方自治》1935年第3期，第3頁。

近代中國從君主專制走向一黨專制？此一追問成為貫穿全文的主線。

之所以採用此一分析模式，理由主要有二：其一，該理論符合中國的國情。此一點前文已經敘及，此處不再贅述。其二，該理論適用於地方自治的研究。第三領域之既獨立於國家與社會，國家、社會又都參與其間的特點與地方自治的特徵具有一致性，地方自治雖然側重於社會，但是亦不能脫離國家的監督，而是國家與社會的共同參與，中央與地方的適度分權。由此可見，把地方自治置於國家、社會、第三領域的分析框架中是可行的。另外，本文還借鑒了政治學、社會學、法學、統計學等相關學科的研究方法，以增加研究過程及結果的科學性。

三、創新之處

歷史研究往往因研究者所用的材料、方法不同而產生不同的觀點，在本文中，筆者有幾點創新之處：

第一、研究視角上的創新。本文在關注地方自治之民主主義涵義的同時，更側重於地方自治之自由主義的涵義，來探索近代中國政制轉型的問題，亦即在地方自治推行的過程中，國家、地方精英、基層民眾分別扮演了什麼樣的角色。

第二、資料運用上的創新。與以往中國近代地方自治的研究相比，本文是以大量的第一手資料為基礎來勾勒近代江蘇地方自治的發展脈絡的，如清末及國民政府時期的未刊及已刊檔案、政府公報、時人筆記、調查報告等都是筆者參考的重要對象。

第三、觀點上的創新。作為基層的地方自治，不僅反映了基層社會在近代的脈動，在一定程度上講，它的發展情形也反映了近代中國政制轉型過程中的某些本質內容；地方自治為立憲之始基，在這樣的語境下，中國為何從君主專制步入一黨專制。通過近代地方自治的研究，可以發現，在傳統與現代交融的過程中，國家的強力控制、地方精英的兩難境地以及民間社會的無力反抗形成鮮明的對比，構成近代中國政制轉型的主要動力。

第四，前人已對江蘇省某些特定區域的地方自治做過不少的研究，但是以江蘇省為個案的研究還比較薄弱；在時間段的選擇上，筆者也將突破短時段的研究方法，將研究時段擴展至清末民初到抗戰之前的三十年，目的則是希望通過較長時間段的觀察，以發現某些規律性的東西。

第二章　大變局下的近代江蘇社會

　　以近代江蘇觀之，對地方自治影響最大者主要有二：其一是江蘇固有之社會傳統，其二是西學東漸對江蘇固有社會傳統之衝擊。不破不立，傳統對於新生事物往往持排拒態度，近代地方自治是否會在江蘇遭遇同樣的命運？因此，對江蘇固有社會傳統進行鋪墊性敘述有其必要性。同時，近代中國進入三千年未有之大變局，而最主要的表現則是西學東漸對中國傳統社會結構的衝擊。瓦解的過程，亦是新秩序醞釀與重構的過程，在瓦解與重構之間，又爲近代地方自治的引介提供了若干條件，所以，有必要對近代江蘇社會新舊因子之轉變做進一步的分析。

第一節　江蘇傳統社會之概述

　　社會固有之傳統涉及面極廣，根據江蘇省自身的特點及其與地方自治關係之疏密，筆者擬以江蘇省內不同的區域形成與認同爲主線，對江蘇之自然環境與人文因素做一簡單概述。

一、自然環境與區域形成

　　江蘇省地處北緯 31° 與 35° 之間，全省面積約 10.26 萬平方公里，其中，平原面積（不包括水面）約占全省總面積的 68%。省境東西廣約 520 公里，南北長約 530 公里。北扼徐海，南據淞吳，長江流域亙於其南，黃河舊口留於其北，全省地勢平坦，無崇山峻嶺，惟句容、金檀二縣有茅山一脈延亙西

南一角。〔註1〕在長江、淮河和黃河的合力衝擊下，從北到南形成了面積遼闊，地勢低平的黃淮平原、江淮平原、東部濱海平原和長江三角洲。所有平原海拔高度都在45米以下，百分之五十的平原在10米以下。全省只有東北部和西南部存在少數低山丘陵和崗地，海拔一般不超過300米。因此，冬季乾旱冷空氣和夏季暖濕氣流，都可以在江蘇大地暢通無阻，而不受地形影響。〔註2〕有人從歷史地理的角度考察江蘇地理的形成，如朱廣福認為，蘇北地理的發展，普遍是自西向東，所以各縣縣城偏西界，這絕非設置時之最初形勢，而是陸地日漸墮漲和海岸東移之結果。〔註3〕這種說法頗有見地。

江蘇氣候以淮河為界〔註4〕，從亞熱帶濕潤季風氣候向南溫帶半濕潤季風氣候過渡，總的氣候特點是：「季風顯著，四季分明，雨量集中；冬冷夏熱，春溫多變，秋高氣爽；光能充足，熱量富裕，雨熱同季。」〔註5〕江蘇境內河流湖泊眾多，全省大小河流約有2100多條，天然湖泊超過300個。江河湖塘和水庫等水域面積約17660平方公里，占全省總面積的17%。〔註6〕「其水地面積尚超過山地面積」。〔註7〕這為江蘇農業的發展提供了充足的水利資源。優越的自然環境決定了江蘇省農業大省的地位，也決定了農業對江蘇的重要

〔註1〕 石孟凱：《飛機攝製江蘇全省地圖之設計大綱》，《江蘇省政府土地整理委員會公報》1929年第2期，第112頁。

〔註2〕 參考江蘇省氣象局《江蘇氣候》編寫組：《江蘇氣候》，北京：氣象出版社1991年12月版，第1頁。單樹模等編：《江蘇地理》，南京：江蘇人民出版社1980年4月版，第21頁。

〔註3〕 朱廣福：《根據蘇北各縣沿革論今後縣治之設置》，《中國評論》1947年第7期，第10頁。

〔註4〕 另外，以淮河為界把江北分為淮北、淮南的做法則主要是對自然環境的考量，因為秦嶺─淮河一線是中國南北氣候的大致分界線，其處於亞熱帶與暖溫帶之間，是800mm等降水量分界線，濕潤區與半濕潤區分界線，同時也是我國黃河流域與淮河流域分界線，水稻產區與小麥產區分界線，水田與旱田分界線。這諸多的象徵意義決定了淮南、淮北分界的可行性。由此可見，自然環境對人類的生產、生活均產生重大影響。

〔註5〕 江蘇省氣象局《江蘇氣候》編寫組：《江蘇氣候》，北京：氣象出版社1991年版，第2頁。

〔註6〕 《江蘇氣候》一書認為水域面積占江蘇總面積的71%，明顯不符實際，大概是印刷錯誤，因而本文採取《江蘇地理》上的說法。江蘇省氣象局《江蘇氣候》編寫組：《江蘇氣候》，北京：氣象出版社1991年版，第2頁。單樹模等編：《江蘇地理》，江蘇人民出版社1980年版，第21頁。

〔註7〕 王樹槐：《中國現代化的區域研究：江蘇省，1860～1916》，臺北：中央研究院近代史研究所1984年版，第6頁。

性,「江北徐、淮、海三屬各縣農村,每年均視二麥收成豐嗇,即可決定本年食用之短促,諺有『一麥抵三秋』亦即此意。」〔註8〕下面則就農業〔註9〕以及與農業密切相關的水旱災害來進一步探討自然環境與區域形成的關係問題。

江蘇省的主要糧食作物有:水稻、三麥(大麥、小麥、元麥)、雜糧(玉米、高粱、甘薯等)等;經濟作物則包括棉花、油料、麻類、花生、芝麻、向日葵煙草等。在糧食作物中,水稻是江蘇省的傳統糧食作物,栽培歷史最爲悠久,1949年之前,種植區主要分佈在淮河以南的裏下河平原、太湖平原、沿江圩地以及鎮寧揚等低山丘陵區,淮河以北很少種植。三麥種植也較廣,除少數湖窪地和濱海重鹽土區外,其他各區普遍種植。玉米主要分佈在徐淮平原和東部濱海平原。高粱、小米等耐害耐鹼作物,則在徐淮平原西部有較普遍的種植。甘薯則在徐海平原和鎮寧揚等低山丘陵區有普遍的種植。在經濟作物中,棉花的種植爲大宗,自南宋時期已在江南沿江和沿海地區大量種植,隨著近代棉紡織工業的發展,棉花的種植面積逐漸擴大至蘇北沿江、沿海及徐淮地區。油菜的種植主要集中在蘇南水稻區,1949年後才逐漸擴展到蘇北。花生種植集中分佈於徐淮地區和沿江高沙平原。芝麻、向日葵則以徐淮平原爲主。而麻類產品中之黃麻的種植主要分佈在南通、海門、江都等縣;紅麻則集中於徐淮平原之沭陽、邳縣、睢寧、泗洪等縣。煙草的種植以在徐淮地區西部各縣爲主等。〔註10〕

因爲不同的農業生產結構、經營方式和生產水平等區域差異,江蘇省形成六個農業區:徐淮區、裏下河區、沿海區、沿江區、寧鎮揚區、太湖區。徐淮農業區主要位於淮河以北,全部屬於暖溫帶季風氣候,水熱資源可以滿足旱作兩年三熟或水旱輪作一年兩熟作物生長的需要,在歷史上是江蘇省農業發展最早的地方。裏下河農業區介於江淮之間,屬於北亞熱溫和亞帶中,水熱條件比徐淮農業區優越,適宜三麥、晚熟中稻一年兩熟制輪作。沿海農業區位於黃海之濱,因爲成陸較晚,土壤含鹽量大,興墾較遲,1920年前後開始大規模種植棉花。沿江農業區位於長江下游河口段,地跨長江兩岸,全

〔註8〕《蘇北農村情況轉佳》,《農村經濟》1935年第2卷第10期,第118頁。

〔註9〕至於江蘇省的商業,手工業等項,因與自然環境聯繫較爲薄弱,故而留待後文進行分析。

〔註10〕單樹模等編:《江蘇地理》,南京:江蘇人民出版社1980年4月版,第110～112頁。

區地勢平坦，水熱條件較好，水源充沛，是江蘇省開發較早的區域之一，也是重要的經濟作物種植區之一。太湖農業區，位於江蘇省南部的長江三角洲地帶，地勢低平，河流湖泊眾多，農漁兼營，有「水鄉」之稱。鎮寧揚農業區，包括北起盱眙、南抵宜溧山間的全部低山丘陵崗地和平原，農作物品種繁多，其他農業區種植的作物都可以在此地發現。〔註11〕在相同的農業區內，人們因日常生活、生產以及風俗習慣漸趨一致，從而為形成共同的文化氛圍和心理素質奠定了基礎。

對農業影響最大的因素是水利，而對水利的共同關注則進一步加強人們的區域認同。就江蘇歷史上的水旱災害來看，因氣候（主要就降雨量的多少而論）而形成的旱澇災害與因地理環境（河流泛濫）而形成的水旱災害有相關之處，也有不同的地方。有研究者將江蘇全省近 500 年的旱澇史料與現代氣象記錄中的 5～10 月降水量五級制（即大澇、澇、正常、旱、大旱）相結合，求得全省各地的旱澇分佈頻率。結論為：「澇年多於旱年。澇年以蘇南南部最多，旱年則以蘇北北部最多。大旱大澇之年一般約 10 年一遇。」〔註12〕

而王樹槐先生對水旱災害的統計則顯示出另外一個結果：〔註13〕

2-1-1：明代至清道光年間江蘇水旱災害統計表

地　區	明		清（至道光止）		合計	
	旱　災	水　災	旱　災	水　災	旱　災	水　災
蘇州	10	14	12	11	22	25
松江	7	12	16	10	23	22
常州	27	29	19	10	46	39
鎮江	16	20	15	13	31	33
太倉	9	16	11	17	20	33
小計	69	91	73	61	142	152
每十年次數	2.5	3.3	3.5	2.9	3	3.1

〔註11〕單樹模等編：《江蘇地理》，南京：江蘇人民出版社 1980 年版，第 116～122頁。

〔註12〕江蘇省氣象局《江蘇氣候》編寫組：《江蘇氣候》，北京：氣象出版社 1991 年版，第 113 頁。

〔註13〕這兩種結果有截然相反的趨勢，真正情況有待於進一步研究，但不影響本文對區域認同的分析。

江寧	16	28	3	19	19	47
每十年次數	0.6	1	0.1	0.9	0.4	1
揚州	18	22	15	26	33	48
淮安	16	29	9	20	25	49
徐州	3	19	5	18	8	37
海州	7	3	2	6	9	9
通州	23	15	18	12	41	27
小計	67	88	49	82	116	170
每十年次數	2.4	3.2	2.4	4	2.4	3.5
合計	152	207	125	162	277	369
每十年次數	5.5	7.5	6	7.8	5.7	7.6

材料來源：王樹槐：《中國現代化的區域研究：江蘇省，1860～1916》，中央研究院近代史研究所，中華民國七十三年六月初版，第 12 頁。

　　根據表格內容可以看到，蘇南災害略高於蘇北，其中蘇北之揚州、淮安、通州；蘇南之常州、鎮江又為各自區域水旱災害頻率較高者。並且，蘇南以旱災為多、蘇北以水災為多。之所以出現統計上的差異，大概與更多的偶然因素有關。如蘇南之旱災多於蘇北則與其傳統的水稻種植區有關，因為水稻對水量的要求較為敏感，所謂旱災與蘇北特別是淮北所持的標準顯然不同。而蘇北之水災高於蘇南，與淮河有著極為密切的關係，1194 年，黃河奪泗、奪淮入海，破壞了整個淮河下游水道系統，使淮河成為一條害河，以致於形成「大雨大災，小雨小災，無雨旱災」的局面。作為一個農業社會，如何治理水災成為淮河流域最為關注的問題，「江淮間之民情風俗、土質氣候、物產生活，以及利害關係，無一不同也。即以水利水患而論，尤有共同休戚與共赴之政治目標。以前江海分趨，黃（河）未北移，淮屬（指明清以來之府屬）所患，在黃淮倒灌；揚屬通屬所患，在江海泛濫。自咸豐間河流改道，淮水借運入江，江淮間關係尤形密切；蓋水道相連，其盈虛豐歉，均也。」〔註14〕正因如此，導致淮河流域聯繫更加密切，加強了區域間的認同感。總之，因為自然環境的差異，導致江蘇省更加鮮明的區域劃分。

　　除了農業之外，商業的發展程度也對人們的生活習尚產生重要影響。因

〔註14〕 朱廣福：《根據蘇北各縣沿革論今後縣治之設置》，《中國評論》1947 年第 7 期，第 11 頁。

爲蘇北地區（特別是淮北）是傳統的糧食作物生產區，在近代經濟商品化過程中，明顯缺乏商品經濟發展所需要的文化積澱；而蘇南則不然，經濟作物的種植以及較高的商品化程度使其在近代經濟結構轉型過程中獨佔鰲頭。同時，商品經濟的發育程度又會對人們的思想開化程度、日常消費觀念產生重大影響。如蘇北之海州，尙樸實；通州，尙淔質，好儉樸；江南地區，奢侈之風甚盛。〔註 15〕此一點在對江蘇人文因素的分析中可以得到進一步的證明。

二、人文因素與區域認同

　　江蘇歷史悠久，但是「江蘇省」之誕生卻是在清代中葉。順治二年（1645），清軍平定江南之後，首建江南省，轄區主要包括今天的安徽、江蘇及上海二省一市。康熙四年（1665），江南總督郎延佐提請將江南省二藩政區進行調整，後經吏部議決：裁去鳳陽巡撫，所屬廬、鳳二府及滁州、和州，歸安徽巡撫管理；淮揚二府及徐州，隸屬江寧巡撫。此次政區調整的意義在於把蘇北地區與安徽明確分開，奠定近代江蘇行政區劃的範圍。但此時江蘇仍屬江南省，並未與安徽徹底分離。〔註 16〕直到乾隆二十五年（1760），安徽布政使西移至安慶，清政府另設江寧布政使管轄江寧、淮安、揚州、徐州、通州、海州等處，蘇州布政使統轄蘇、松、常、鎮四府及太倉直隸州，至此，近代江蘇省域方始大定。因江蘇一省而有江寧和蘇州二布政使，遂有「江蘇省」名稱之誕生。1929 年，國民政府意圖通過飛機拍攝的方式重新制定江蘇地圖，爲便利拍攝，把江蘇分爲五區：第一區：上海區，西至無錫江陰一帶北至海安如皋一帶；第二區：金陵區，東至常州泰興一帶北至揚州六合一帶；第三區：淮揚區，南至高郵海安一帶北至沭陽宿遷一帶；第四

〔註15〕參考王樹槐：《中國現代化的區域研究：江蘇省，1860～1916》，臺北：中央研究院近代史研究所 1984 年版，第 67～69 頁。

〔註16〕學界大部分持康熙六年江蘇建省說，如陳書祿就認爲：「康熙六年（1667）分江南省爲江蘇和安徽二省，江蘇簡稱蘇，這是江蘇建省之始。」（王長俊主編：《江蘇文化史論》，南京：南京師範大學出版社 1999 年版，第 7 頁。）但是這種只提論點，不列論據的做法不能令人信服。張華等曾對此說提出質疑，他們依據康熙二十三年（1683）和乾隆元年（1736）的兩部《江南通志》，以及雍正七年（1729）五月十三日的一道上諭，對康熙六年江南分省說進行了批判，認爲此時江南省仍然被視爲一個整體。（張華、楊休、季士家：《清代江蘇史概》，南京：南京大學出版社 1990 年版，第 42～44 頁。）相比較而言，筆者認爲後者的考證更爲可信。

區：海州區，西至新安宿遷一帶南至五港沭陽一帶；第五區：徐州區，東至宿遷新安一帶。〔註17〕根據此計劃書可知，自乾隆二十五年至南京國民政府時期，江蘇之省域再未發生大的變化。

晚清之際，蘇南、蘇北之分主要以長江爲界，此標準之形成除了上文所述之自然環境與政治區劃的雙重影響外，〔註18〕亦有對經濟因素的考量，如清政府設置江寧、蘇州二布政使於一省，並因之設置兩督糧道，這種格局的形成即是對經濟因素的考量。王樹槐先生認爲：「因東南財富甲天下，而蘇松四府一州又甲東南，齊糧運輸之繁，率責於吳下諸邦。」〔註19〕蘇南、蘇北因經濟差距而形成的心理隔膜比地理上的長江之隔更加難以逾越。「江南的自然環境本來比江北爲優，而社會條件也似乎得天獨厚，在歷史上屢次的戰禍，江南都保持偏安之局，所受的打擊比較小，所以生活狀況一直好過江北人，因此不知不覺遂養成一種優越感，對於江北人總是瞧不起。」〔註20〕並且，江南人口中的江北人不是單純的區域認同，還有對江北人的不敬，這種蔑視心態的產生往往是因爲經濟因素引起的。近代江南開發較早，而江北人因戰亂或者災荒紛紛湧往江南謀生，他們一般都是從事各種「賤業」，「除一小部分幸運者能獲得較好的機會外，大部分男子便做各式各樣的苦工，其中包含賣拳，馬戲，理髮，擦背，拉黃包車，以及做苦力。女的多做家庭傭工，洗衣，炊飯。」〔註21〕這讓江南人顯得更加高人一等，把江北人統稱之「江北佬」，對於此一蔑稱，江北人毫不示弱，反唇譏之「南蠻子」。〔註22〕

〔註17〕 石孟凱：《飛機攝製江蘇全省地圖之設計大綱》，《江蘇省政府土地整理委員會公報》1929 年第 2 期，第 120 頁。

〔註18〕 韓起瀾（Emily Honig）認爲，「蘇北並不是一個客觀的、明確界定的地區，而是代表一種關於某一特定地區同質同類的信念。該地區可以包括整個江蘇北半部，也可以僅指某些部分；它可以包括鄰省山東、安徽的一些地區以及江蘇南半部某些地區，就看你問誰了。它可以按地理、語言或經濟狀況來界定，但是每一種界定都產生即使不相互矛盾也差別很大的定義。」（〔美〕韓起瀾：《蘇北人在上海，1850～1980》，上海：上海古籍出版社 2004 年 8 月版，第 2 頁。）該項研究給筆者很大的啓發，在本文論述蘇南、蘇北時，亦不會專注於某一特定概念，而是根據實際需要靈活變通。

〔註19〕 王樹槐：《中國現代化的區域研究：江蘇省，1860～1916》，臺北：中央研究院近代史研究所 1984 年版，第 15 頁。

〔註20〕 慶德華：《蘇北風土記》，《現代郵政》1949 年第 2 期，第 11 頁。

〔註21〕 慶德華：《蘇北風土記》，《現代郵政》1949 年第 2 期，第 12 頁。

〔註22〕 對此醒民在《蘇北見聞錄》一文中亦描述了蘇南人稱蘇北人爲「江北豬玀」，蘇北人稱蘇南人爲「江南蠻子」的情形。醒民：《蘇北見聞錄》，《機聯會刊》

由此可見，經濟境況的差距對蘇北、蘇南產生了極大的影響，並產生極大的「地緣矛盾」。〔註23〕地緣矛盾則是促成區域認同的重要因素之一。

在江蘇不同的區域之內，存在著不同的區域文化。與特殊的區域文化相對應，則是不同的風俗習尚。區域文化與風俗習尚是不同區域的重要表徵，也是區域認同之所以形成的重要原因。

江蘇爲文化淵藪之地，自古人才輩出，「江蘇文化，自吳季札聞樂魯國，言子游習禮孔門，北學始傳於南，漢晉以來，代有聞人，號稱文物淵藪。」〔註24〕但是，隨著歷史的發展，蘇南、蘇北卻呈現出完全不同的景象，特別是在經濟重心南移之後。管惟霖對近代蘇北的描述可謂極其到位，「士大夫在蘇北各縣城裏算是可貴的階級，然而上焉者也僅做到士紳，好像做了士紳就雍容自在，環受著那眾多農商的尊敬，做點社會公益的事情，看看字畫古董，度過一段平整的歲月，自然老一代的凋謝了，馬上就有新一代的替興起來，這一貫的遺傳在蘇北差不多已成爲多少年的刻板文章。」〔註25〕這並不是說蘇北人不重視教育，蘇北教育滯後主要是因爲經濟不發達導致的，對文化人的尊重反而說明了那種對知識可羨而不可及的無奈。蘇南文化之繁榮正與蘇北形成鮮明對比，「大致而言，大江之南，五湖之間，其人輕心而精明，敏於習文，疏於用武，士樂名教，尊禮重安。小民生理咸足，皆知教子孫以讀書爲事，故江南舉業最盛。」〔註26〕特別是近代蘇南地區因處於西學東漸的前沿，文化有進一步趕超蘇北的跡象。王樹槐先生經過量化分析指出，江蘇（在正史上有列傳之人物）自宋以後，躍居全國前5名，清時則居首位。並且，這些人物主要集中於政治、學術、文藝三個方面，可見文風之盛。在江蘇省內的比較中，以清代進士百分比爲例，以江南居多，占70%，揚州次之，占12.5%，江寧再次之，占8.3%，淮北所佔比例最小，僅占5%左右。〔註27〕根據這些數據可知，在蘇北、蘇南不同的地域內，文風有著很

1935 年第 128 期，第 33～34 頁。

〔註23〕 參見馬俊亞：《近代江南都市中的蘇北人：地緣矛盾與社會分層》，《史學月刊》2003 年第 1 期。

〔註24〕 柳肇嘉：《江蘇人文地理》，上海：大東書局民國十九年版，第 126 頁。

〔註25〕 管惟霖：《蘇北素描》，《文史半月刊》1944 年第 1 期，第 32 頁。

〔註26〕 王樹槐：《中國現代化的區域研究：江蘇省，1860～1916》，臺北：中央研究院近代史研究所 1984 年版，第 68 頁。

〔註27〕 王樹槐：《中國現代化的區域研究：江蘇省，1860～1916》，臺北：中央研究院近代史研究所 1984 年版，第 45～51 頁。

大的差距。

以文化傳統而論，蘇南、蘇北確屬於不同的文化區域，蘇南以吳越文化為主，而蘇北則以江淮文化為主；至蘇北之淮河以北則明顯受齊魯文化的影響。〔註28〕三種區域文化，吳越本係同族，不但在地緣上相鄰，而且風俗相近，如古之「斷髮文身」之俗即為吳、越所共同崇尚；江淮文化受徽州文化的影響至為明顯，尤其是徽商文化對維揚地區商業文化的影響不可低估；而淮河以北則明顯受漢文化的影響，因為「徐淮區域的史前文化與齊魯區域的史前文化同屬一個文化系統，有直接淵源。」〔註29〕

因此江蘇文化區域又可以三分的方式進行，即蘇南、蘇北、淮北。這種文化區域的三分法可以在方言的分區與風俗習尚的分佈上得到進一步的證明。

方言是「同一語言中因地理區域不同而表現出不同的發音與日常用語」，是區域文化的重要表徵之一。不同方言傳達的文化信息總是有別的，而是否為同一文化區域之最簡單的辨別方式就是是否操同一種方言。

江蘇方言大致分為三個區域：長江以南除南京、鎮江之外，以吳語為主；南京、鎮江、長江至淮河的廣大地區以蘇北方言為主；淮河以北則以北方官話為主。蔣君章認為：「徐海一帶語盡豫魯，可說是中州官話，南部通行的是吳語，中部介於吳語與中州官話之間，可以說是江北官話。」〔註30〕根據方

〔註28〕關於江蘇文化區域的劃分，還有更為細緻的分類方法。如陳書祿把它分為五種：吳文化，以現在僅靠太湖的蘇、錫、常地區為中心地帶，其以聰穎靈慧、細膩柔和而又視野開闊，樂於創新為特徵；金陵文化，以南京、鎮江為中心，具有積極的進取精神、爭勝意識及愛國主義；徐淮文化，泛指江蘇徐州、淮陰、宿遷以及連雲港、鹽城的部分地區，具有英雄主義情懷；維揚文化，以揚州、泰州為中心，以清新優雅與豪邁超俊為特徵；蘇東海洋文化，主要指南通、鹽城、連雲港的海岸區域，則具有極強的開放意識。參考王長俊主編：《江蘇文化史論》，南京：南京師範大學出版社1999年版，第8～25頁。

〔註29〕王長俊主編：《江蘇文化史論》，南京：南京師範大學出版社1999年版，第25頁。

〔註30〕蔣君章：《江蘇省史地概要》，《江蘇研究》第二卷第二期，第3頁。還有一種更為簡單的分法，即以鎮江為界，把江蘇語言分為南、北兩大語系。「江蘇語言，自鎮江而南京，而淮揚通海徐州，似成一系，其音雖有輕重清濁之別，而簡直明晰，概屬江北話，徐海一帶，類似北方官話，淮揚一帶，通行揚州官話，江寧一帶，則用南京官話，蓋楚語也。自鎮江而南，入丹陽境，其音大異，蓋東南之蘇常松太，語音清脆，雖各縣不同，其尤著者為蘇州之蘇白，崑山之崑腔，上海之土語，而南蠻鴃舌，則遠近一致，閩越之方言，且多有

言的分佈情形觀之，與以地理為標準的劃分併不吻合，相反與文化卻有著極為明顯的對應關係。〔註31〕如南京、鎮江兩地，就地理上而言，屬於江南地區，以文化區域論，又屬於江淮文化區（即陳書祿所說的金陵文化與維揚文化），以蘇北方言為主。江南、江北人之別，在型體難以區別的情況下，語言就成為直接標識之一。在小說《江北人》中，主人公朱一新因為是江北人，滿口江北音，而受到新任經理的厭惡，原來，「繼任的經理卻是上海人，自來上海人對江北人，就有一種很深的成見，懷著一種莫名的憎惡，所以那經理一見一新，就覺得討厭。」〔註32〕雖然故事發生在北平，這種歧視猶然不能去除，可見成見之深。這種現象至今如此，如陳智華在《江南人‧江北人》一文中這樣描述：自己因父親是蘇州人，母親是鎮江人而被蘇州人稱為「江北佬」，被鎮江人稱為「南蠻子」。〔註33〕這種尷尬足可以看到約定成俗的力量。

民俗是文化的載體。它「是一種地域性很強的社會文化現象。民俗文化是廣義文化的一個重要組成部分。」〔註34〕江蘇地方民俗亦大略可分為三個區域，即淮北、江淮、江南。風俗之不同，概受文化及自然環境的影響。

淮北古為西楚，其俗剽輕，易發怒，地薄，寡於積聚，民矜己諾，走死地如鶩，盡厄於生計之故，意氣豪健不少挫，事事重實行，而短於想像力，有燕趙感慨悲歌之風。〔註35〕馬俊亞教授稱「淮北強悍的民性由來有自」。〔註36〕朱廣福亦指出「淮南、淮北，以淮為界也。淮之北其地理布置，人民風俗，

類似者，蓋吳語也。」（柳肇嘉：《江蘇人文地理》，上海：大東書局民國十九年版，第41～42頁。）這種分法與張森才的區域文化二分法不謀而合，張認為江蘇文化可分為兩大類，長江以北的徐漢文化和長江以南的吳文化。張森才、馬礫：《江蘇區域文化研究》，南京：江蘇古籍出版社2002年版。

〔註31〕 在韓起瀾的研究中，其同樣指出，「江蘇南北兩地區的人所講的方言屬於完全不同的語族，相互難懂：南方以吳語為主，而北方講的是揚州方言的變種。儘管長江不是兩個語族之間的大致分界線，但地理相異和語言變種之間不存在明確相互關係。」〔美〕韓起瀾：《蘇北人在上海，1850～1980》，上海：上海古籍出版社2004年版，第23頁。

〔註32〕 周信華：《江北人》，北京：祿印書館民國三十年版，第4頁。

〔註33〕 《江南時報》，2002年1月20日，第八版。

〔註34〕 金煦主編：《江蘇民俗》，蘭州：甘肅人民出版社2003年版，第9頁。

〔註35〕 柳肇嘉：《江蘇人文地理》，上海：大東書局民國十九年版，第45頁。

〔註36〕 馬俊亞：《從武松到盜跖：近代淮北地區的暴力崇拜》，《清華大學學報（哲學社會科學版）》2009年第4期，第18頁。

不同於淮南，亦猶淮南之不同於江南。淮陰扼淮控泗，形勢爲江北鎖鑰，其謂『南船北馬，到此爲界』；過此而北，則有秋高風緊之莽蒼氣概。」〔註37〕則正是對此一劃分的有力支持。〔註38〕

在江淮文化的影響之下，蘇北人民風氣強悍，好訟狠鬥：京口習戰，號爲天下精兵，淮南煮海爲鹽，地勢饒食，無凍餓之人，亦無千金之家，蓋淮揚爲鹺商所萃，俗尚奢靡，而士大夫好文。〔註39〕這些地方的人民，都具有燕趙慷慨之士的氣概，除了拔出拳頭，路打不平之外，而且更會白刀子進去，紅刀子出來。同時，往往因爲一椿很普通的小糾紛，就會對簿公庭，結果兩敗俱傷。〔註40〕

江南地區因爲優越的自然、人文環境，造就江南人飯稻羹魚，不待賈而足，暮春三月，雜花生樹，群鶯亂飛，其人瀟灑纖巧，多感多恨，而富於理想。〔註41〕且江南奢靡之風盛行，「從夫差驕縱以來，相率數千年，奢靡之風，至今不改，以致文弱甲於全國，浮華突過前人」。〔註42〕

蔣君章對江蘇風俗習尚的變化曾有一個極爲簡練的概述：徐州的民風霸者之餘，以武爲俗。實則此種風氣，在徐淮海一帶亦然；但是一到揚州鎮江，勇武之氣，已不復存在，一到蘇州則更加不同。〔註43〕

文化、風俗習尚的不同，造就了江蘇極具特色的民性。「民性是某一特定區域的人們在相同或相近的自然環境、社會環境下，通過長期的、反覆的生產、生活實踐，逐步形成的一種特有的心理現象。它是特定區域內人們行爲方式和思維方式所體現出來的精神面貌、價值觀念、理想觀念與性格特徵的復合體，是做人處事時一種特有的生活態度，是區域內民眾共同體全體成員

〔註37〕朱廣福：《根據蘇北各縣沿革論今後縣治之設置》，《中國評論》1947年第7期，第11頁。
〔註38〕安東尼婭‧菲南經過研究認爲，淮河故道是比長江更爲重要的分界線，必須把蘇中、蘇北看作兩個完全不同的地區，而不是一個特徵相同的蘇北。裴以理與周錫瑞的也有類似的研究，二者也傾向淮河以北與淮河以南的巨大差距。參見〔美〕韓起瀾：《蘇北人在上海，1850～1980》，上海：上海古籍出版社2004年版，第21～22頁。
〔註39〕柳肇嘉：《江蘇人文地理》，上海：大東書局民國十九年版，第44～45頁。
〔註40〕醒民：《蘇北見聞錄》，《機聯會刊》1935年第128期，第33頁。
〔註41〕柳肇嘉：《江蘇人文地理》，上海：大東書局民國十九年版，第44頁。
〔註42〕江蘇蘇屬地方自治籌辦處編：《江蘇自治公報類編》，近代中國史料叢刊三編，第五十三輯，卷四至卷六，臺灣文海出版社1989年發行，第455頁。
〔註43〕蔣君章：《江蘇省史地概要》，《江蘇研究》第2卷第3期，第8頁。

意識深處的一種心理狀態，是積澱在傳統文化中最深層的內容，直接地決定著區域文化的整體特徵和價值取向。」〔註44〕

張乃格認為，江蘇民性的精髓是「崇文」。這種以崇文為核心的民性既造就江蘇人重視教育的價值取向，清雅靈秀的審美情趣，優雅閒適的生活態度，沈穩務實的處世原則，開放自立的思想觀念，以及胸懷天下的主人公精神；也造就了江蘇人食古不化，安於現狀，安土重遷，抱殘守缺，過於自負，游手好閒，不勞而獲的惰性。〔註45〕這種矛盾的民性，在近代江蘇地方事業的發展過程中有著淋漓盡致的表現，成為促進與阻滯江蘇近代化的重要根源之一。

總之，受各種因素影響，在江蘇省境之內形成不同的區域特徵，亦形成蘇南、蘇北（與江南、江北之分基本一致），淮南、淮北〔註46〕等明顯的區域劃分。筆者以為，以上各種劃分各有自己的道理，但也有各自明顯的不足，以長江為界劃分蘇南、蘇北過於簡單，忽略了淮北、淮南明顯的區域差異；而以淮河為界之淮南、淮北的分法，則難以涵蓋江蘇的整體情形，尚有待於進一步完善。因此筆者贊成把江蘇區域三分的方法，即淮北、蘇北（江淮之間的區域）、蘇南。其中蘇北可視為淮北與江南的過渡地帶。這樣不但考慮到自然環境的整體性，還兼顧各種人文因素的影響。以區域形成與認同為切入點對江蘇社會傳統進行概述，是因為其與地方自治之間有著極為密切的關係。眾所周知，區域一旦形成就會產生一定的凝聚力，影響到人們的行為習慣及集體認知。地方自治之要義則是一定區域內之人民、在不違背國家法令的前提下，制定規約，實現以本地人治本地事。那麼，在不同的區域範圍內，為什麼地方自治的推行會產生巨大差異？地方自治的實現需要什麼樣的社會條件？這些問題的解決無不是以該區域的整體條件為前提。因此，欲考察地方自治，首先應對該地方進行整體的觀察。以上分析不免掛一漏萬，這種不足將在下文分析的過程中逐步完善。

在近代三千年未有之大變局下，江蘇社會徘徊於傳統與現代之間，面對西學東漸的強大衝擊波，江蘇基層社會做出或主動或被動的變革。

〔註44〕 張乃格：《江蘇民性研究》，南京：江蘇人民出版社 2004 年版，第 1 頁。
〔註45〕 張乃格：《江蘇民性研究》，南京：江蘇人民出版社 2004 年版，第 670～676 頁。
〔註46〕 以江、河為界，泛稱江南、江北或淮南、淮北，而特指以此為界的江蘇部分，下同。

第二節　近代江蘇社會的新生因素

　　眾所周知，西方事物在近代中國經歷了一個從被動接受到主動拿來的過程。從被動意義上講，是西方殖民者的侵略客觀上衝擊了中國社會的傳統秩序；從主動意義上看，是國人覺醒後開始了向西方積極學習的過程。近代江蘇基層社會的因應變革明顯體現出這種雙重的動力效應：在經濟基礎方面，商品經濟達到了一個新的高度；在上層建築方面，人們政治觀念處於不斷更新的過程；而基層社會的領導力量——士紳階層——則加快了分化的過程。

一、商品經濟的發達

　　經濟基礎決定上層建築，這是馬克思歷史唯物主義的重要原理之一。離開吃穿住行而空談意識形態，往往會誤入歧途，因為人先是物質的動物，然後才是精神的動物。因此，研究近代江蘇社會結構的變遷，不得不先從經濟結構的變遷入手。

　　江蘇所處地理位置較為特殊，其不但處於江南文化與江北文化的交接之處，而且還處於中華文化圈與西方文化圈交融的前沿。特別是近代以來，隨著西學東漸的加劇，江蘇成為首當其衝的前沿陣地。鴉片戰爭中國戰敗，上海被闢為通商口岸，並很快取代廣州成為當時最繁華的商業中心，被人們譽為十里洋場和東方巴黎，〔註47〕「洋溢於泰西遠東」。〔註48〕江南以宜人的氣候，豐富的物產，繁盛的商貿，以及四通八達的水陸交通，成為全國的交通樞紐、經濟中心、文化中心。此局面之形成，除了蘇南較為雄厚的經濟基礎之外，很大程度上得益於西方商品經濟對中國傳統經濟結構的衝擊。

　　鴉片戰爭之前，江蘇省特別是蘇南地區的商品化程度已經很高。

　　就農業來看，因為城市的發展、非農業人口的不斷增加，使糧食的商品化程度逐漸提高，最主要的表現則是蘇南地區形成以蘇州為中心的全國性米糧市場。另外，經濟作物得以推廣，商品化程度進一步提高，城郊農副業如農民生產的蔬菜、肉蛋、水產品、花果及手工製品，也實現了從自給自足向以交換為主的轉變。〔註49〕這些都表明商品經濟已經滲入到農業當中。

〔註47〕東望：《蘇南近影》，《通訊》1941年24期，第15頁。
〔註48〕記者：《介紹平書先生三篇著作》，《新上海》1925年第6期，第13頁。
〔註49〕段本洛：《蘇南近代社會經濟史》，北京：中國商業出版社1997年版，第28～45頁。

　　同時，手工產品的商品化程度也在不斷提高。如明清時期蘇南棉紡織品的生產，不管在品種上、還是在質量上都有不同程度的發展，已超越爲自家消費而生產的目的，更多是把產品投向市場，並且根據市場的不同需要生產不同布匹。國外市場也得到積極的開拓，如明代棉布生產主要集中於松江，該地區一時外地客商雲集，廣爲收購，再轉售外地，遂有「買不盡的松江布」之諺；至清代蘇南產布區則進一步擴大，無錫成爲著名的「布碼頭」；蘇南生產的高檔棉布，則遠售日本、俄國、美國等地。

　　當然，商品經濟發展的最直接表現在於商業的繁榮。明清之際，白銀因爲優良的品質，成爲市場上流通的主要貨幣，並大大促進商品的流通；蘇南四通八達的水陸交通，又爲商品交換提供了直接的條件。段本洛先生對明清蘇南的商業發達情形有如下形象的描述：萬商雲集，帆檣如林，店鋪鱗次櫛比；洞庭商人和其他本地商人，足跡遍及全國和海外；豪商巨賈，擁有雄厚的資本；會館林立，形成商人集團；出現了商業經營的新方式和新手段等等。這些特點足以說明當時商品經濟繁榮的景象。

　　市鎮是隨著農業、手工業和商品經濟的發展而逐漸興起的。江南市鎮的興起也不例外，明清之際江南市鎮的數量較宋代已有數倍的增加，以蘇州府而言，由明代的四十八市三十五鎮增加到乾隆時期的六十市七十三鎮；松江府則從明末的六十多個增加到乾隆時期的一百一十多個。這種遞增的速度是十分驚人的，充分反映了蘇南商品經濟快速發展的狀況。市鎮的功能也更加細化，有的是以生產某一種或幾種手工產品爲特色，有的作爲手工業產品的集散地，有的作爲米糧貿易中心，有的作爲農副產品集散地，等等。總之，市鎮的發展是商品經濟發展的產物，反過來又將極大地促進商品經濟的發展。〔註50〕

　　鴉片戰爭之前，江蘇省商品經濟雖然代有發展，但是並未改變中國自然經濟占主體地位的本質，特別是在廣大的農村，小農經濟與家庭手工業相結合的方式仍然是中國的主體經濟形態。鴉片戰爭之後，隨著西方商品的湧入，中國這種以自然經濟占主體的經濟結構遭到巨大的衝擊，其中首當其衝的是手工業。

〔註50〕參考段本洛：《蘇南近代社會經濟史》，北京：中國商業出版社 1997 年版，第79～112 頁。

　　就棉紡織手工業來看，中國家庭手工生產的棉紡織品面臨著西方物美價廉的棉織品的巨大挑戰，「洋布質即精良，價復平減，內地之棉布，不復暢銷」，〔註51〕而這不過是剛剛開始而已。十九世紀六七十年代以後，西方國家更是借著一系列有利的主客觀條件〔註52〕展開對中國土布土紗的猛烈進攻，蘇南的棉紡織品受到進一步的衝擊，鄭觀應感歎到：「棉花一項，產自沿海各區，……自洋布進口，華人貪其價廉質美，相率購用，而南省紗布之利，半為所奪。迄今通商大埠及內地市鎮城鄉，衣大布者十之二三，衣洋布者十之八九。」〔註53〕面對如此不利形勢，棉紡織手工業者不得不作出新的調整，其最大的變化則是「捨紡就織」，段本洛先生對1870至1894年間粗布與棉紗起岸價格變動情況作了比較後指出：「粗棉布價格下降了27.8%，棉紗線價格則下降了52.6%，超過前者近一倍。」〔註54〕人們紛紛買進價廉物美的洋紗，織布出售，卻不自覺地改變了紡織一體化的生產方式，也改變了農村耕織結合的傳統經濟結構。「農民用洋紗織的土布主要是為了賣，以補貼生活和償付租債，這就使小生產者既與商品市場發生聯繫，又與原料市場發生聯繫，原料依賴市場供應，加深了對市場的依賴性。」〔註55〕這種情形表明，西方商品經濟已經滲透到廣大農村，並迫使其改變了傳統的生產方式。總之，「洋紗輸華造成的紡織分離，摧毀了中國的手工棉紡業，出現了洋紗洋布的重新組合；洋布進口造成了耕織分離，一些小農被迫離開土地，流入城市，另謀生路。所有這些，都反映著自給自足自然經濟的解體，擴大了中國手工棉織業的商品生產。」〔註56〕

　　農業的商品化主要體現在農產品的商品化，在國內外商品生產與交換的

〔註51〕中國社科院經濟研究所存清代鈔檔，轉引自姚賢鎬：《中國近代對外貿易史資料》，第1356頁。

〔註52〕第一次工業革命相繼完成，生產效率得以提高；蘇伊士運河開通，大大縮短了歐洲到中國的航程；另外，第二次鴉片戰爭後所簽訂的不平等條約，讓西方侵略者獲得更多的特權等。

〔註53〕鄭觀應：《盛世危言》卷三，第35頁。

〔註54〕段本洛：《蘇南近代社會經濟史》，北京：中國商業出版社1997年版，第195頁。

〔註55〕段本洛：《蘇南近代社會經濟史》，北京：中國商業出版社1997年版，第196頁。

〔註56〕段本洛：《蘇南近代社會經濟史》，北京：中國商業出版社1997年版，第202～203頁。

刺激之下，蘇南地區的經濟作物有不斷擴大的趨勢，如植桑養蠶，「整個南京栽培著桑樹」，「至少三分之一的人直接或間接以絲業爲主」。棉花的種植比鴉片戰爭前有了進一步的發展，根據有關學者對二十世紀二十年代的統計，當時全國共有十個省種植棉花，共有棉田 2945 萬餘畝，棉產量 740 餘萬擔，其中江蘇棉田 829 萬餘畝，占 28.2%，產棉 217 萬餘擔，占 29.3%，可見江蘇種植棉花之盛。另外煙草、茶葉、水果、蔬菜等經濟作物都有不同程度的種植。顯而易見，經濟作物大量種植不是爲了自己的消費，更多的是要拿到市場上，參與商品的流通，以獲取利潤。經濟作物種植面積的擴大，糧食作物勢必減縮，這又導致部分地區糧食不能自給，不得不從外地購買糧食以調劑不足，因此，在一定程度上講，是經濟作物的商品化促進了糧食作物的商品化。

但是，農業、手工業的商品化仍然是部分地實現，在大部分地區特別是廣大農村，自然經濟仍然佔有相當的分量。如大部分家庭棉紡織手工業者爲了生存，仍然緊緊抱住舊式織機，甚至落後的紡車，利用農隙從事紡織以彌補最低的生活水準。小農業與農村家庭棉紡織手工業相結合的經濟結構仍然頑強的保留下來，蘇南地區的廣大農村仍然不乏土紗土布的生產。段本洛先生稱之爲「近代棉織手工業的多層次結構」。〔註57〕

如果說蘇南農業、手工業整體上還帶有明顯的自然經濟特徵，而近代民族工業的創立與發展則可視爲較爲徹底的商品經濟的產物。在清政府洋務運動的刺激下，國內曾出現過一批近代民用工業，但是官方的味道過於濃厚。以紡紗業爲例，1895 年之前，江蘇主要建立四家近代民族性質的企業，分別是 1890 年的上海機器織布局、1891 年的華新紡織新局、1894 年的華盛紡織總廠和裕源。其中，上海機器織布局和華盛紡織總廠爲官督商辦，華新紡織新局爲官商合辦，只有裕源一家爲商辦。這種現象在 1895 年之後有了很大的改觀，仍以紡紗業爲例：1905 至 1911 年間，江蘇主要的紡紗企業有 13 家，分別是：裕晉（1895）、大純（1895）、業勤（1895）、蘇綸（1897）、裕通（1898）、大生（1899）、裕太（1905）、濟泰（1906）、大生二廠（1907）、振新（1907）、同昌（1908）、利用（1908）、公益（1910），這些企業無一例外都屬於商辦企業，具有典型的資本主義性質。〔註58〕

〔註57〕參考段本洛：《蘇南近代社會經濟史》，北京：中國商業出版社 1997 年版，第288～290、202 頁。
〔註58〕杜恂誠：《民族資本主義與舊中國政府（1840～1937）》，上海：上海社會科學

在商業方面，西方殖民者爲了進一步把經濟侵略的觸角伸向內地，開始以買辦爲中介深入中國的初級產品市場。部分商人也通過與外國公司建立關係，借外人名義開辦公司，逃避釐金關稅。買辦階層的形成以及商人的買辦化正是西方殖民者對中國經濟侵略加劇的表現。另外，錢莊對外國銀行的依賴進一步加深、現代銀行誕生等亦是此一時期出現的新情況，是商品經濟進一步發展的標誌。〔註 59〕

與蘇南相比，蘇北卻是另外一種情形：自宋元以後，蘇北經濟一直落後於蘇南，特別是清代，由於自然條件較差，災害頻仍，蘇北社會經濟發展非常緩慢，蘇北、蘇南的經濟差距進一步拉大。就手工業來看，蘇北地區沒有發達的獨立手工業，而大都是分散的家庭手工業。蘇北城鎮經濟也遠不如蘇南地方發達，除揚州因地處長江、運河交匯之處，鹽商聚集等因素而較爲繁華外，其他如淮安已開始衰落；徐州雖然是一個地區性的商業中心，但限於周圍腹地的經濟基礎較差，而明顯遜色於蘇州、江寧等城市。至於農村市場，蘇北地區各縣雖有一些集鎮，但遠不如蘇南市鎮繁華，同時也不太普遍。雖然蘇北工商業不太發達，但土地集中和階級剝削的程度卻不遜於蘇南，商人或官僚通過購買或積累的方式成爲大地主，廣大農民則處於貧無立錐之地的境況，這種情況進一步阻礙了蘇北地區商品經濟的發展。〔註 60〕這種狀況在近代之後，仍然沒有大的改觀，以至於「百分之九十是農民，其餘的是商人，剩下的一點點才挨到讀書人。」〔註 61〕「到 20 世紀初，江南以富聞名，一如江北以窮聞名。」〔註 62〕此則正是對當時江蘇省之蘇南、蘇北差距懸殊的總體寫照。因爲經濟基礎有別，勢必造成蘇南、蘇北在近代化的進展中出現較大的差距。

總之，鴉片戰爭之前，江蘇特別是蘇南，商品化程度已經很高，但是因爲重農抑商政策、封建行會的限制、以及商業資本的封建化，並未使資本主義在中國迅速發展起來。鴉片戰爭之後，江蘇傳統經濟結構受到西方商品經

院出版社 1991 年版，第 286～287 頁。

〔註 59〕參見段本洛：《蘇南近代社會經濟史》，北京：中國商業出版社 1997 年版。

〔註 60〕張華、楊休、季士家：《清代江蘇史概》，南京：南京大學出版社 1990 年版，第 116～119 頁。

〔註 61〕管惟霖：《蘇北素描》，《文史半月刊》1944 年第 1 期，第 32 頁。

〔註 62〕〔美〕韓起瀾：《蘇北人在上海，1850～1980》，上海：上海古籍出版社 2004 年版，第 28 頁。

濟的猛烈衝擊，自然經濟進一步解體，商品經濟在廣大農村已有不同程度的發展。因此，在一定程度上講，是外國資本主義的經濟侵略，「破壞了中國封建社會的自給自足的自然經濟基礎，破壞了城市的手工業和農民的家庭手工業，促進了城鄉商品經濟的發展。」〔註63〕但是，我們又不能過於誇大這種作用，因為這種後發外生型的現代化方式給江蘇社會帶來很大的後遺症，其中最主要的表現則是經濟基礎之上的階級力量發育不充分，勢必導致江蘇近代事業發展的後繼乏力。

在商品經濟發展的同時，江蘇人民的政治觀念也在經歷著一次新的洗禮。

二、政治觀念的更新

江蘇特別是蘇南地區地處西學東漸的風口浪尖，這決定其受西方事物的影響必然較其他地區深刻。五口通商之後，上海逐漸取代廣州成為中外交流的重要窗口，西方各種近代的政治思想通過這個窗口不斷湧入江蘇，對傳統江蘇社會的政治觀念形成強烈的衝擊。王樹槐先生認為，與經濟、宗教的傳播不同，近代政治思想的傳播「非各國來華人士所關注，而是由國人自習所得」，〔註64〕其道出晚清西方近代政治思想在中國傳播的基本特點，近代政治思想在江蘇省的傳播亦是一種潛移默化的過程，到了 19 世紀末 20 世紀初，才形成幾股比較明顯的政治思潮，其中就包括地方自治思潮。

探討政治觀念的更新問題，離不開人及以人為中心的政治社體。因此，筆者試圖以近代江蘇籍政治思想家與近代江蘇政治社團為中心考察江蘇人民政治觀念不斷更新的過程。

第一、近代著名的江蘇籍政治思想家。這些人從江蘇出發，走向全國、甚至是世界，從他們身上可以感受到近代江蘇社會的整體氛圍。

馮桂芬（1809～1874），江蘇吳縣人，主要著作為《校邠廬抗議》，「其變法思想特色有二：一為由復古之路而維新；一為師夷敵而強國，其變法內容特出之點如下：一、官員之選舉、罷免由眾公決，或由其所屬官吏及士紳推

〔註63〕段本洛：《蘇南近代社會經濟史》，北京：中國商業出版社 1997 年版，第 230 頁。

〔註64〕王樹槐：《中國現代化的區域研究：江蘇省，1860～1916》，臺北：中央研究院近代史研究所 1984 年版，第 77 頁。

舉。二、實行地方自治，自縣以下之地方職司，悉由公舉。」〔註65〕

　　王韜（1828～1897），江蘇新陽（今崑山）人。1849年應英國傳教士麥都士之邀，在上海墨海書院任教，受到資本主義的影響。後因與太平天國有聯繫，受到清政府的通緝，流亡香港，再經港外渡英國，在歐洲遊歷數年。1874年在香港創辦《循環日報》，評論時政，提倡維新變法，這是我國第一家宣揚資產階級政治改良主義思想的報紙，也是一個比較成功的典型。〔註66〕1884年回到中國，不久開始擔任上海格致書院院長。在政治方面，他主張學習西方，推介西方的君民共主，鍾叔河認爲「王韜實在可以算是立憲運動的先驅者」。〔註67〕王樹槐先生則認爲，「王韜是代表江蘇知識分子直接受傳教士影響而主張變法者。」〔註68〕

　　薛福成（1838～1894），江蘇無錫人。1888年曾以三品京堂銜出使英、法、意、比等國，對西方政治經濟制度有所瞭解，後寫成《出使四國日記》。鍾叔河指出，「薛福成很早提出『變法』的主張」。〔註69〕王樹槐亦認爲，薛「提出變法的主張，與王韜等人同時提出變的歷史觀」，〔註70〕此一點在薛福成《籌洋芻議》之《變法》篇可以得到證明。在出使西方四國之後，薛福成對於政體問題有更加深刻的認識，他認爲君主制與民主制皆有利弊，關鍵在於「得人，則無不便；不得人，則無或便。」〔註71〕在對中國虞唐以前之民主制與此後之專制相比較之後，他進一步指出「君民共主，無君主、民主偏重之弊，最爲斟酌得中。」〔註72〕因此可以看到薛對民主制的好感。在論

〔註65〕王樹槐：《中國現代化的區域研究：江蘇省，1860～1916》，臺北：中央研究院近代史研究所1984年版，第138頁。

〔註66〕蕭永宏曾專門就該報的編輯與發行進行考證，認爲其經營有方，產生深遠影響。《〈循環日報〉之編輯與發行考略》，《江蘇社會科學》2008年第1期。

〔註67〕鍾叔河：《從東方到西方——「走向世界叢書」敘論集》，上海：上海人民出版社1989年版，第280頁。

〔註68〕王樹槐：《中國現代化的區域研究：江蘇省，1860～1916》，臺北：中央研究院近代史研究所1984年版，第139頁。

〔註69〕鍾叔河：《從東方到西方——「走向世界叢書」敘論集》，上海：上海人民出版社1989年版，第380頁。

〔註70〕王樹槐：《中國現代化的區域研究：江蘇省，1860～1916》，臺北：中央研究院近代史研究所1984年版，第139頁。

〔註71〕〔清〕薛福成：《出使英法義比四國日記》，長沙：嶽麓出版社1985年版，第536～537頁。

〔註72〕〔清〕薛福成：《出使英法義比四國日記》，長沙：嶽麓出版社1985年版，第538頁。

及西國富強之源時，與薛福成同時出使的某隨員首先強調「通民氣」一說，即「用鄉舉里選，以設上下議院，遇事倡言無忌，凡不便於民者，必設法以更張之。實查戶版，生死婚嫁，靡弗詳記；無一夫不得其所，則上下之情通矣。」薛福成將之詳細記錄，說明他對此論是相當欣賞的。〔註 73〕

此一時期除了馮桂芬明確提出關於地方自治的思想外，還有兩位蘇籍人士對西方地方自治思想進行了介紹：其一是江蘇江寧人李圭；其二是江蘇寶應人劉啓彤。他們均作爲政府代表出使西方，對西方地方自治制度有切身的感受。

李圭（1842～1903 年），字小池，江蘇江寧人。1876 年，李圭作爲中國工商業代表，參加美國費城爲紀念美國建國一百週年而舉辦的世界博覽會，李將此次出使見聞編寫成《環遊地球新錄》一書。在書中他對美國地方自治制有所介紹：

> 每年由副伯理璽天德，會同各督撫，選舉官紳二百人居上院；再由民間自選才識出衆者四百人居下院，參議國政。……其各省政事，各督撫主之，伯理璽天德不預聞。美官格君告圭曰：美國一省即一國，乃合衆國而爲國，各有事權。督撫以下各官，皆民間選舉，四年一任。原可毋庸另舉一伯理璽天德。惟遇與他國會盟等事，國分既多，權難歸一，因於督撫中公舉一人掌之，亦四年一任。任滿，衆皆曰賢，再任四年。退位後，依然與齊民齒也（此制創自國祖華盛頓）。當在位日，遇事倘國人不欲行，固不能強之使行；而國人欲建一議，改一例，伯理璽天德可遏止之，衆亦無如何。〔註 74〕

李圭在此處介紹的主要是美國中央政府與州之間的關係，是對較高層次自治制的介紹，即聯邦主義下的州自治。

劉啓彤，字丹廷，江蘇寶應人。曾主事分兵部職方司，駐法使館參贊，爲我國駐使西歐國家的第一代外交家。19 世紀 80 年代末期，劉啓彤奉派出使歐洲，對英、法等國的政情有較爲詳細的考察，在《英政概》中，劉啓彤對英國的自治單位、自治職員的產生、自治事務的範圍等都作了詳細的介紹：

〔註 73〕〔清〕薛福成：《出使英法義比四國日記》，長沙：嶽麓出版社 1985 年版，第 802～803 頁。

〔註 74〕〔清〕李圭：《環遊地球新錄》，長沙：嶽麓書社 1985 年版，第 260 頁。

各邑有司官不一，其類或歷久相沿，或近時增設。曹務煩劇，有一人治數事者，有以數人治一事者，皆分疆而治。分疆之法，英語曰「康退」，或曰「射爾」，如所謂部者。……每部所轄邑鎮名曰「爬雷司」，「爬雷司」小則合數「爬雷司」爲一「敝司退克」，「爬雷司」大則分爲數「敝司退克」。「敝司退克」之名定自議院。「康退」、「射爾」、「爬雷司」之名皆傳之古昔，其制恒視人數之多寡，以爲沿革分合之準。英格倫及維而司分五十二部，共一萬一千有九十九「爬雷司」，官多公舉，惟邑宰如知縣者授自國家，其職分五：一曰賑恤；二曰保衛；三曰學校；四曰營造；五曰稅斂。……道光乙未年，英議院定制，擇各部中之大邑，名之曰湯，譯言爲城也，共有湯二百，湯有首事之人，名曰湯康喜爾，皆輸稅之人，居城中及距城七里內三年或設肆三年者，舉之康喜爾，可以舉梅爾，略似知府及府佐。梅爾主一邑財用訟獄之事，無梅爾則舉一總理事官。梅爾任一年，任滿再舉，民悅而復舉之，則留任一年。〔註75〕

在《法概篇》，劉對法國地方自治製作了更加詳細的描述：

許府議紳公舉上議院之人，府議紳必二十五歲以上，居於該「敝怕門」內自正月後，曾納稅置產。舉府議紳者，必於二十一歲以上，居於「康繆恩」內逾六月。犯罪監禁者，終身不得舉人。其不得充議紳者有十三：一知府府佐；二審視各官；三本地兵官；四巡捕；五極其師；六礦師；七監察書院者；八教士；九稅官及經理財用者；十郵政局總辦；十一煙局總辦及稽查者；十二監察林木官；十三、管權量官，又有包工測地受一府雇傭者，皆不得充。一人不得充數處議紳。每歲議事二次：一四月，一八月。

所議之事，二十有六：一官地；二民人田宅；三租地無論久暫；四官屋，如衙署、監獄、書院、兵房之類；五、居民輸產入官或受或否；六、街道費用；七、修道之費，或請國幣，或撥府款，或集捐貲，議何人承修；八、「康繆恩」街道；九、公用之物，招人承造；十、「康繆恩」內居民輸款，以充公用；十一、或公會、或公司輸地與物充公；十二、府治左近車道如何建造，何人承辦；十三、定路

〔註75〕劉啓彤：《英政概》，載〔清〕王錫棋輯：《小方壺齋輿地叢鈔續編》第十一帙，光緒17、20、23年上海著易堂印本，杭州古籍店1985影印本，第6頁。

捐並監收；十四、房屋保險；十五、有所控告議紳具名；十六、排難解紛，議院判斷；十七、瘋子經費，聘請醫生；十八、收養貧民子女；十九、各「康繆恩」集貲收養瘋人與貧民子女；二十、善舉善堂；二十一、恤款；二十二、有意之舉設法鳩貲；二十三、各「康繆恩」有意之舉，定「康繆恩」攤捐之數；二十四、定立墟集或移置；二十五、定地稅不得逾制；二十六、定各「康繆恩」地界，孰為首鎮。

議紳所議不合，或收稅太重，法京議院可以飭令停止，所定律例作為費（廢）紙。議紳非在公所所定之事，不得為例。知府查知其事即行諭禁或治其罪，至輕罰十六方，至重監禁五年，犯者三年不得充議紳。知府由伯理璽天德授治一府事，管一府官……各官皆由百姓公舉。〔註76〕

至19世紀末20世紀初，在呼籲變法的人士中，以江蘇南通人張謇的影響為最大，1901年，張謇在兩江總督劉坤一的鼓動下寫成《變法評議》一文，對於吏部、戶部、禮部、兵部、刑部、工部等提出變革建議，凡四十二條，全面詳細地反映了張謇的變革思想。張謇指出：「夫法所以行道，而法非道；道不可變，而法不可不變。……法久必弊；弊則變亦變，不變亦變。」〔註77〕以張謇在江蘇及全國的政治威望與地位，此文產生了重大的影響。在地方自治問題上，他建議設府縣議會，根據地方大小，定議員多寡；選舉之人與被選舉之人皆為有家資或品望者充任；議員無俸祿；議會分常會與臨時會；對於地方事務如預算、地方稅之徵收等悉由議會決之；並特別強調「選舉之人，被選舉之人，必紳士也。」而最終目的則在「釋民教之爭，籌學堂、警察、農工商業之公司，通上下之情，使人憬然動君民休戚相關之感」。〔註78〕以上政治思想家的著作在當時都是流行一時之作，如李圭之《環遊地球新錄》，由李鴻章寫序，並且由總署給資印行三千部，「想求新知的士大夫爭相購買，坊

〔註76〕劉啟彤：《英政概》，載〔清〕王錫棋輯：《小方壺齋輿地叢鈔續編》第十一帙，光緒17、20、23年上海著易堂印本，杭州古籍店1985影印本，第2頁。

〔註77〕張謇研究中心等編：《張謇全集》，第一卷（政治），南京：江蘇古籍出版社1994年版，第76頁。

〔註78〕張謇研究中心等編：《張謇全集》，第一卷（政治），南京：江蘇古籍出版社1994年版，第53頁。

間也相率翻版」。〔註79〕而張謇之《變法評議》,「文章洋洋灑灑,廣徵博引,傳誦一時」。〔註80〕這勢必對時人產生重要影響。

第二、近代江蘇政治性社團的創辦。

因為清王朝嚴禁結社,甲午中日戰爭之前江蘇省內的結社現象還寥若晨星;甲午中日戰爭之後,隨著民族危機的加深,各種社會團體開始出現,並呈迅速遞增的趨勢。本文則主要列舉政治性質的社團(如下表):

2-2-1:近代江蘇政治性社團統計表

團體名稱	成立時間	創辦人(或發起人)	備　　註
戒纏足會	1897	——	
女學會	1897	黃瑾娛、沈瑛	
蘇學會	1897	章鈺、張一麟、孔昭晉	
正氣會	1898	汪康年、容閎	類似組織還有:自立會
戒煙會	1898	鄭觀應、鄭孝胥	
雪恥學會	1898	陳去病	
四民公會	1903	馮鏡如、龍澤厚、易季服	
拒俄同志會	1903	蔡元培、劉師培、陳競全等	類似組織還有:對俄女同志會
光復會	1904	龔玉銓、陶成章、蔡元培等	
人鏡學社	1905	——	類似組織還有:公忠演說會、文明拒約社、義憤社等
競業學會	1906	鍾义恢等	
地方自治研究會	1906	梅豫根、雷奮	類似團體在江蘇有十幾個
預備立憲公會	1906	張謇、鄭孝胥、湯壽潛	類似組織還有:帝國憲政會
路礦團體	——	——	由是一系列保路礦學會組成
諮議局研究會	1909	張謇	
諮議局聯合會	1909	張謇	

〔註79〕 鍾叔河:《從東方到西方 ——「走向世界叢書」敘論集》,上海:上海人民出版社 1989 年版,第 289 頁。

〔註80〕 〔美〕任達著:《新政革命與日本:中國,1898～1912》,南京:江蘇人民出版社 2006 年版,第 163 頁。

世界女子協會	1910	周佩宜等	
中國國民總會	1911	朱少屏、沈懋昭、馬良等	
社會主義研究會	1911	江亢虎等	
俠團	1911	陳元華等	

資料來源：參考張乃格：《江蘇民性研究》，江蘇人民出版社 2004 年 4 月版，第 602 ～608 頁。

　　從近代江蘇政治思想家和政治社團的分佈看，主要分佈於江南地區，如馮桂芬、王韜、薛福成、李圭等皆屬江南，張謇與劉啓彤雖是江北人，但卻處於江南江北的交界線上，這種分佈趨勢並非偶然，而與近代江南的迅速發展有著密切的關係。政治社團的分佈進一步證明這種推斷，政治社團除俠團成立於通州，其他都是處於江南地區；其中，除雪恥學會創辦於吳江、蘇學會發起於蘇州外，其他社團幾乎都是在上海創辦或發起的，上海成為最為活躍的政治中心，由此可見上海在近代政治觀念發展過程中舉足輕重的地位。

　　至此，可以初步得出結論：在 1911 年之前，江蘇人民的政治觀念在不斷的更新過程中，其中，蘇南人民的政治觀念之開化程度遠遠超過蘇北，而淮北更是次之。此一特點在江蘇近代化的過程中將不斷得到證明。蘇南、蘇北、淮北之所以產生如此大的差距，原因大概有三：

　　第一，傳統人文因素的影響。因歷史因素導致蘇南發達、蘇北落後的狀況在近代進一步彰顯，無論商品經濟的發展程度還是文化的繁榮程度，蘇北皆落後於蘇南，由此導致蘇北人思想不如蘇南人開化。

　　第二，西方事物潛移默化的作用。西方近代政治思想的傳播一般是以外國人聚集的商埠、租界為中心進行傳播的，而近代江蘇省商埠與租界的分佈又集中於蘇南地區，如《南京條約》之上海、《天津條約》之鎮江、《馬關條約》之蘇州等都位於蘇南。除開埠通商之外，外國人還在蘇南有租界三處，上海之各國租界、蘇州之日租界、鎮江之英租界。另外，蘇州、南京並有外國人公共居留地等，這些又無一列外處於蘇南地區。[註81] 後來江蘇自行開埠，劉坤一奏請在吳淞口自行開埠，浦口、天生港、海州等處相繼開埠，蘇北才得均霑開化之風，但是其並未深入蘇北廣大的內陸。根據商埠、租界在江蘇省的分部情形可以推知，西方近代政治思想在江蘇省內的傳播是極不平

[註81] 參考王樹槐：《中國現代化的區域研究：江蘇省，1860～1916》，臺北：中央研究院近代史研究所 1984 年版，第 83～91 頁。

衡的。

第三，近代報刊事業的影響。在政治觀念革新的過程中，報刊起著不可低估的作用。王樹槐先生對近代江蘇報刊進行了量化研究，他認爲，在清末新政之前，上海辦報已經比較興盛，從1850年至1913年六十三年間，共增創報刊394種，平均每年增創6.16種，並且隨著時間的推移增創速度明顯加快，如1850～1865年，平均每年增創0.56種報刊，而1909～1913年則每年增創31.80種報刊。其他地方：南京約有21種，蘇州約有19種，鎮江約有7種，嘉定約有17種，其他各地約有24種（其中蘇南18種、蘇北6種）。〔註82〕根據以上數字來看，蘇南、蘇北的差距是相當懸殊。另外，張朋園先生還對《時務報》、《清議報》、《新民叢報》、《國風報》等幾家著名報刊在國內外的代售處做過一個更爲詳細的統計，此處僅選擇在江蘇省的分佈情形加以說明：

2-2-2：《時務報》、《清議報》、《新民叢報》、《國風報》國內發售點統計

報紙名	創辦地點	發售點的分佈情形
《時務報》	上海	根據該報第二十六冊登載，當時該報代售處計國內外63縣市，共95處。其中江蘇省的情況爲：南京一、淮安二、清江浦一、揚州一、徐州一、蘇州一、常熟一、常州一、江陰一、無錫二、鎮江一、太倉一。光緒23年七月間，清江浦、蘇州代售處又有增設。
《清議報》	日本	代售處最多時爲二十四縣市三十八處，江蘇情形爲：上海三至四，蘇州零或一。
《新民叢報》	日本	據該報第一年各期的報告，國內外四十九縣市，九十七處。江蘇情形爲：上海十、蘇州三、吳中一、無錫一、常州三、如皋一、揚州一、金陵一、南京五。
《國風報》	上海	當時在國內外的發售處計三十七縣市六十四處。江蘇的情形爲：南京五、蘇州一、常熟一、揚州一、海虞一。

材料來源：《言論界的驕子——從報章發售數字看梁啓超言論界的時代性影響》，張朋園：《知識分子與近代中國的現代化》，百花洲文藝出版社2002年4月版，第353～395頁。

〔註82〕參考王樹槐：《中國現代化的區域研究：江蘇省，1860～1916》，臺北：中央研究院近代史研究所1984年版，第544～550頁。

以長江爲分界線，《時務報》代售處江南 8 處，江北 5 處（不計後來增加的）；《清議報》代售處江南 3～5 處，江北 0 處；《新民叢報》代售處江南 24 處，江北 1 處；《國風報》代售處江南 7 處，江北 2 處。四種報紙代售處的分佈總量則是：江南 42～44 處，江北 7 處，由此可見江南、江北之差距。

總之，無論報紙創辦地點的分佈情形，還是代售處的分佈情形，都顯示出蘇南、蘇北的懸殊差別。因爲缺少近代思想傳播所需的必要媒介，勢必導致蘇北人政治思想觀念上的保守。

隨著商品經濟的發展和政治觀念的不斷更新，近代江蘇基層社會的主導力量——紳士階層——亦加速了分化的過程，對這種分化的探討則是透視近代江蘇社會結構變化的一把鑰匙。

三、士紳階層的分化

對於紳士（或士紳）的概念，學界有不同的爭論，如費孝通認爲「紳士是退任的官僚或是官僚的親親戚戚。」〔註 83〕吳晗則認爲紳士是「官僚的離職、退休、居鄉（當然居城也可以），以至未任官以前稱呼」。〔註 84〕兩人的解釋明顯不同，費孝通注重實際生活中的紳士，而吳晗則側重於學理上的紳士。在現實生活中，與士紳有血緣或姻親關係的人、宗族的首領，雖然不具備功名，但往往被視爲「紳士」，並在一定程度上起到與紳士一樣的社會影響，因此，從歷史事實出發，筆者更傾向於費孝通對紳士概念的界定。作爲傳統社會的四民之首，士紳在中國社會擁有一個十分特殊的地位，對此，費孝通在《中國紳士》一書中做過一個十分詳細的闡釋：

> （1）在傳統的中國權力結構中，有著兩個不同的層次：頂端是中央政府；底部是地方自治單位，其領袖是紳士階級。（2）這裡有著對於中央政府權威事實上的限制。地方上的事情是由社區的紳士所管轄的，是中央當局難於干涉的。（3）雖然在法律上只有一條從上而下的貫徹帝國命令的軌道，但是在實際生活中，中間有政府

〔註 83〕 吳晗，費孝通：《皇權與紳權》，天津：天津人民出版社 1988 年版，第 8 頁。後來費孝通又將此概念進一步擴大：「紳士可能是退休官員或者官員的親屬，或者是受過簡單教育的地主。」費孝通著：《中國紳士》，北京：中國社會科學出版社 2006 年版，第 11 頁。

〔註 84〕 吳晗，費孝通：《皇權與紳權》，天津：天津人民出版社 1988 年版，第 49 頁。

的皂隸和地方上選擇的『鄉約』或者相同功能的人物，通過這種中介，不合理的命令可以打回去。這種由下而上的影響，在中國正式的政治制度的討論中，通常是不予承認的。然而，它實際上是有效的。（4）從下而上的影響的機制，是紳士通過他們當官的親戚和參加過相同考試的臺上臺下的朋友們施加的非正式壓力發生的。藉此，影響有時甚至可以到達皇帝本人那裡。（5）所謂自治組織的興起是來自於社區的實際需要。這種群體的權力不是來自中央帝國，而是來自地方民眾本身。當中央只是有限度地征稅和招兵時，人們會感到「天高皇帝遠」。但是，中央和地方當局之間有必要保持一些交往，這就意味著地方紳士總是在地方組織中佔有戰略性和主導的地位。〔註85〕

根據以上論述，我們可以發現以下幾個特點：

第一、士紳階層是地方自治單位的領袖，中央當局通過士紳控制基層社會。

第二、國家與基層社會之間存在著若干中介——政府的皂隸和地方上選擇的鄉約等。

第三、因為皂隸是本地人，他們不得不把紳士的意見作為重要參考，而鄉約更是以當地士紳馬首是瞻，所以，國家與社會之間真正的緩衝力量是士紳，其可以通過個人的社會關係網影響中央對地方的政策。

第四、士紳依靠個人的社會威望主導著官方與基層社會組織之間的關係。落實到基層社會，這一關係可以通過下面的公式表示：州縣政府（代表國家）——皂隸（官方的僕人）……鄉約（由社區內的人輪流擔任）——公家（自治單位，由地方上的頭面人物擔任，主要是士紳，代表基層社會）。

根據以上分析，我們可以看到，傳統士紳階層的地位是非常特殊的，其不在國家體制之內，卻可以代表國家對地方事務進行管理；作為基層自治組織的領袖，卻又游離於基層社會組織之外（即往往不擔任實質性的職務）。從國家與社會的層面來講，士紳則是有著雙重意義的代理人，準官僚的身份注定其必須站在統治者的立場上，而與社區利益的息息相關，又決定其對區域

〔註85〕費孝通著：《中國紳士》，北京：中國社會科學出版社 2006 年版，第 52～53頁。

社會利益的關注。杜贊奇稱之爲國家與社會的「經紀人」是有道理的。黃宗智通過歷史比較的方法對華北與長江三角洲社會結構進行了研究，他認爲「在華北，大多數農民是國家直接納稅的自耕農，而長江三角洲的大多數農民租賃田底，僅通過田底地主間接納稅。……因此，長江三角洲的小農在土地關係上，一如在水利工程中，主要通過地方士紳間接地與國家政權打交道，不像華北小農那樣直接與國家政權打交道。」〔註86〕這表明長江三角洲基層社會中士紳階層的中間人身份更加明顯。再如徐茂明把江南社會基層組織分爲三類：官方基層組織、半官方基層組織、民間組織。「江南士紳權力的擴張不僅表現爲順向地在民間基層組織和半官方基層組織中居於主導支配地位，還表現在逆向地向官方基層組織的滲透，原先爲士紳所不齒的吏胥職役至清朝竟成爲士紳的一大出路，士紳也由原來官方基層組織的控制對象變爲控制主體。」從明至清，士紳在這三類組織中起到越來越重要的作用。〔註87〕因此可以斷定，在古代中國，國家與基層社會之間存在著一個緩衝地帶，導致國家不能直接干預基層社會，而必須通過一些迂迴的策略來實現對基層社會的統治，士紳則正是這一緩衝地帶的主角。〔註88〕

〔註86〕 黃宗智：《長江三角洲小農家庭與鄉村發展》，北京：中華書局2000年版，第40～41頁。

〔註87〕 參見徐茂明：《江南士紳與江南社會（1368～1911 年）》，北京：商務印書館2004年版，第150頁。

〔註88〕 另外還有不少學者進行過類似的論述，李治安認爲先秦至明清基層社會秩序的基本構成要素分爲三部分：宗族、鄉里、士大夫。正是這「三者的有機協調組合，形成了古代不同時期的基層社會秩序。官方權力對基層社會的控馭，也往往在這三者前後略有差異的配置組合及互動中不斷演進變化。」（蘇力：《元代地方精英與基層社會——以江南地區爲中心》，天津：天津古籍出版社2009年版，代總序，第1頁。）魏光奇在中國縣制的研究中，把士紳階層視爲基層社會與國家的「中間人」。（魏光奇：《官治與自治——2世紀上半期的中國縣制》，北京：商務印書館2004年版，第356頁。）孔飛力認爲，「中國傳統政治制度穩定延續的社會根源，在於王朝與地方名流——紳士間的協調，在於官僚和地方社會之間的利益衝突能夠以最低限度的糾紛來解決。這樣，名流——紳士憑藉他們的社會影響、正統的學術傳統以及倫理觀念，使傳統政權得以反覆重建」。但孔飛力同時指出，「到晚清動亂時期，情況有了不同。名流爲著自己的利益，也爲著王朝的利益，在鎮壓王朝內部敵人中起帶頭作用，使王朝得以度過危機而繼續生存；但這一結果的代價是中央政府權力的縮小和名流勢力的擴張，名流在王朝體系中，特別是在地方政府中開始正式行使權力，名流領導的地方武力開始作爲官方的機構承擔保甲、里甲等職能。」（孔飛力：《中華帝國晚期的叛亂及其敵（1796～1864）》，北京：

　　近代以來，面對「數千年未有之變局」，傳統士紳階層也在不斷分化。擁有士紳身份的人不再局限於固守傳統倫理道德、以天下爲己任的知識分子，而是出現了各種各樣的、具有復合身份的新士紳：如因商品經濟發展而出現的紳商（馬敏語），隨鎮壓太平天國運動，創辦地方團練而崛起的軍紳（陳治讓語），隨科舉制廢除、新式學堂興辦而崛起的學紳（常書紅語），還有因政府推行地方自治而進入體制內的權紳（王先明語）等。爲了方便起見，張信乾脆將這些人統稱爲地方精英。〔註 89〕筆者在此後的行文中，也常常借鑒這種方式，以指稱那些難以確定身份的地方權勢人物。這幾種身份並非是截然分開的，實際情況往往是一人而同時兼具多種身份。

　　在各種新生士紳中，紳商最能代表中國近代化的主流方向。因爲他們不但具有雄厚的財力，而且具備較爲先進的思想，擁有其他群體所不具備的優勢。

　　紳商是明清以來因爲商品經濟發展、士人義利觀的轉變而出現的一種新生社會力量，余英時把士與商兩大階層的升降分合稱爲「明清社會結構的最大變化」。〔註 90〕這一變化在商品經濟發達的近代愈加明顯，並形成士紳中的一個新的階層。陳旭麓先生認爲「紳商（由商而紳，由紳而商）和鄉紳是官與民的中介，前者多在市，後者多在鄉；前者與工商結緣，後者與宗法、地租聯姻；從他們身上可以捕捉到中國近代社會的脈絡」。〔註 91〕這一論斷有助於我們把握近代紳商與傳統士紳的區別。馬敏則進一步對紳商進行界定，他把「紳商」一詞分爲「分指性」與「單指性」兩種情況，分指性是指「紳士和商人」的合稱，單指性是指紳士和商人的融合，即亦紳亦商的情況。〔註 92〕筆者認爲單指性的紳商更能體現近代化的特徵，但是基於近代

中國社會科學出版社 1990 版，前言，第 2 頁。）這些研究無疑是肯定了此一中間地帶（即第三領域）的存在。

〔註 89〕「它指的是那些無論採取何種途徑在爭奪地方政權中的得勝者 —— 這一定義不僅包括那些有權勢的共同體領導人、民團領袖和大地主，亦包括那些下層精英分子，諸如稅收經紀人、巫醫和書生。採取這樣一個寬泛的定義的優點，乃在於它更加切合 20 世紀初期中國地方社會實際：因爲精英階層已極大地擴展到包括具有相當廣泛背景和能力的人。」張信：《二十世紀初期中國社會之演變 —— 國家與河南地方精英 1900～1937》，北京：中華書局 2004年版，導言，第 5 頁。

〔註 90〕余英時：《士與中國文化》，上海：上海人民出版社 1988 年版，第 528 頁。

〔註 91〕陳旭麓：《陳旭麓文集》，第 4 卷，上海：華東師範大學出版社 1997 年版，第156 頁。

〔註 92〕馬敏：《「紳商」詞義及其內涵的幾點討論》，《歷史研究》2001 年第 2 期。

江蘇地方自治創辦者的複雜性，分指性的「紳士和商人」與單指性的紳商，都必將納入考察的範圍。

　　紳商的來源比較複雜，如農業中的富農與經營性地主、商業中的買辦階層及買辦化商人、手工業中的工場主（或業主）、民族資本主義工業中的企業家（部分企業傢具有買辦的身份）等。在這些新生社會力量中，富農主要是農民分化的結果。經營性地主則是在商品經濟發展的情況下，由傳統地主雇傭農業工人，從事資本主義性質的農業經營方式，這在蘇南地區較爲活躍。〔註93〕買辦則是憑藉其與外國資本家特殊的利益關係，逐漸積累起雄厚的商業資本，〔註94〕晚清上海的大商人很多都是買辦出身，如江蘇東山席家，祖孫三代賡續擔任滙豐洋行的大買辦，借助此特殊關係投資房地產與實業股份，建立起龐大的商業資本，被視爲「晚清四大買辦」之首。買辦化商人則不同，其不是以買辦發家，但是卻利用與外國洋行之間的關係爲自己謀

後來馬敏曾對此一概念進行更爲深刻的解讀：「紳商是資產階級的過渡形態，……近代社會的大變局及重商主義的興起爲晚清紳商群體的出現創造了歷史條件。就其產生方式而言，晚清的紳商不僅有由商而紳的滲透，也有由紳而商的轉化。紳商階層內部又劃分爲士人型、買辦型、官僚型三種不同的社會類型，這種劃分和區別分別體現了紳商階層的不同側面及內在多樣性，同時也是紳商與不同社會階層互相融合的結果。但是各種類型之間並非一成不變的，而是可以轉進轉出，構成了一副動態流動的畫面。就其社會屬性而論，紳商乃是中國民族資產階級的早期形態，所謂早期形態，意味著紳商還不是成熟和完備形態的近代資產階級，而只是在中國社會由中世紀農耕社會向近代工商社會轉軌過程中，一部分亦紳亦商人物逐步向符合近代要求的企業家過渡，次第具備了近代民族資產階級的某些思想和行爲特徵，充當了近代民族資產階級的歷史介質和載體。作爲新的社會階層，紳商具備了豐富的社會功能，他們不僅熱心參與社會公益、博覽會等各種事業，而且在以商會爲核心的近代新式商人社團的興起與整合中發揮了重大的作用。不僅如此，在抵制美貨收回利權、立憲運動、辛亥革命等近代重大政治活動中，我們均可發現紳商積極而活躍的身影，成爲近代中國不可忽視的政治力量。」（馬敏：《十年磨一劍——馬敏教授訪談錄》，《歷史教學》2004 年第 1 期。）根據馬敏先生對紳商含義的界定，其更加側重於單指性一層。

〔註93〕段本洛：《蘇南近代社會經濟史》，北京：中國商業出版社 1997 年版，第 302 頁。

〔註94〕杜恂誠認爲，把新式商業稱爲資本主義商業而不是買辦性的商業，因爲新式商業是中國資本主義發展的必由之路，具備資本主義商業的主要特徵。這種分析正是建立在對買辦在近代歷史之功能的辯證認識的前提之上的。杜恂誠：《民族資本主義與舊中國政府（1840～1937）》，上海：上海社會科學院出版社 1991 年版，第 12 頁。

取特權，並且不自覺地擔任了洋行與內地初級產品市場的中介。而大部分手工工場主的產生既不是通過小生產者的分化，也不是因商業資本由流通過程向生產過程滲透而產生的工場手工業，主要是一些商人和官僚的投資而來，其中手工業生產過程以外的商業資本的積累和官僚通過政治權力的轉化是投資資金的主要來源。〔註95〕與以上幾種成分相比，新興民族工業更加具備近代化的特徵，而民族企業家則是所有新生力量中的佼佼者。這些人都有機會進入紳商行列。

在近代社會大變革、大分化的年代，紳商形成的路徑亦不相同〔註96〕，但主要有由紳而商和由商而紳兩種。以蘇南地區商品經濟之發達，士紳從商的情況比比皆是。以紡紗業爲例，洋務運動中官商合辦，官督商辦的民用企業自不待言。在 1895 年之後創辦的商辦企業中，以紳士身份經商的情況也很普遍，如業勤的創辦者楊宗濂在鎮壓太平軍時，曾以戶部員外郎的身份在籍治團練，後擢升道員職；蘇綸的創辦者陸潤庠是同治十三年狀元，歷任國子監祭酒、山東學政等；裕通、裕泰的創辦者朱幼鴻，曾任浙江候補道、浙江銅元局總辦、署理杭嘉湖道；大生及大生二廠的創辦者張謇是清末狀元；濟泰的創辦者蔣汝坊是光緒生員，後捐官知事，這些都屬於典型的士紳從商案例。其他如振新的創辦者張石君爲買辦，而榮宗敬則爲商人、實業家；同昌的創辦者朱志堯，是馬建忠外甥，買辦；公益的創辦者祝大椿，實業家。他們雖不具備鮮明的士紳身份，但以近代精英社會精英分子的標準來看，這些人具備雄厚的經濟實力且能夠熱心公益，已經在事實上被視爲「紳士」，他們以商人的身份躋身於實業界，產生巨大的社會影響。

而以商人進入士紳隊伍的也不乏其人，其主要有兩種途徑：通過科舉，商人把自己的子弟培養成士紳中的一員，如清代蘇州 26 位狀元中，有 6 位屬於徽商的後裔；〔註97〕或直接購得「士紳」的虛銜，清代中葉開始的捐納制度在晚清社會更加盛行，這爲商人獲取士紳的身份提供了捷徑，陳先松經研

〔註95〕段本洛：《蘇南近代社會經濟史》，北京：中國商業出版社 1997 年版，第 211 頁。

〔註96〕此處是單指性意義上的紳商，不管是士紳從商，還是商人通過金錢購買到「士紳」的虛銜。

〔註97〕徐茂明：《江南士紳與江南社會（1368～1911 年）》，北京：商務印書館 2004 年版，第 174 頁。

究發現，「商人捐官隨處可見」；〔註98〕徐茂明則進一步指出：「晚清咸豐、同治以後，商人競相捐納，如潮水般湧入士紳階層，形成一個特殊而又影響巨大的紳商群體。」〔註99〕這在江南更爲盛行，如錢業商人龐延祚，「民國初年曾任蘇州商會會長。他於光緒二十七年（1901）順直賑捐案內，捐納同知銜候選布政司裏問」。〔註100〕

據馬敏估計，在清末蘇州城廂的紳商人數，有功名、職銜可考者和無徵者合計，大約 200 人左右，約占該城紳士總人數的 10%，蘇州下屬各縣鄉鎮的紳商也不少，僅吳江、震澤、盛澤、崑山、新陽、梅里等六縣鎮有功名和職銜可考的紳商就近 200 人。〔註101〕總而言之，近代紳商的大量湧現改變了近代江蘇士紳隊伍的成分。

作爲引領時代的社會精英，這部分人首先受到新的政治觀念的洗禮。就前文所舉江蘇近代政治思想家與政治性社團創辦者的身份來看，這些人非紳既商，抑或亦紳亦商，「在其主導力量或領導成員的組成上卻有著驚人的一致性：具有傳統功名身份的士紳們仍然佔據著主要領導地位」。〔註102〕只是在清末新政廢除科舉之後，新型自由知識分子才在政治思想宣傳和政治社團創立中佔據一定的地位。而就報紙的創辦及發售點的設置來看，主要分佈於江南地區，之所以如此，一個很大的原因就是江南是新式紳商和新式自由知識分子的聚集地，這部分人思想較爲開放，更加關注世界大勢，是進步報刊的主要訂購者與閱讀者。

因此，無論是經濟實力、社會威望，還是政治觀念，新式紳商都具有一般人所不具備的優勢，這也是他們在清末之際成爲江蘇基層社會近代化領導力量的原因。

除了紳商外，還有軍紳、學紳、權紳等新的成分出現。徐茂明認爲，江

〔註98〕陳先松：《試析晚清捐納的失控》，《社會科學輯刊》2005 年第 2 期，第 119 頁。

〔註99〕徐茂明：《江南士紳與江南社會（1368～1911 年）》，北京：商務印書館 2004 年版，第 174 頁。

〔註100〕馬敏：《官商之間——社會劇變中的近代紳商》，天津：天津人民出版社 1995 年版，第 82 頁。

〔註101〕馬敏：《官商之間——社會劇變中的近代紳商》，天津：天津人民出版社 1995 年版，第 106 頁。

〔註102〕王先明：《近代紳士——一個封建階層的歷史命運》，天津：天津人民出版社 1997 年版，第 263 頁。

南士紳力量在太平天國運動時期得到增強，主要表現在「辦理團練、設會防局、赴皖乞師、奏減賦稅」等事件上；太平天國失敗之後，因爲地方上受戰爭破壞，在官方無力完成恢復基層社會秩序的情況下，政府開始啓用士紳出面重整地方秩序，這爲士紳力量的壯大提供了機遇。與蘇南士紳勢力的崛起相比較，蘇北在辦理團練方面成績比較顯著。〔註103〕孔飛力指出，團練等地方武裝的興起，加劇了「地方權力旁落到名流——紳士之手的趨勢，成了咸豐朝及以後農村中國的共同特徵，其影響直至於20世紀前期中國的行政和社會。」〔註104〕隨著西學湧入、商品經濟的發展，部分士紳開始「涉足商業、金融、報業、出版等行業，思想也逐步潛移默化，在不同層面上接受了西學的影響，成爲清季維新改良的社會基礎」，並成爲辛亥江南各地光復的主角。〔註105〕學紳則是在科舉制度被廢除，新式教育佔據主導地位之後而逐漸凸顯的一股力量。這部分人擁有新的學歷，新的知識結構，成爲變革時期社會的寵兒。一些傳統之士也抱著不同的心態進入新式教育機構接受再教育，標誌著傳統正紳地位的進一步衰落。當清政府頒佈地方自治章程之後，當局力圖通過官辦地方自治重新整合基層社會秩序，參與地方自治推行的地方精英則從體制外進入體制內，因爲部分人是依靠體制強制力量來獲取社會威望的，因此被稱之爲權紳。張朋園先生把南京國民政府成立之前的近代中國歷史分爲六次運動，並對六次運動領導階層的變遷做了一個詳細的梳理：自強運動時期，領導者都是紳士；變法運動時期，雖然由部分先進紳士引導，但大部分是站在運動的反面；立憲運動時期，廢除科舉，新的成分逐漸增加，紳士當中有20%轉向，接受新式教育；革命運動時期，呈現出半新半舊的局面；新文化運動時期，舊紳士在內陸鄉村仍然有所影響，此外舉足輕重的是新興知識分子；北伐統一運動時期，黨的領導階層皆爲新興知識分子，傳統的紳士不佔地位。〔註106〕這些將在下文進行詳細論述。

　　總之，在不同時期，不同人憑藉不同的資源，不斷湧入士紳階層，導致

〔註103〕參見徐茂明：《江南士紳與江南社會（1368～1911年）》，北京：商務印書館2004年版，第96～103、153頁。

〔註104〕孔飛力：《中華帝國晚期的叛亂及其敵人（1796～1864）》，北京：中國社會科學出版社1990版，前言，第2頁。

〔註105〕參見徐茂明：《江南士紳與江南社會（1368～1911年）》，北京：商務印書館2004年版，第96～103、153頁。

〔註106〕張朋園：《知識分子與近代中國的現代化》，南昌：百花洲文藝出版社2002年版，第353～395頁。

士紳階層的成分發生急劇變化。士紳階層的變化又將導致其在近代中國基層社會秩序重構過程中的作用、地位不斷地發生變化。

第三章　清末江蘇各級地方自治
　　　　與君主專制政體的沒落

　　如果說江蘇省固有之傳統與西學東漸之影響是近代江蘇地方自治成長的
土壤，那麼，中華民族所面臨內憂外患之局面以及國人追求獨立富強之理想
則是地方自治產生的直接誘因。鴉片戰爭之後，中華民族一步步陷入災難的
深淵，而瓜分狂潮則把中華民族置於亡國滅種的險地。隨著清政府中央權威
的快速流失，王朝體制陷入極大的困境之中。為了維護其專制統治，清廷統
治者接過維新派的未竟事業，進行了一次深度與廣度都超過戊戌變法的改
革。改革的措施隨著改革的推行而不斷激進，特別是預備立憲旗幟的擎出，
一度讓國人翹首企盼。作為立憲之始基的地方自治，自然也被推上了歷史的
前臺。在地方自治推行的過程中，因為其分權的內在要求，導致中央與地方
之間不可避免地產生了矛盾。是中央集權還是地方分權？是加強國家對地方
的統合還是實現地方上的自我管理？利益的考量，激化了國家與基層社會之
間的矛盾。

第一節　新政：清廷自救與自滅的矛盾

　　庚子事變之後，慈禧太后和光緒皇帝被迫「西狩」，國運幾為不保。清王
朝在政治、經濟、外交等各個方面陷入更加嚴重的危機。為了扭轉這種內外
交困的局面，慈禧太后痛下決心，推行新政。1899 年 1 月 21 日，清廷命令內
外臣工條陳變法，「著軍機大臣、大學士、六部九卿、出使各國大臣、各省督

撫，各就現在情形，參酌中西政要，舉凡朝章國故、吏治民生、學校科舉、軍政財政，當因當革，當省當並，或取諸人，或求諸己，如何而國勢始興，如何而人才始出，如何而度支始裕，如何而武備始修，各舉所知，各抒所見。」〔註1〕

　　1901年，兩江總督劉坤一、湖廣總督張之洞聯銜上奏，此即著名的「江楚會奏三摺」：第一摺提出育才興學四條：設文武學堂、酌改文科、停罷武科、獎勵遊學。〔註2〕第二摺提出十二條必須整頓變通之中法：崇節儉、破常格、停捐納、課官重祿、去書吏、去差役、恤刑獄、改選法、籌八旗生計、裁屯衛、裁綠營、簡文法。〔註3〕第三摺則列舉十一條切要易行的方面：廣派遊歷、練外國操、廣軍實、修農政、勸工藝、定礦律、路律、商律、交涉、刑律、用銀元、八月行印花稅、推行郵政、官收洋藥、多譯東西各國書籍。〔註4〕根據三摺內容可以看到，其從最基本的育才興學入手，次則籌議革除陋習及改善辦法，最後則是切要易行的幾項措施，呈現出一種除舊布新的務實精神。根據此後新政的內容來看，「江楚會奏三摺」實際上成爲清政府推行新政的綱領性文件。

　　是年同月，慈禧太后再下懿旨，對變革表現出更加積極的態度，其中稱「數月以來，興革各事已降旨飭行，其中以條目繁重，需待考求，或事屬韌舉，須加參酌，回鑾以後，尤宜分別緩急，銳意圖成」。「爾中外臣工，須知國勢至此，斷非苟且補苴所能挽回厄運。惟有變法自強，爲國家安危之命脈，亦即中國生民之轉機。予與皇帝爲宗廟計，爲臣民計，捨此更無他策。爾等諸臣，受恩深重，務當將應行變通興革諸事，力任其難，破除積習，以其補救時艱。」〔註5〕此可視爲清末新政正式開始的標誌。

　　「清末新政」涉及範圍十分廣泛，從發展工商業到廢除科舉、開辦新式

〔註1〕沈雲龍主編：《張文襄公（之洞）全集（奏議）》，文海出版社1970年印行，第3634頁。又見沈雲龍主編：《光緒政要》，文海出版社1976年印行，第1553頁。

〔註2〕沈雲龍主編：《張文襄公（之洞）全集（奏議）》，文海出版社1970年印行，第3636頁。

〔註3〕沈雲龍主編：《張文襄公（之洞）全集（奏議）》，文海出版社1970年印行，第3676頁。

〔註4〕沈雲龍主編：《光緒政要》，文海出版社1976年印行，第1648頁。

〔註5〕劉錦藻撰、王雲五主編：《清朝續文獻通考（第四冊）》，卷三百九十三，憲政一，商務印書館民國25年發行，第11421頁。

學堂、派遣留學生，從編練新軍到整頓吏治、改定刑律、整理財政，從憲政改革到移風易俗，消除滿漢畛域等。江蘇推行新政的進程與全國步調基本是一致的，在諸項新政措施中，其與地方自治關係最密切者當屬廢科舉、興新學，以及預備立憲等幾項，以下分述之。

一、廢科舉、興新學與地方士紳

毋庸諱言，統治者之所以迫不及待地推出新政，主要是為了自救。但是部分措施的推出——如廢除科舉、興辦新學等——恰恰起到相反的作用。因為王朝體制已經百病纏身，猛藥也許可以讓它苟延殘喘，也有可能是加快它的滅亡。

（一）廢除科舉與傳統地方正紳的「失勢」

科舉考試，始於唐宋而鼎盛於明清，是讀書人進入仕途的主要通道，也是朝廷招賢納才的主要方式。「世之言科舉者，謂其使草野寒畯，登進有路，不假憑藉，可致公卿。然究其旨，實欲舉天下之賢智才能，咸納入其彀中，捨是即難以自見。」〔註 6〕科舉制度的存廢，「關係到數以百萬讀書人的出身和仕途問題」。〔註 7〕對國家來講，它是封建統治者賴以維持統治秩序的工具，對士人來講，其是安身立命，光宗耀祖的門徑。熊秉眞對明清時期士人子弟的幼年教育多有研究，他認為，在進入學堂之前的家庭教育中，士人子弟已經經過了嚴格的科舉意識的培養，以至於「使讀書求功名的人生目標深植童心」。〔註 8〕由此可見，科舉無論對國家還是對知識分子都是極為重要的。時至清末，其面臨著即將被革除的命運。

對於科舉制度的廢除問題，時人態度並不一致，其主要分為立廢、不廢與緩廢三種主張，其中第三種在時勢、人望中逐漸佔據主導地位，也得到清廷的基本認可。根據張之洞、袁世凱的主張，清政府採取科舉遞減與籌辦新式學堂並舉的方式，並特別制訂科舉遞減的詳細計劃以及科舉停罷後舊式科舉人員的安置問題，一面逐年減少科舉名額，一面從師範學堂入手培養新式

〔註 6〕商衍鎏：《清代科舉考試述錄》，序例，上海：生活讀書新知三聯書店 1958 年版，第 2 頁。

〔註 7〕金滿樓等著：《這才是晚清帝國崩潰的三十一個細節》，北京：中國三峽出版社 2009 年版，第 196 頁。

〔註 8〕熊秉眞：《好的開始：近世士人子弟的幼年教育》，中央研究院近代史研究所編：《近世家族與政治比較歷史論文集》（上冊），1992 年 6 月，第 208 頁。

人才，其樂觀地估計到：十年之後，天下士人都將專心於學堂的籌辦，經費也自然會十分充沛。〔註9〕

應該說張、袁的逐年遞減計劃確實是老成謀國之道，因爲科舉制度作爲封建統治者延攬人才的主要手段與讀書人的主要進階，斷然廢除，必然要引起舊式科舉人士的反對，爲之妥善安置，可以減少不必要的阻力。但在科舉廢除的實際過程中，步伐明顯被加快了。

1904年12月，在新式學堂興辦兩年多之後，各省籌設的效果不能令人滿意，而導致此一情形的主要原因在於經費難籌。經費之所以難籌，其一是因爲公款有限，民間紳富捐助不足。其二則是因爲在科舉未停之前，大部分舊學之士尚存僥倖心理，在形勢未完全明朗之前，部分民間人士仍然把科舉視爲退路，自然不願把經費投向新式學堂。因此有人提出，「就事理而論，必須科舉立時停罷，學堂辦法方有起色，學堂經費方可設籌」，但「已設學堂辦理未盡合法，學生品類不齊或不免間有流弊。其不欲遽議停罷科舉者，未始非老成持重之見。然使此時一無舉動，天下未見朝廷將來有遞減以至停罷之明文，實不足以風示海內士民，收振興學堂之效」，因請堅決遞減科舉。〔註10〕至1905年8月，人們態度發生變化，要求朝廷立廢科舉，「科舉一日不停，時人皆有僥倖得第之心，以分其砥礪實修之志。民間更相率觀望，私立學堂者絕少，……故欲補救時艱，必自推廣學校始，而欲推廣學校，必自先停科舉始，擬請宸衷獨斷，雷厲風行，立沛綸音，停罷科舉」。〔註11〕這種態度促使清王朝在1905年作出立廢科舉的決定。

從輿論界來看，科舉制的廢除是大勢所趨。當年一個日本人在目睹上海廢除科舉後如此評論：「廢除科舉是近來非常極端的措施，但未發生激烈的反對」，「反對者也沒有出頭，讀書人都滿心歡喜」。〔註12〕萬國公報則評論說：「中國政府近於改革之事頗有改觀，而立廢科舉一節，取數百年來敗壞中國及近日屢蹶屢起，根深蒂固之附屬物，一旦拔棄之，是眞中國歷史上之新紀元，而東方大局之轉移在此矣！」〔註13〕但事實上其仍然影響到清王朝

〔註 9〕《官學大臣等奏請試辦遞減科舉注重學堂摺》，《東方雜誌》第1卷第1號，第123～124頁。

〔註10〕沈雲龍主編：《光緒政要》，文海出版社1976年印行，第1899～1900頁。

〔註11〕沈雲龍主編：《光緒政要》，文海出版社1976年印行，第2154～2155頁。

〔註12〕任達：《新政革命與日本》，南京：江蘇人民出版社1998年版，第161頁。

〔註13〕《中國振興之新紀元》，《萬國公報》，1905年10月號。

的統治根基，政策的漸趨激進反映了當政者緩解時局危機的迫切心情，但也抽空了封建士人安身立命的資本，加強了舊學之士與清王朝的疏離之勢。科舉制廢除時，一位舊學之士如此感歎：「我十年八股付之東瀛，挖心嘔血，千辛萬苦。今改試策論，遇四書義等題，或可參用舊稿；科舉停後，此等一挑半剔，一唱三歎之文字，當盡付之一炬矣！」〔註14〕劉大鵬在其《退想齋日記》中就詳細敘及科舉廢除詔令下達時讀書人的心態：「下詔停止科考，士心渙散，有子弟者皆不作讀書想，別圖他業，以使子弟爲之，事變至此，殊可畏懼。」〔註15〕吉伯特‧羅茲曼認爲，科舉制度是「舊社會主要的龐大的整合制度」中的最主要的因素，其「曾充當過傳統中國的社會和政治動力的樞紐。這種考試是爲維持儒家的國家正統的運作需要設計的，是授予特權和打通向上層社會流動的手段，構成了社會理想的中國模式，隨著科舉制的廢除，整個社會失去了作爲自己特色的制度。」〔註16〕徐茂明更是把清政府的此一行爲稱作「自毀長城」。〔註17〕王先明把科舉制度稱作政府控制紳士階層的最主要的繩索，科舉制度的廢除，使「鄉村社會的教化呈現出空前的失範狀態」。〔註18〕筆者認爲，清王朝斷廢科舉，無疑是自絕於舊式士人，而這部分人，才是王朝體制真正的擁護者，因此在某種意義上說，清王朝是挖了自己的牆角。

科舉制度廢除之後，傳統士人炫耀的資本不復存在，其社會地位勢必隨之下降。而最有力的證據則是，當科舉出身不再成爲獲取政治和社會威望的資本時，很多舊學之士轉向新學。因爲參加新式教育照樣能夠獲得相應的功名，結果「科舉一停，士皆入學堂而從事西學，而詞章之學無人講求。」〔註19〕更有「很多士紳及其子女對留學趨之若鶩」。〔註20〕「現在出洋遊學者紛

〔註14〕《守舊熱心科舉》，《大公報》，1905 年 5 月 10 日。

〔註15〕劉大鵬：《退想齋日記》，太原：山西人民出版社 1990 年版，第 146 頁。

〔註16〕〔美〕吉伯特‧羅茲曼主編：《中國的現代化》，南京：江蘇人民出版社 1998 年版，第 320 頁。

〔註17〕徐茂明：《江南士紳與江南社會（1368～1911 年）》，北京：商務印書館 2004 年版，第 309 頁。

〔註18〕王先明、尤永斌：《略論晚清鄉村社會教化體系的歷史變遷》，《史學月刊》1999 年第 3 期，第 113 頁。

〔註19〕劉大鵬：《退想齋日記》，太原：山西人民出版社 1990 年版，第 147 頁。

〔註20〕金滿樓等著：《這才是晚清帝國崩潰的三十一個細節》，北京：中國三峽出版社 2009 年版，第 200 頁。

紛，畢業而歸即授職爲官，其學孔孟之道一切詞章家，俱指爲頑固黨，屏之黜之。」〔註21〕大公報亦曾刊登《紳學生》一文，諷刺舊紳通過有名無實之留學獲得新的政治資本的情況。〔註22〕而薛紹徽一首《少年行》，則通過對比的手法把新學之士的春風得意與舊學之士的窮途末路烘託的淋漓盡致：

> 誰家少年子，新從異國歸。斷髮而胡服，駕輕復策肥。略識旁行字，聯翩五鳳飛。權門得汲引，世路無是非。厚祿五侯鯖，莫作侏儒譏。可憐老太守，詩書難療饑。秋風疏白髮，閉戶寒無衣。

〔註23〕

這種轉型無疑向世人宣告了傳統正紳的「失勢」。

（二）興辦新學與新式地方士紳的崛起

舊式科舉廢除的同時，是新式教育的興辦以及新式人才的培養。根據王笛的統計，1903 年新式學堂有 769 所，1904 年爲 4476 所，1905 年則增加到 8277 所，1906 年則猛增至 23862 所。〔註24〕這些新式人才代表了時代的發展潮流，逐漸得到社會的認可，並逐漸融入到地方精英的隊伍當中，成爲地方自治推行過程中不可忽視的力量。

清末之培育新式人才主要通過開辦新式學堂，派遣留學生、鼓勵遊學等幾項措施進行的。1904 年，清政府頒佈《新定學務綱要》，其中羅列將來學務改革數項條款，〔註25〕雖然其對新式學堂多有限制，但進步氣息是非常明顯的。根據中央所定方針，江蘇省迅速舉辦各種新式學堂，其主要分爲官辦與

〔註21〕劉大鵬：《退想齋日記》，太原：山西人民出版社 1990 年版，第 192 頁。

〔註22〕《紳學生》，《大公報》，1909 年 1 月 6 日。

〔註23〕林怡：《榕城治學記》，長沙：嶽麓書社 2010 年版，第 194 頁。

〔註24〕王笛：《清末新政與近代學堂興起》，《近代史研究》1987 年第 3 期。

〔註25〕一、制訂全國學堂綱要，二、大小學堂各有取義，三、京外各學堂俱照新章以歸劃一，四、宜首先籌辦師範學堂，五、各省辦理學堂員紳宜先派出洋考察，六、小學堂應勸諭紳富廣設，七、各省宜速設實業學堂，八、各學堂尤重在考覈學生品行，九、中小學堂宜注意讀經，以存聖教，十、經學課程簡要並不妨礙西學，十一、學堂不得廢棄中國文辭，以便讀古代經籍，十二、戒襲用外國無謂名詞以存國文、端士風，十三、小學堂毋庸兼習洋文，十四、中學堂以上各學堂必勤習洋文，十五、參考西國政治法律宜看全文，十六、私學堂禁專習政治法律，十七、私學堂禁私習兵操，十八、師生員役均禁嗜好，十九、學堂教員宜列作職官以便節制並定年限，十九、外國教員宜定權限，二十、外國教員不得講宗教。《新定學務綱要》，《東方雜誌》第 1 卷第 3 號，第 91～106 頁。

紳辦兩種。

其中，官辦新式學堂成績顯著。江蘇省先後創辦了三江師範學堂、高等學堂、農工實業學堂、江寧師範學堂、水陸師學堂、〔註26〕練將學堂〔註27〕等。這些學堂在管理方式上、教師聘任上、學習內容上都具有了更加明顯的現代氣息。如三江師範學堂，由張之洞奏辦，在全省規模最大，原定招考江蘇、江西、安徽三省學生九百人，學成後派充各處中小學堂教員。後根據具體情況稍加變通，將學生分作三班，次第招入。考選舉貢廩增出身之中國教習，甲班四十人，乙班三十人。還聘日本教習多人，教授文學、物理、經濟、生理、數學、農學、理財、博物、繪圖、手工、東語、體操等科。〔註28〕第一年暫借公所地方爲練習教員之所，令日本教習就中國教習學習中文，中國教習就日本教習學日文及教育、博物、衛生、物理、化學、圖書、手工、理財等學，商訂課程，互換知識。自1903年6月開學起至1904年7月暑假止，練習一年，期滿考覈，計留學堂之中國教習五十六人。根據奏定優級師範學堂章程，分派爲正教員、副教員、助教員，專門教授中國經史文學、輿地、算學、體操等。學堂工程建設完竣，令各教員先移入，並於秋後考取三省學生三百人，分別爲一年速成科、二年速成科、三年本科，學成後陸續派充各州縣小學堂。至第四年添置高等師範本科，以備各處中學堂教習的培養。「蓋中小學堂之學生程度日以加深，則師範學堂之教員，養成者亦刻不容綴，此學堂實爲三省中小學堂命脈所關，固不能不加意經營也。」〔註29〕

除官辦新式學堂之外，還有紳辦學堂，如鎮江金山河承志學堂，是由辛、曹二君捐資創設，在開辦半年之後，因就學者日眾，擬推廣學額，擴張功課，每日分授倫理、國文、英文、地理、歷史、算學、理化、博物、生理、圖畫、樂歌、體操等各學，凡年自十三至十七，文理清通，體制強健者，無論本籍、外籍，有保均可入學。〔註30〕前任蘇州中學堂教習顧少逸之子，在石子街本宅設立城東小學堂，學額暫設一百名，月收費五角，所聘教習漢文

〔註26〕《兩江總督魏奏現辦江寧省城並各府廳州縣學堂大概情形摺》，《東方雜誌》第1卷第10號，第225～230頁。
〔註27〕《各省學堂類志》，《東方雜誌》第1卷第1號，第151～152頁。
〔註28〕《各省學堂類志》，《東方雜誌》第1卷第1號，第151～152頁。
〔註29〕《兩江總督魏奏現辦江寧省城並各府廳州縣學堂大概情形摺》，《東方雜誌》第1卷第10號，第225～230頁。
〔註30〕《兩江總督魏奏現辦江寧省城並各府廳州縣學堂大概情形摺》，《東方雜誌》第1卷第10號，第225～230頁。

三人，珠算一人；吳淞鎮蒙小學堂一切仿造日本蒙學堂辦理，分甲、乙兩班，教授頗有進益；上海城內東喬家濱幼穉舍，創辦者爲朱秋賢、程穎兩女士，以調護兒童身心，改良家庭習慣爲宗旨，學生不論男女，以五歲至八歲者爲限，學額五十名，寄宿十五名，每月學費一元二角，寄宿費四元八角。〔註31〕蘇城自設立學務處以來，凡全省學堂事宜必須投處稟請立案，南通縣紳張維則稟請將善堂、義塾數處，遵照奏定蒙小學堂章程辦理立案。馬市口新創培源小學堂所設課程則東、西文兼備，而歷史、輿地、國文則另設專科。上海製造局旁廣方言館，略改舊章，除向設英法文、漢文、算學外，又添設書畫及工化理三門。〔註32〕

根據官方統計，在1904年之前，江蘇省創辦學堂「計省城高等專門學堂凡七所，曰三江師範學堂，曰高等學堂，曰農工實業學堂，曰水師學堂，曰陸師學堂，曰將備學堂，曰江寧師範學堂。各府廳州縣中小蒙學堂二十四所，蒙養學堂凡九十一所；內江寧、徐州、揚州、海州等處中學堂四所；寧淮揚徐海通所轄各屬，小學堂二十四所，蒙養學堂六十三所；又通州民立師範學堂一所，統計省城及各府屬學堂凡九十九所。」〔註33〕在開辦新式學堂的同時，對舊式教育進行限制，不准舊式蒙師等私自設館授課。〔註34〕

因爲新式學堂的創辦者形形色色，不免出現良莠不齊，泥沙俱下的現象。如有人借辦新式學堂爲名，「充公勒派，惟所欲爲」。學堂成立之後，房屋、器具、飯食、僕隸、儀器、書籍等種種開銷既繁且重，且大部分事務鮮爲內地人所知，「遂得任意報銷，恣其中飽，以經理學堂而起家者，已屢見不鮮。」〔註35〕

在清末之新式人才的培養過程中，富有家資者往往選擇出國留學、遊學的方式。據有關統計，中國留學日本人數逐漸增加，「籍貫考中國學生之東遊留學者年多一年，前年（1912年）正月僅五百七十九人，九月中增至一千五十八人，近則已有一千四百人」，按其原籍統計如下：旗籍27、奉天1、直隸77、山西1、陝西1、河南7、山東40、湖南130、湖北126、江蘇175、

〔註31〕《各省教育彙志》，《東方雜誌》第1卷第5號，第121頁。

〔註32〕《各省教育彙志》，《東方雜誌》第1卷第8號，第194頁。

〔註33〕《兩江總督魏奏現辦江寧省城並各府廳州縣學堂大概情形摺》，《東方雜誌》第1卷第10號，第225～230頁。

〔註34〕《各省學堂類志》，《東方雜誌》第1卷第2號，第157頁。

〔註35〕《論學堂之腐敗》，《東方雜誌》第1卷第9號，第201頁。

浙江 142、安徽 55、江西 27、福建 42、廣西 8、四川 57、廣東 108、貴州 17、雲南 21。〔註36〕可見江蘇以其較爲開通的風氣及有利的地理位置，佔據當時全國留日學生之首。「自吾國倡留學日本之議，江蘇以濱海地，來者獨多。」〔註37〕又有人曾對 1903 年江蘇籍 120 位留日學生（有案可稽者）進行統計，其中江北有 15 人，江南有 105 人。由此可見江南、江北差距之大。在 120 名留學生中，年齡最長者 45 歲，年齡最小者僅 6 歲，分佈於各個年齡段，此可概見當時留學風氣之盛。〔註38〕再根據林如耀等著《蘇格蘭遊學指南》中記載：「今日言遊學者，首日本、美次之、英、德、法、比又次之。」〔註39〕當時留蘇格蘭者，共 33 人，按籍貫論之，江蘇 13 人，廣東 9 人，福建 9 人，江西 1 人，直隸 1 人。其中江蘇籍的留學生又佔據首位，其籍貫分佈情形爲：上海 2 人、吳縣 2 人、青浦 2 人，元和 2 人，金壇、江浦、泰興、寶山、武進各 1 人。〔註40〕因此可以得出結論，在清末留學生中，江蘇籍人士占相當的比例，在江蘇籍留學生中，又以江南人士占絕對多數。

此外，官員遊學的現象亦逐漸興起，如「江蘇即用知縣王溯沂大令紹曾，稟請遊學日本，蘇撫允之。茲悉聞風繼起者，又有知縣朱筱雲大令棠續稟自願遊學，亦蒙批准，給咨遣赴日本，並飭註冊，不扣補缺資限。商務總局詳請撫院遣派留學生赴日本，習工商實業，已由各學堂選定學生二十名，由朱別駕旭初帶同前往。」〔註41〕在留學、遊學不斷增加的情況下，不良現象亦隨之發生，有人曾對此一問題進行披露，並將各種不良遊學分爲四大類：領咨領費之後，挾歸內地或留連上海不能成行者；到了國外不入學堂或隨意入一學堂，不數月便外出遊蕩，無所不爲者；以遊學爲名到國外旅遊者；爲了增加一些履歷資本，以爲將來謀得更好的職業者，等等。〔註42〕舊學之資歷已不可恃，特增加新學資歷以爲資本，這成爲當時比較常見的現象。也許是認識到其中的弊病，江蘇開始注重遊學的實效問題，如有記載說：「江督近選

〔註36〕　《派遣遊學類志》，《東方雜誌》第 1 卷第 2 號，第 159～160 頁。

〔註37〕　《留學界》，《江蘇》1903 年第 1 期，第 145 頁。

〔註38〕　房兆楹輯：《清末民初洋學學生題名錄初輯》，中央研究院近代史研究所 1962 年發行，第 1～53 頁。

〔註39〕　林如耀等：《蘇格蘭遊學指南》，長沙：嶽麓出版社 1985 年版，第 605 頁。

〔註40〕　林如耀等：《蘇格蘭遊學指南》，長沙：嶽麓出版社 1985 年版，第 660～662 頁。

〔註41〕　《各省遊學彙志》，《東方雜誌》第 1 卷第 9 號，第 217 頁。

〔註42〕　《論遊學不可太濫》，《東方雜誌》第 1 卷第 9 號，第 199～200 頁。

官紳二十人往日本肄習速成政法，箚委江蘇補用道許苓西、觀察炳榛督送前往，並令考察商務。〔註43〕

總之，當時江蘇官紳對於創辦新式學堂的態度是非常積極的。這些新式學堂培養出大批的新式人才，他們充斥於學、軍、農、工、商等各個部門，爲將來江蘇社會的改革提供了生力軍。有人指出，「由於新政的推行，新的政府機構大量建立，爭相羅致受過新式教育的人才，特別是法政人才；中小學教育迅猛發展，教師更供不應求；再加上工商業的發展遠非 19 世紀可比擬，知識階層的就業門路大爲增加。」〔註44〕但這種表述不甚嚴密，其實是爲那些具有新型知識的人才提供了更加寬廣的就業門路。需要注意的是，在這些新式人才之中，又將會有新的分裂，部分人支持清廷進行改革，另一部分人則走上了推翻清王朝的道路。道路選擇不同，人員的成分亦有差別，據張朋園先生的研究，清末諮議局和資政院的成員中，以士紳爲主，其中有新學背景的略占百分之二十；而革命派領導者則多爲留日學生，具有傳統功名者占絕少比例。〔註45〕

除廢科舉、興新學外，商業的發展與基層政治制度的改革，對江蘇省地方自治的發展，亦產生重大影響。商業的發展，進一步壯大了新式紳商的力量，作爲現階段紳士階層中最有實力、思想最爲開放的部分，他們將繼續領導江蘇基層社會，積極從事新秩序的構建。而基層政治中舊式胥吏制度的廢除，更加有利於新式力量的滲入，這爲江蘇省地方自治的出臺提供了一個更加有利的社會環境。

二、預備立憲與江蘇立憲派的自治訴求

與廢除科舉制度具有同樣轟動效應的是仿行預備立憲。根據出洋考察憲政大臣載澤的密摺可以看到，清王朝之所以要仿行立憲，主要是因爲立憲能夠達到皇位永固、外患漸輕，內亂可彌的目的。但是，清廷的選擇在一定程度上也迎合了立憲派的要求，使立憲運動成爲激盪一時的潮流。而作爲立憲

〔註43〕《各省遊學彙志》，《東方雜誌》第 1 卷第 12 號，第 281 頁。

〔註44〕袁偉時編著：《告別中世紀：五四文獻選粹與解讀》，廣州：廣東人民出版社 2004 年版，第 334 頁。

〔註45〕張朋園：《知識分子與近代中國的現代化》，南昌：百花洲文藝出版社 2004 年版，第 6 頁。

之始基的地方自治，勢必會得到立憲派的高度重視。

（一）民權、立憲、自治思潮

甲午戰後，開民智、伸民權一度成為知識分子宣傳的主題。梁啓超認為「國者何？積民而成；國政者何？民自治其事也；愛國者何？民自愛其身也。故民權興，則國權立，民權滅則國權亡」，因此「愛國則必自民權始」。〔註46〕他在另一篇文章中再次強調，「民權者，君不能奪之臣，父不能奪之子，兄不能奪之弟，夫不能奪之婦，是猶水之於魚，養氣之於鳥獸，土壤之於草木。」因此，「今欲舉秦漢以來積弊，摧陷而廓清之，以舉自強維新之政，則必自恢復民權始。」〔註47〕麥孟華則認為，中國沒有國民，而只有奴隸而已，此是國家衰敗的主要原因。〔註48〕20世紀初，隨著西方政治思想的大量引介，中國留學人員的增加，西方之民權逐漸成為中國思想界的寵兒，人們大量引用西方政治家的言論來證明自己的政治觀點。1901年國風報第一期刊載《民權》一文，其認為民權一詞在不同地域有不同的涵義，東西方不同，西方不同國家亦不同，中國今日所謂之民權，不一定非引用孟子之言以為證，應該抱著「理求其是，物求其適用」的態度，對西方民權採取拿來主義。〔註49〕在此之後，以民權為主題發表文論的報刊逐漸增多，根據汪太賢博士的統計：《中國旬報》在1900年發表提倡和呼籲民權的文章十幾篇，《政藝通報》從1902年到1905年發表提倡和呼籲民權的文章有七十幾篇。可見當時民權思想之盛。〔註50〕

與民權宣傳同時興起的還有立憲思潮。立憲之論在中國早已有之，早在1901年，梁啓超即發表《立憲法義》一文，鼓吹在中國實行立憲。梁氏將世界上的政制歸納為兩種國家、兩種政治、三種政體，並把君主立憲政體譽為最好的政體。〔註51〕此說雖然並非十分科學，但卻是較早提出立憲改革的文章。立憲由單個政論家的提倡到形成一股思潮，是清末政治運動中的一件大事。但是，對於立憲思潮何時形成則有不同的意見：侯宜傑認為是在1903

〔註46〕梁啓超：《愛國三論・民權論》，載《清議報》第22冊，1899年7月28日。
〔註47〕張品興主編：《梁啓超全集》，北京：北京出版社1999年版，第342頁。
〔註48〕麥孟華：《論中國國民創生於今日》，載《清議報》第67冊。
〔註49〕《民權》，《國風報》1901年第1期。
〔註50〕汪太賢：《晚清地方自治思想的萌生與演變 —— 從鴉片戰爭至預備立憲前夕》，武漢大學2004年博士學位論文，第81～82頁。
〔註51〕張品興主編：《梁啓超全集》，北京：北京出版社1999年版，第405～408頁。

年，其依據是此時「君主立憲作爲一種社會思潮已經在國內和海外留學生、華僑當中初步勃興起來了。人們從此把主張君主立憲者稱爲立憲派，維新一詞遂爲立憲派所取代」。〔註52〕卞修全則主張在日俄戰爭之後，其依據是只有在日俄戰爭之後，立憲才成爲家喻戶曉的新名詞，「成爲一股與當時的民主革命思潮並駕齊驅的社會思潮」。〔註53〕

　　無論哪一種論斷，都不能否認這樣一個事實，即日俄戰爭進一步刺激了國人的神經，加強了國內輿論界對立憲的宣傳力度。〔註54〕可以說，中國立憲宣傳的力度與日俄戰爭的進程息息相關，1904年5月，奏請立憲的風說已經宣傳於道路。〔註55〕6月18日，大公報刊載《論中國立憲之要義》一文，進一步闡釋當前立憲應注意的二個事項：取法審慎；先立議院。〔註56〕1905年，關於立憲的宣傳進一步增加，5月21日，《中外日報》刊文說：「我國十餘年來，每言及專制立憲問題，輒曰專制既不足以立國，何以俄人富強如此？自有此戰而此疑釋矣，雖然吾之人使以日俄之勝負爲吾國政體之從違，則不爲俄國之專制，必爲日本之立憲。」〔註57〕7月11日，《中外日報》再次刊文，對立憲的益處極盡宣傳，「人民爲國民，通國爲一家，其情親而其利害與共，無所用其僞，則蒙蔽之習除，賄賂之風戢矣。」「立憲之國則君不能過責其臣，而官亦不能多取其民」。而於行政，則興學、練兵、理財無不以立憲爲先。〔註58〕8月23日，《南方報》有人指出：「政體不立之害，欲救其弊，固非改定政體不可，則立憲之說是已。治國者如操舟然，必先定其所回之方，而後有達於陸案（岸）之日。故立憲政體之於國，猶舟之有指北針也。」「大哉，日俄之戰，豈非天意所以示其趨向，而啓中國憲政之萌芽者乎！彼俄之見衂於日也，非俄之敗於日也，乃專制國家之敗於立憲國也。」

〔註52〕侯宜傑：《二十世紀中國政治改革風潮》，北京：人民出版社1993年版，第39頁。

〔註53〕卞修全：《清末思潮與清末法制改革》，北京：中國社會科學出版社2003年版，第3頁。

〔註54〕日俄戰爭於1904年2月8日爆發，1905年9月5日，俄國被迫簽訂《樸茨茅斯和約》，戰爭以日本的完勝而結束。

〔註55〕《奏請立憲之風說》，《東方雜誌》第1卷第5號，第13頁。

〔註56〕《論中國立憲之要義》，《東方雜誌》第1卷第5號，第49頁。

〔註57〕《論日勝爲憲政之兆》，《東方雜誌》第2卷第6號，第116頁。

〔註58〕《立憲淺說》，《東方雜誌》第2卷第9號，第147～151頁。

〔註59〕在積極宣揚立憲的同時，也有人發出不同的聲音，9月2日，《時報》刊《論中國內政外交失敗之原因》一文，則從比較的視角對當前的立憲提出質疑，認爲存在「仿形式而絕無精神」的弊病，「鑒於俄人之敗，知專制政體不足以立國，內外臣工群請立憲，朝廷赫然發奮，特派重臣考查憲法，以備采擇，是以可謂非常之舉動，深知制治之本原矣。然英國固憲政祖國，其大憲章權利請願，又英人所寶爲金科玉律者也；然英國憲法之完成，憲政之堅固，實由英人富於自治之能力，豐於政治之思想，故足以保維憲法於不敝」。〔註60〕陸宗輿則主張各國應該根據本國國情，制定改革的具體計劃。〔註61〕此後，又有《立憲私議》、《中國未立憲以前當以法律遍教國民論》〔註62〕、《論立憲與教育之關係》〔註63〕、《論國家於未立憲之前有可以行必宜行之要政》〔註64〕、《論立憲當以地方自治爲基礎》〔註65〕等文章相繼發表。總之，對於立憲的鼓吹與批判同時充斥於文末報端，是立憲形成一股思潮的明證。

正是在民權思想與立憲思潮的影響之下，地方自治亦逐漸發展爲一種重要的社會思潮。汪太賢博士認爲，地方自治雖然是戊戌變法改制的重要內容，但在當時並未產生強烈的社會反響。直到八國聯軍侵華戰爭之後，因爲救亡圖存和民權思潮的高漲，地方自治才逐漸演變成一種思潮。〔註66〕此結論亦可通過輿論界對地方自治的傳播得到證明。

1904年9月30日，《時報》載《地方自治政論》一文，指出人治之國，因將希望寄託於幾個人身上，往往導致人亡政息；而法治國家，則不以人事變動而發生劇變。在當前中國憲政呼聲越來越高的情形下，地方自治自然進

〔註59〕《論立憲爲萬事之根本》，《東方雜誌》第2卷第10號，第170～171頁。

〔註60〕《論中國內政外交失敗之原因》，《東方雜誌》第2卷第10號，第204～205頁。

〔註61〕《立憲私議》，《東方雜誌》第2卷第10號，第165～169頁。

〔註62〕《立憲私議》和《中國未立憲以前當以法律遍教國民論》，《東方雜誌》第2卷第11號，第217～225頁。

〔註63〕《論立憲與教育之關係》，《東方雜誌》第2卷第11號，第243～249頁。

〔註64〕《論國家於未立憲之前有可以行必宜行之要政》，《中外日報》，1905年9月20日。

〔註65〕《論立憲當以地方自治爲基礎》，《南方報》，1905年9月21日。

〔註66〕汪太賢：《晚清地方自治思想的萌生與演變——從鴉片戰爭至預備立憲前夕》，武漢大學2004年博士學位論文，第99頁。

入人們的視野，並且捨地方自治無他途可走。並提出地方自治應具備的要素應從研究衛生學入手，消除纏足之弊，從體育入手強身健體，由堅固之體制而後有活潑進取之精神。〔註67〕這種論說雖然只是從表面現象來解釋地方自治，但卻是當時中國積弱的一個原因。1904 年 11 月 12 日《時報》載《論個人生計與地方自治之關係》一文，則認為「救中國莫先於地方自治，而欲地方自治莫先於個人自治者，……而個人自治莫先於人人皆有一業以自營。」因此，解決問題起點應是：資本家出資創辦鐵道、汽船、礦山之事業及工商農業各種公司，以使更多的勞動者可以謀得生計，並促進社會財富的成長。〔註68〕其之所以從民生入手闡釋實現地方自治的條件，正是因為看到了當時中國國乏民困的現狀。1905 年 5 月 30 日《同文滬報》之《論中國個人之不能自治》一文先承認中國圖強的路徑僅有自治一途，而對國人能否自治提出幾點憂慮：愛國心薄弱、公共心之缺乏、無尚武之精神、無實業之知識等。至於解決這些問題的辦法則是：「更新宗旨，普及教育，廣設良好學校，以良好教育灌輸社會，發達其愛國心，使知種族存亡之關係，策勵其公共心，使知一群分合之利害，振起國民之精神，使有對外之氣魄，開發科學之知識，使有自治之實力，」等等。〔註69〕1905 年 9 月 21 日《南方報》之《論立憲當以地方自治為基礎》一文則指出中國立憲當以地方自治為基礎，而建立此一基礎的辦法則是由朝廷「公佈明詔，責成各直省大小府廳州縣官，行投票法，公舉該地方紳士一二人，賞以職銜，凡有公益於該地方之事，集民公議，由該地方官予以辦事之權，責成興辦；其辦事之款，則由民間公出，獲利則公享。如此，則民間自然捨利而圖公益，自然視一鄉一邑之事如一家之事，微特可救當時之種種弊端，而且可為下議院之影響，他日憲法宣佈，由邇及遠，由卑達高，其勢易行，而其效亦著矣」。〔註70〕

　　由民權、立憲而地方自治，從這一政治思潮發展的邏輯過程來看，地方自治的倡導者主要應該是立憲派人士。〔註71〕

〔註67〕《地方自治政論》，《東方雜誌》第 1 卷第 9 號，第 109～110 頁。

〔註68〕《論個人生計與地方自治之關係》，《東方雜誌》第 1 卷第 12 號，第 299～300頁。

〔註69〕《論中國個人之不能自治》，《東方雜誌》第 2 卷第 6 號，第 123～126 頁。

〔註70〕《論立憲當以地方自治為基礎》，《東方雜誌》第 2 卷第 12 號，第 216～218頁。

〔註71〕革命派以推翻清王朝為職志，對於地方自治特別是清政府所號召的地方自治興趣不大。

（二）江蘇省立憲派與地方自治

什麼是立憲派？當前主要有兩種流行的觀點，一種認爲「清末立憲派是民族資產階級上層的政治代表」。〔註72〕一種認爲，就立憲派的身份背景看，其「不是資產階級，而是紳士」。〔註73〕筆者認爲，這種以階級劃分來定義立憲派的方式存在很大的缺陷，因爲隨著清末士紳階層的嚴重分化，資產階級與紳士並不是兩個可以截然分開的群體，如那些創辦實業的民族資產階級，以及具有先進思想的新型知識分子，亦可以稱之爲紳士。所以，立憲派往往具有極爲複雜的復合身份。我們判斷其是否爲立憲派，最簡單的方法應該是以其是否支持立憲爲根本標準，而不必糾結於階級屬性的問題。下文選擇參加政聞社、預備立憲公會、上海憲政研究會的部分江蘇籍人士加以分析。

3-1-1：江蘇著名立憲派人士統計表

名稱＼項目	籍貫	教育背景	在清末憲政改革中的活動	備　註
張　謇	海門	進士	參加預備立憲公會	諮議局議長
馬　良	丹陽	上海徐匯公學畢業	參加政聞社與上海憲政研究會	諮議局常駐議員
張君勱	寶山	曾留學日本、德國	參加政聞社	
狄葆賢	溧陽	有在日本的經歷	參加政聞社	諮議局議員
雷　奮	華亭	曾留學日本	參加政聞設、預備立憲公會、上海憲政研究會	諮議局議員，資政院議員
陸　定	華亭		參加政聞社	
戴　彬			參加政聞社	
鍾福唐			參加政聞社	
許鼎霖	贛榆	舉人	參加預備立憲公會	諮議局議員
周廷弼	無錫	買辦	參加預備立憲公會	資政院議員
孟　森	武進	少年時制藝應舉，後留學日本	參加預備立憲公會	諮議局議員、武陽縣城議事會議長

〔註72〕林增平：《林增平文存》，北京：中華書局2006年版，第211頁。
〔註73〕遲雲飛：《重新審視晚清立憲派》，《光明日報》，2002年9月11日。

孟昭常	武進		參加預備立憲公會	資政院議員
楊廷棟	蘇州	舉人，曾留學日本	參加預備立憲公會	諮議局常駐議員

資料來源：王樹槐：《中國現代化的區域研究：江蘇省，1860～1916》，中央研究院近代史研究所，中華民國七十三年六月初版，第143～151頁。張玉法：《清季的立憲團體》，中央研究院近代史研究所，民國六十年四月版。

　　通過以上表格，很容易發現如下問題：就籍貫來看，這些立憲派成員以蘇南人爲主，蘇北僅有兩人（除未知者之外），可見蘇南、蘇北之差距。就其活動來看，大部分人都參加過當時比較有名的立憲派團體；並且，相當一部分人曾有擔任諮議局或資政院議員的經歷。他們對地方自治一直抱著異常關注的態度，如 1901 年，張謇在《變法平議》中，建議設置府縣會，以有家資或有品望者有選舉權與被選舉權，以得票多者爲會員，「此則尚有點地方自治的含義在內。」〔註74〕1908 年初，政聞社設置總部於上海，其政綱中有「確立地方自治，正中央地方權限」的說法，〔註75〕其目的更在於「實行國會制，司法獨立，地方自治等」。〔註76〕1906 年 10 月 24 日，上海憲政研究會成立，出版《憲政雜誌》，多有關於地方自治的研究。1906 年 11 月 1 日，預備立憲公會成立，在緩進與急進的爭辯中，張謇主張：「立憲大本在政府，人民則宜各任實業、教育，爲自治基礎；與其多言，不如人人實行，得尺則尺，得寸則寸。」〔註77〕預備立憲公會的中心工作是籌備立憲事宜，其尤其關注諮議局與地方自治事業。如「宣統元年籌辦城鎮鄉地方自治，該會將孟昭常所編《城鎮鄉地方自治宣講書》印送各省，各省督撫亦訂購此書，飭發所屬應用；該會並將該書呈請民政部立案通行。」又「開辦法政講習所，以訓練人才，……分一年班與半年班兩組，……半年班注重地方自治應有之學識」。〔註78〕

〔註74〕王樹槐：《中國現代化的區域研究：江蘇省，1860～1916》，臺北：中央研究院近代史研究所 1984 年版，第 144 頁。
〔註75〕張玉法：《清季的立憲團體》，臺北：中央研究院近代史研究所 1971 年版，第 349 頁。
〔註76〕王樹槐：《中國現代化的區域研究：江蘇省，1860～1916》，臺北：中央研究院近代史研究所 1984 年版，第 145 頁。
〔註77〕王樹槐：《中國現代化的區域研究：江蘇省，1860～1916》，臺北：中央研究院近代史研究所 1984 年版，第 145～146 頁。
〔註78〕張玉法：《清季的立憲團體》，臺北：中央研究院近代史研究所 1971 年版，第 369～370 頁。

　　由此可見，立憲派對於地方自治是相當關注的，他們不但注重研究與宣傳，還積極付諸實踐，如張謇在南通自治中就有傑出表現，這一點在下文將有詳細交代，此處暫不贅述。在現實生活中，除了立憲派的積極行動外，各地還有不少士紳積極倡導地方自治，他們獲取自治知識的渠道，除了輿論宣傳外，更多地是在江蘇各地建立地方自治專門研究團體（如下表），與立憲派的領導人物相比，他們更加注重地方自治的研究與自治人才的培養，張玉法先生稱之爲「士紳階層的覺醒」。

3-1-2：清末江蘇地方自治團體

名　　稱	地點	成立時間	主　持　人	宗旨及活動
地方自治研究會	上海	光緒三十二年	雷奮	研究地方自治
法政研究會	揚州	同上	盧晉思、鄭寶慈	研究政法，預備地方自治
地方自治會	昭文	同上		研究並促進地方自治
地方自治會	常熟	同上		同上
自治會	揚州	光緒三十三年	徐聯芳	同上
地方自治研究會	寶山	同上	潘鴻鼎	同上
自治期成會	武進	同上		同上
自治期成會	青浦	光緒三十四年		養成自治人才，促進地方自治
自治研究所	鎮江	宣統元年	胡味青、李崇甫	附設自治宣講所

資料來源：張玉法：《清季的立憲團體》，中央研究院近代史研究所，民國六十年四月版，第91～96頁。

　　隨著地方自治研究與宣傳的增多，士紳們對地方自治的嚮往之情更加熱烈。1907 年清廷發出上諭，允許在部分省份先行試辦地方自治。1908 年，清廷公佈九年預備立憲大綱，允諾七年內完成地方自治，爲立憲打下基礎。正是在這樣的大背景下，江蘇開始試辦地方自治，並一度成爲全國的楷模。江蘇地方自治之基本模式有二：其一爲「官督紳辦」，其二爲「官爲主導，紳爲主體」。前一種以上海縣城廂內外總工程局的創辦爲起點，後一種則是《城鎮鄉地方自治章程》頒佈之後的事情。

第二節　江蘇民間地方自治的創辦

相對於舊體制的革除而言，新體制的創建更加引入注目，而此時最爲典型的則是在民權、立憲、自治思潮勃興的情形下，江蘇率先在地方上進行自治的實驗。

一、上海縣城廂內外總工程局及其他

促使各地試辦自治的動力主要有二：其一是西方近代政治思潮對中國社會的巨大影響，這一點在前文已經論及，不再贅述。其二是中國內部官紳們的一再督促，如 1906 年，南書房翰林吳士鑒、出使俄國大臣胡惟德先後奏請推行地方自治。清廷因對立憲抱有極大期望，因對地方自治亦發生興趣。1907 年 8 月，清廷諭民政部妥擬地方自治章程，「非教育普及，則民智何由啓發，非地方自治，則人才無從歷練，至教育宗旨，必以忠君愛國，屏除邪說爲歸，自治法規，必以選舉賢能，力謀公益爲主，……著民政部妥擬自治章程，請旨飭下各省督撫，擇地依次試辦，並由該部隨時切實稽查，立爲考成」。〔註 79〕1908 年，清廷公佈預備立憲大綱，其中對地方自治制訂了明確的推行計劃。〔註 80〕這一系列的行動無疑激發了各地試辦自治的熱情。

上海地處於東西之彙，西方政治思潮的影響最爲明顯，行動亦最早。王樹槐先生指出：「自治的籌備，以上海最先，光緒 31 年（1905）8 月 1 日各紳集議，選舉董事，創辦自治。」〔註 81〕是爲上海城廂內外總工程局之設。總工程局不但在江蘇省，而且在全國亦居於領先地位，「我國舉辦地方自治，以

〔註79〕沈雲龍主編：《光緒政要》，臺灣文海出版社 1976 年印行，第 2476 頁。

〔註80〕第一年，頒佈城鎮鄉地方自治章程。民政部、憲政編查館同辦。第二年，籌辦城鎮鄉地方自治，設立自治研究所。民政部、各省督撫同辦。頒佈廳州縣地方自治章程，民政部、憲政編查館同辦。第三年，續辦城鎮鄉地方自治。民政部、各省督撫同辦。籌辦廳州縣地方自治。民政部、各省督撫同辦。第四年，續辦城鎮鄉、廳州縣地方自治。民政部、各省督撫同辦。第五年，城鎮鄉地方自治，限年內粗具規模。民政部、各省督撫同辦。續辦廳州縣地方自治。民政部、各省督撫同辦。第六年，城鎮鄉地方自治一律成立。廳州縣地方自治限年內粗具規模。民政部、各省督撫同辦。第七年，廳州縣地方自治一律成立。民政部、各省督撫同辦。故宮博物院明清檔案部編：《清末籌備立憲檔案史料》，北京：中華書局出版 1979 年版，第 61～66 頁。

〔註81〕王樹槐：《中國現代化的區域研究：江蘇省，1860～1916》，臺北：中央研究院近代史研究所 1984 年版，第 198～199 頁。

上海為最先」。〔註82〕至於該局成立的原因，總工程局領袖總董李平書曾如是說：「是年夏間，城中紳士以馬路工程局官辦腐敗，請改紳辦，以試行地方自治。八月行選舉法，採取東西國市町制度，立代議、執行兩機關，而以上海道為監督。是年十月，遂有總工程局之設」。〔註83〕

上海城廂內外總工程局屬於上海南市的自治機構，〔註84〕其前身繫設於1897年的南市馬路工程善後局。1905年，上海著名士紳郭懷珠、李平書等呈請蘇松太道袁樹勳，請求開辦上海縣自治，得到袁樹勳的支持。10月16日，袁任命李平書為領袖總董，莫錫綸、郁懷智等為辦事總董，姚文枏等22人為議事經董。1906年2月11日，兩江總督和江蘇巡撫正式批准設立上海縣城廂內外總工程局。〔註85〕對於其成立的概況，在《上海地方自治之經過及現狀》一文中有更為詳細的介紹：「清光緒三十一年，歲乙巳，上海東南大埠之開通者，聚議自治救國。會蘇松太道袁樹勳深韙其議，而力贊之，照會各紳開會集議，擬章送核，爰於七月十二日在學宮明倫堂開會，議定大旨，十九、二十六兩日開兩次會議，舉定代表送道。選定李鍾珏為總工程局領袖總董，莫錫綸、郁懷智、曾鑄、朱佩珍為辦事總董，莫、郁兩董常川駐局，曾、朱兩董常川到局，姚文枏等三十三人為議董，即經分別通知，公訂辦理，總工程局簡明章程二十條，呈請上詳立案。旋議會成立，公舉姚文枏為議長，擬訂總工程局總章及議會章程，附設裁判所，公推孫乃洛為正裁判官，陳仁琅為副裁判官」。〔註86〕

上海縣城廂內外總工程局的建立，對上海南市的地方事業產生積極的推動作用，其在道路、交通、學校、社會保障等方面做出的貢獻最為突出。〔註87〕正因如此，兩江總督端方通令江蘇各縣試辦。結果，武進、陽湖、揚州、

〔註82〕《上海地方自治之經過及現狀》，《地方自治》1922年第2期。

〔註83〕記者：《介紹李平書先生三篇著作》，《新上海》1925年第6期，第15頁。

〔註84〕閘北的自治機構則是1906年所設上海北市馬路工巡捐總局（1907年改為上海市巡警總局），浦東的則是浦東塘工善後局，該自治機構亦設於1906年，此處以上海南市的自治機構為主要分析對象。

〔註85〕周松青：《上海地方自治研究：1905～1927》，上海：上海社會科學院出版社2005年版，第44頁。

〔註86〕《上海地方自治之經過及現狀》，《地方自治》1922年第2期，第1頁。

〔註87〕參見周松青：《上海地方自治研究：1905～1927》，上海：上海社會科學院出版社2005年版，第67～73頁。

常熟、蘇州、寶山、青浦、昭文等十數處設立局會籌辦自治。〔註88〕在這些較早進行地方自治實驗的地方，除上海之外，以江寧、蘇州、南通等地最為典型。「江寧、蘇州、南通，於光緒32年設立法政學堂或講習會。吳縣木瀆鎮亦於是年設局，並設法政講習所，培養人才。」〔註89〕

1907年十二月，兩江總督端方、江北提督王士珍聯名上奏，對江寧試辦地方自治的情形進行詳細陳奏，二人稱：江蘇試辦地方自治係仿照天津，先在省會設自治局，以官力提倡，以謀求預備之法，然後次第實施。根據此一程序，江蘇省首先在江寧省城設立籌辦地方自治總局，委派調補奉錦山海道朱恩紱、鹽巡道榮恒、浙江補用道宗舜年、署江寧府知府許星璧為局長。前浙江候補知府伍元芝、七品小京官善溥、署上元縣知縣田寶榮、署江寧縣知縣龍曜樞、候補知縣羅良鑒為參事。並擬訂開辦簡章，分設法制、調查、文牘、庶務四課。在總局之內又附設自治研究所及實地調查所等作為預備之始。先征集江寧一府的士紳入所授課，再次及於其他府縣。調查所作為實行之始，先從上元、江寧兩縣試辦，而次及其他府縣。通過宣講，使民眾初步瞭解自治的含義，然後劃定區域，實施選舉。選舉完畢，再次第組織議事會與董事會。至於試辦地方自治的經費，本應由地方公眾擔任，只因「目前局由官立，性質既微有不同，且就地籌款，亦非自治規模大備，未能遽責以義務。現在該局逐月支銷之款，暫飭財政局墊撥，地方籌款有著，再議歸償。」〔註90〕根據端方、王士珍的陳述，在江寧地方自治總局的籌設過程中，官辦色彩極為濃厚，士紳參與相對有限。

作為江蘇省另外一個政治中心——蘇州，因距上海最近，交通便利，受自治思潮的影響比江寧深刻，所以，地方自治試辦情形亦比較符合自治精神。1907年9月，蘇州成立了蘇省地方自治調查研究會，該社會團體後來與官方合作，於1908年擴充並改名為蘇省自治局，內附設自治研究所。同年年初，蘇州官紳又為籌設江蘇省諮議局在滄浪亭設立諮議局籌辦處。該處除

〔註88〕教育部主編：《中華民國建國史》（第二篇），臺北：國立編譯館1987年版，第752頁。

〔註89〕王樹槐：《中國現代化的區域研究：江蘇省，1860～1916》，臺北：中央研究院近代史研究所1984年版，第199頁。

〔註90〕故宮博物院明清檔案部編：《清末籌備立憲檔案史料》，北京：中華書局出版1979年版，第722～723頁。繆荃孫等撰修：《江蘇省通志稿（3）》，南京：江蘇古籍出版社2001年版，第20頁。

同城之撫藩府縣各級長官外，約有紳士 72 人。〔註 91〕其明顯增加了在野地方精英的權重。1908 年五月，兩江總督端方與江蘇巡撫陳啓泰聯名陳奏，「自奉預備立憲之諭旨，群情鼓舞，望治孔殷。」與江寧不同的是，蘇州同時設立諮議局與自治局兩局。「均以藩、學、鎳三司經理局務，箚委江蘇候補道王仁東、蘇州知府何剛德充兩局局長，又委候補知府陸懋勳、長洲縣知縣宗能述、元和縣知縣魏詩詮、吳縣知縣金元烺，同為該兩局參事，並照會省紳前翰林院侍講學士鄒福保為自治局局長，其餘課員以下，由總理會同局長，遴選嫻習法理官紳，分別委用。」其仍然在蘇州首縣長洲、元和、吳縣，先行試辦，並刊發木質關防，酌擬簡章等。陳啓泰對自治、諮議兩局的創辦十分上心，據奏摺所稱：「自開局以來，每值星期，臣啓泰必親詣該兩局，督總理、局長、參事諸員，邀集蘇紳王同愈、江衡、蔣炳章、潘祖謙、尤先甲、陶治元、孔昭晉、張履謙、吳韶生、石祖芬、程增瑞、吳本善等，將自治、諮議兩項應行事宜，詳加討論。」至於兩局的辦事經費，先由藩庫分別籌撥。自治局的用費，等地方籌有款項，再議歸還。諮議局的用費，則請作為正開銷。並規定如果蘇州府外的州縣有紳士請設自治會者，亦會得到批准，但地方官應妥為監督，以防止產生流弊。等省城辦有成效、自治章程頒到之後，再行次第推廣。〔註 92〕與江寧地方白治相比，蘇州明顯突出了地方士紳的作用，但其仍然處於行政官廳的嚴密監督之下。

　　南通地方自治的創辦與張謇有莫大的關係，張謇認為，推行地方自治，必須先有推行地方自治的人才；並明確全縣境界四至，以及人口數目等。「乃於光緒三十二年，設立法政講習所以儲備人才，於師範學校設測繪特班以培育測量人才。」〔註 93〕至於經費來源則主要來自地方上的籌募，「或紳民解囊，或移撥公產，或捐自地方物產之貨釐」等。〔註 94〕雖然經費支絀是南通地方自治的最大困難，但張謇仍然能獨力支撐，使南通地方自治在清末民初成為一個重

〔註 91〕葉昌熾：《緣督廬日記》，戊申正月十五日；戊申正月十七。轉引自張海林：《晚清蘇州地方自治略論》，《江蘇社會科學》2000 年第 3 期，第 140 頁。

〔註 92〕繆荃孫等撰修：《江蘇省通志稿（3）》，南京：江蘇古籍出版社 2001 年版，第 22 頁。

〔註 93〕陸寶千：《論張謇與南通之近代化》，臺北：中央研究院近代史研究所編：《近代中國區域史研討會論文集》（下冊），1986 年 12 月，第 620～621 頁。

〔註 94〕沈雲龍主編：《張季子（謇）九錄・自治錄》，臺灣文海出版社有限公司 1983 年印行，第 1822 頁。

要的典範。

　　除了江寧、蘇州、南通等地之外，江蘇還有不少地方積極試辦地方自治，據王樹槐先生統計，「33 年設立自治局者有嘉定、太倉、鎮江、寶山（並設自治研究所）、江寧（設自治研究所及調查所）、贛榆（設政治研究所）、揚州、常熟昭文、吳縣（並設自治研究所）。光緒 34 年設立者有武進陽湖（設地方自治期成會，並設自治研究所）、宜興荊溪（並設自治研究會）、南匯（設地方自治期成會）、青浦（設自治期成會及法政講習所）、鎮江（設法政講習所）等。〔註95〕從此一統計可以看到蘇北嚴重落後於蘇南的情形。

　　總體上看，此時江蘇地方自治的試辦頗有成績，地方士紳能夠積極參與其間，並起到主導的作用，其具備了近代地方自治的某些特徵。但是，在地方自治試辦階段，因受行政官廳以及「紳治」傳統的影響，導致此時中國的地方自治與近代西方地方自治仍然不可同日而語，因此，稱之爲「官督紳辦」更爲貼切。

　　以上是對前此一段時間江蘇民間試辦地方自治的簡單梳理，下面則對地方自治之官督紳辦的性質及成效做進一步深入的分析。

二、地方自治之官督紳辦性質的確定及成效

　　把清末地方自治章程出臺之前江蘇試辦地方自治階段稱之爲「官督紳辦」，並非空穴來風。首先以上海城廂內外總工程局爲例，在上海城廂內外總工程局醞釀及成立的過程中，曾先後出臺兩個重要章程，第一個是《上海縣城廂內外總工程局章程》（1905 年 10 月，下文簡稱《章程》），另一個則是《上海縣城廂內外總工程局簡明章程》（1906 年 2 月，下文簡稱《簡明章程》）。根據章程出臺的時間推測，第一個章程應該出臺於上海紳商呈請設立工程局之時，由上海地方士紳起草的；第二個章程則應該是經過官廳審核之後而正式批准的章程。

　　就地方士紳所定訂《上海縣城廂內外總工程局章程》看，其不但明確規定工程局以上海知縣爲督辦，接受上海縣知縣的指導監督；而且還有「工程局原係官督紳辦」的文字，說明其官督紳辦的性質。但是地方士紳的權限較爲突出，如其規定：第一，局中主要人員都是由選舉產生，如總董、幫董、

〔註95〕王樹槐：《中國現代化的區域研究：江蘇省，1860～1916》，臺北：中央研究院近代史研究所 1984 年版，第 199 頁。

會議董事等。第二，嚴格限制官廳在工程局中的作用，將其限定在監督與指導的地位，甚至更小，如《章程》盡量擴大總董的權限而限制督辦的權限：「總董權限，主一切應興應革之事，會商督辦，經督辦認可者，即由總董辦理，督辦不得掣肘，如督辦不認可，而事關重大，勢在必行者，邀集會議董事，共決可否，其有會議董事不能決者，開特別大會公共決議」。這樣就在法律條文上把行政官廳的分量降到最低。第三，就其所辦事務來看，主要有清查地畝、開築馬路、整理河渠、推廣警察、考求工程、派員發審等，有些權限原屬行政官廳，現在地方士紳亦積極要求分享，特別是在派員發審一項，「工程局原係官督紳辦，然縣主政務殷繁，若事務大小，概行送縣，必有日不暇給之勢，應請特派工程局發審委員，州縣一員，佐貳一員，凡警察分局案件，概送工程局發審委員訊問，可了者即了，案情稍重者，仍送縣究辦；乙、發審委員宜由地方會議公舉指名請派，州縣薪水與總董同，佐貳與幫董同，若辦事判訟不孚與輿論，隨時由總董幫董開會公議稟道撤換。」〔註96〕這表明地方士紳追求更高自治的欲望。

至《簡明章程》頒佈，工程局的權力明顯的降低，如其明確規定，「本局尊奉蘇松太道照會設立，為整頓地方一切之事，助官司之不及與民生之大利，分議事、辦事兩大綱，以立地方自治之基礎」，這在《章程》中並未規定，因此可以看到《簡明章程》更加突出行政官廳的因素。另外，《簡明章程》還有幾處進一步凸顯行政官廳的作用，如在「設局總綱」中，其規定「本局奉蘇松太道照會接辦南市馬路電燈以及城廂內外警察一切事宜，所有應行興辦各事見後開辦事條件；本局設辦事總董五人，內一人為領袖，設議事經董三十三人，內一人為議長，均由地方公舉呈請蘇松太道核准；本局由蘇松太道詳准頒發鈐記，以昭信守，文曰上海城廂內外總工程局鈐記。」在「任事權限」中則規定：「本局應辦各事經議事經董議決後，即由辦事總董施行，其應關白上海縣知縣者，由領袖總董隨時關白，倘遇重要事務，應陳明蘇松太道者，亦由領袖總董陳明施行」等。相比較而言，在《章程》中，則僅僅規定「工程局以上海知縣為督辦，不另派委員」而已。〔註97〕

由此可見，經過官方審核之後的《簡明章程》明顯加強了行政官廳的因

〔註96〕《上海縣城廂內外總工程局章程》，《東方雜誌》第 2 卷第 10 號。
〔註97〕 參見《上海縣城廂內外總工程局章程》，《東方雜誌》第 2 卷第 10 號；《上海縣城廂內外總工程局簡明章程》，《東方雜誌》第 3 卷第 1 號。

素。對於這一變化應該以辯證的目光去認識：《簡明章程》突出了行政官廳的因素，這是其保守性的一種表現，但是其規定更加嚴密，是為工程局將來之行動提供了堅實的合法性。另外，雖然行政官廳審訂後的《簡明章程》使上海縣自治的「官治」味道變濃，但卻不可否認地方士紳在上海縣自治中仍然起到主導的作用，這一點由總工程局的人員組成可見一斑：

3-2-1：上海縣城廂內外總工程局董事出身統計表

出　身	第　一　屆		第　二　屆	
	人　數	%	人　數	%
傳統功名	2	40	2	40
商界領袖	3	60	3	60
共計	5	100	5	100

材料來源：周松青：《上海地方自治研究》，上海社會科學院出版社，2005 年版，第
　　　　88 頁。注第一屆係光緒三十一年十一月～三十四年十月；第二屆係光緒三
　　　　十四年十月～宣統元年十月。

3-2-2：上海縣城廂內外總工程局議董議員出身統計表

出　身	第　一　屆		第　二　屆	
	人　數	%	人　數	%
傳統功名	11	33.33	13	39.39
留日			1	3.03
商界領袖	12	36.37	10	30.30
未知	10	30.30	9	27.27
共計	33	100	33	100

材料來源：周松青：《上海地方自治研究》，上海社會科學院出版社，2005 年版，第
　　　　88 頁。

通過以上兩個表格可以看出，總工程局的領導非紳即商；在議董議員中，也是以商界人士與地方士紳為主。雖然第一屆議員議董未知留日的具體人數，但比較第二屆可知，其必不會占多大比重。這些數據表明，紳商（或紳與商）在上海總工程局創辦過程中，起著主導作用；新型知識分子雖然以最新的面貌出現，但是仍處於從屬地位。

　　另外，根據總工程局創建的過程可以看到，其是官方應上海紳商的呼籲而建立的，這正好符合清廷預備立憲的宗旨，故而形成一個好的開始，可以說上海縣城廂內外總工程局是在官廳指導監督下，以紳辦爲主的地方自治機關。這一定性亦得到大部分研究者的贊同，有學者指出「上海的地方自治，主要爲士紳所推動，而獲得地方官的允准，以及商人階級的支持」。〔註98〕亦有學者認爲：「上海地方自治起於民間的呼聲和訴求，通過士紳階層自下的運動，得到民眾的廣泛支持，形成一股聲勢較大的自治思潮。這股思潮後來得到官方的回應，從而使下層的訴求與上層的支持合爲一流，成爲中國地方政治改革的先聲。」〔註99〕

　　總之，從上海總工程局的章程、人員組成、及其與官廳的關係來看，其無疑是屬於官督紳辦的性質。但是官廳在其創辦及存在的過程中，並未過度干預，使其能夠充分發揮自治的精神。同時應該指出，上海縣的地方自治並不是嚴格意義上的近代地方自治，除了行政官廳對總工程局的直接影響之外，其職員亦不是通過嚴格的民主程序選舉產生；另外其對地方事務的表決權也主要掌握在部分地方精英手中。在周松青博士的研究中亦表述了相同的看法。〔註100〕總而言之，上海縣的地方自治雖然引進了某些西方地方自治的因素，但是其仍然處於行政官廳的嚴密監督之下，缺乏獨立的人格。

　　再就江寧、蘇州、南通等地的地方自治來看，江寧所辦地方自治官味最濃，從自治總局局長到參事，基本是以現任官員爲主，只是在附設的地方自治研究所中，才「徵選各州縣之士紳爲學員，研究地方自治法理」而已；〔註101〕蘇州則有明顯的改觀，雖然自治、諮議兩局局長與參事是以現職官員爲主，但其同時規定「照會省紳前翰林院侍講學士鄒福保爲自治局局長。其餘課員以下，由總理會同局長，遴選嫻習法理官紳，分別委用。」同時，蘇州巡撫陳啓泰還常常邀集蘇州士紳共同商討兩局的應行事宜，這無疑給地方士紳的參與提供了更大的空間。南通試辦的地方自治比較特殊，其多借助於張

〔註98〕教育部主編：《中華民國建國史》（第二篇），臺北：國立編譯館1987年版，第752頁。

〔註99〕周松青：《上海地方自治研究：1905～1927》，上海：上海社會科學院出版社2005年版，第102頁。

〔註100〕周松青：《上海地方自治研究：1905～1927》，上海：上海社會科學院出版社2005年版，第286頁。

〔註101〕〔民國〕柳詒徵：《首都志》，正中書局1935年版，第587頁。

賽個人的力量來推行。馬敏教授指出：「從 19 世紀末到 20 世紀初，張賽以極
大的氣魄和極堅韌的精神，從實業、教育、水利、交通、慈善、公益諸方面
著手，在南通經營地方自治凡 20 餘年，終於把南通從一個經濟落後、交通不
便、風氣閉塞的小縣城建設成爲一個經濟繁榮、民生富足、文化發達的『模
範縣』，一個『新世界雛形』」。〔註102〕但也有研究者認爲，其帶有更加濃厚的
傳統紳治色彩，不可避免人亡政息的悲劇。因此，南通的地方自治稱之爲紳
治似乎更加合理。

　　自治職員的成分與產生是衡量地方自治性質的重要標準之一，而地方自
治經費的來源則是另外一個重要指標，其往往影響地方自治的性質。上海地
方自治的領導者主要是當地著名紳商，其以雄厚的資金爲後盾，不存在太大
的經費困難，因此，其擁有更多的自治權。江寧、蘇州因爲經費來自官廳的
借撥，亦不存在多大的困難，如江寧，「由財政局先行墊付銀三千兩爲開辦
經費，不敷之款，隨時稟由本堂飭局墊付」。〔註103〕但是，因經費來源官
廳，辦事時就不得不受官廳的限制，其獨立人格亦大打折扣。在南通試辦地
方自治的過程中，因爲經費主要籌自地方，不免困難重重。根據 1907 年張
賽的預算，當年通州地方籌設公立民立學校五十五所，常年支款多至八萬三
千餘元，這部分資金正在設法通過地方籌募。然而還有三萬餘元的自治基本
金無從解決。〔註104〕因而不得不求助於地方官廳。因此，地方自治經費問
題實質成爲行政官廳監督限制地方自治的有力工具。

　　性質如此，其成效如何呢？

　　仍然先看總工程局，上海縣城廂內外總工程局成立之後，其「接收電燈
廠，改舊有巡勇爲巡士，裁印捕，撤水巡，接收十六鋪南北中三局，開放警
察，編訂門牌，接收月捐」等，同時，其仍把主要精力放在改造上海的交通、
道路，教育、社會保障等傳統紳治事務上，並先後開築和翻修道路 56 條，改
造橋梁 46 座，開闢城門 3 座，疏濬河道 9 條，築造碼頭 4 個，駁岸 7 個；增
設七所小學校，除一所公立外都爲私立；創設醫學研究所（在總工程局的支
持下，後擴大爲中西醫院；平價售米使上海平安度過了光緒三十二年的全國

〔註102〕馬敏：《營造一個和諧發展的地方社會——張賽經營南通的啓迪》，《華中科
　　　　技大學學報（人文社會科學版）》2006 年第 2 期，第 41 頁。

〔註103〕〔民國〕柳詒徵：《首都志》，正中書局 1935 年版，第 586 頁。

〔註104〕沈雲龍主編：《張季子（賽）九錄・政聞錄》，臺灣文海出版社 1983 年印行，
　　　　第 1821～1823 頁。

大災荒等）。「至宣統元年十二月，實施改組，選舉告竣，改爲上海城自治公所矣。」〔註105〕可以說，在總工程局存續的四年裏，其成績是斐然的。

就南通而言，其初期試辦地方自治亦頗有成績，根據張謇對 1908 年之前南通地方自治成績的統計可見一斑：學務方面，1901 年即設初級師範學校，1903 年設初等小學校，1905 年設高等小學校，1909 年設中學校女師範學校；以 1908 年爲界，已創辦之初等男女小學校 70 處，男女高等小學校 4 處，師範 3 處，中學 1 處；其餘關於學務者，還設立教育會、勸學所、宣講所、博物苑，閱報社等；蒙養院則正在籌辦之中。衛生方面，已設立公園戒煙會、施藥局等，正在籌辦者爲城廂之改良廁所、清潔道路、清除污穢等。道路工程方面，已建成者爲城鎮路燈，而就地籌辦者爲建築橋梁，疏通溝渠等。農工商務方面，已建成者爲三五工藝廠、州城整理商業，正在開辦者爲開設市場、籌辦水利、改良種植等。善舉方面，已成立者爲恤嫠、保節、育嬰、義倉、積穀、救火會、義棺、義冢等，正在籌辦者爲保存古跡等。因經費有限，還有不少自治事業未及展開，如電車、電燈、自來水等，不及辦理，等等。〔註106〕其他地方因資料缺乏，無從考證。

總之，在江蘇民間試辦地方自治的過程中，上海最具近代意味，蘇州次之，江寧最差，南通因爲張謇的主導作用而別具一格，紳治味道最濃。對於官督一項，四個地方僅存在程度差別，因此稱之爲「官督紳辦」並無不妥。這種官督紳辦的地方自治既有別於我國傳統的紳治，亦有別於近代西方的地方自治，其實質是傳統與現代的結合，傳統的部分是士紳繼續在國家與基層社會之間扮演一種緩衝的角色，如總工程局之設，主要是因爲南市馬路工程善後局過於腐敗，而改善這一不良形象的方法，則莫如由地方上自辦，如此不但可以改良行政官廳的形象，也可以維護地方上的利益，可謂兩全其美；現代的部分則是對西方民主程序的引進，如其通過推舉或選舉的方式組成議決與執行機關，顯示出一定範圍內有限民主的精神。另外，江蘇省地方自治的實驗還帶有國家失序時期地方秩序自我重建的色彩，地方士紳們希望通過引進近代西方政治體制來完成對基層社會秩序的重新構建。馬小泉經研究後指出：「由於社會日趨分化，離心傾向日增，『清廷之威信已掃地無餘』，越來越多的有識之士，尤其是資產階級立憲黨人，均把勵精圖治的希望寄託於地

〔註105〕《上海地方自治之經過及現狀》，《地方自治》1922 年第 2 期，第 1 頁。
〔註106〕沈雲龍主編：《張季子（謇）九錄·政聞錄》，臺灣文海出版社 1983 年印行，第 1816～1818 頁。

方政治改革。」〔註107〕事實證明，地方自治制引介的過程，亦是紳權不斷擴張的過程，這一擴張顯示了民間社會力量的成長，標誌著第三領域的社會化傾向。當這種擴張與清王朝控制、整合基層社會的目標相衝突時，其被行政官廳所主導的地方自治取而代之，也就成爲必然。

第三節　政府主導下江蘇各級地方自治的籌辦

在地方自治爲立憲之始基的呼聲中，清政府相繼頒佈《城鎮鄉地方自治章程》、《府廳州縣地方自治章程》等自治法令，由中央政府頒佈統一之自治法令，表面是清廷應和時代潮流的一種表現，而實質卻是清廷欲借地方自治以整合基層社會的開始。因爲中國疆域廣大，各地情形迥異，統一的自治法令有悖於因地制宜的自治要求，因此，此一行動適暴露清廷借機將地方納入體制內的目的。不久，辛亥革命爆發，清王朝並沒有獲得多少轉圜的機會，便被丟進歷史的故紙堆，隨著清王朝的覆滅，其所頒佈的自治法令也被廢除，成爲陪葬品。在此一階段，江蘇省地方自治雖經歷了一個轟轟烈烈的過程，但該過程多籌備，而少實踐，行政官廳介入過多，地方精英矛盾重重，爲江蘇地方自治的推行打上了揮之不去的陰影。時人指出，「自治本以救官治之窮，而今則一若自治統於官治者然。官曰左則左之，官曰右則右之，有監督之責，有黜涉之權，是官治之外，而特設一駢拇枝指之自治，以累民矣。揆之各國，尊重自治之本意，夫豈其然。」〔註108〕此一點亦遭到後人的詬病。

一、江蘇各級地方自治的籌辦

（一）蘇省諮議局與地方自治

在清末地方自治推行的過程中，省一級雖然並未劃入自治範圍，但是省一級之議決機關——諮議局，卻與地方自治有著極爲密切的關係。在《城鎮鄉地方自治章程》中我們可以找到法律依據，如《城鎮鄉地方自治章程》第四十二條規定：「議事會於城鎮鄉董事會或鄉董所定執行辦法，視爲逾越權限，或違背律例章程，或妨礙公益者，得聲明原由，止其執行。若城鎮鄉董事會或鄉董堅持不改，得移交府廳州縣議事會公斷。若於府廳州縣議事會之

〔註107〕馬小泉：《地方自治：晚清新式紳商的公民意識與政治參與》，《天津社會科學》1997年第4期，第106頁。
〔註108〕《清談》，《申報》，1911年4月16日。

公斷有不服時，得呈地方官核斷。如再不服，由地方官申請督撫交諮議局公斷。」〔註109〕董事會亦然。由此可見，諮議局對地方自治組織之間的爭議，有最終的公斷權。

事實證明，江蘇省地方自治與諮議局在籌備之初便建立了密切的關係。其首先表現在自治籌備期間機構上的交叉重疊上。清末江蘇地方自治是分蘇屬、寧屬分別展開的，蘇屬包括蘇州、松江、常州、鎮江、太倉等四府一州，主要指江南地區；寧屬則包括江寧、揚州、徐州、淮安、通州、海州、海門等四府二州一廳，主要指江北地區。兩屬自治籌備機構沿革過程大致如下：寧屬在 1907 年設立籌辦地方自治總局，以創辦自治研究所爲首務；1908 年又在籌辦地方自治總局內附設諮議局〔註110〕。蘇屬於 1907 年於蘇州城設立蘇省地方自治調查研究會，1908 年擴大爲蘇省自治局（內附自治研究所），並設諮議局（此諮議局與寧屬同，亦屬自辦性質，後改爲諮議局籌辦處〔註111〕，內附設地方自治籌辦處），1909 年，蘇屬將所設諮議局籌辦處歸併江寧，共同籌辦江蘇省諮議局〔註112〕。蘇屬將自治局裁撤，與原諮議局籌辦處之一部合併，改稱蘇屬地方自治籌辦處。〔註113〕亦即是說，1909 年之後，寧屬地方自治籌備總機關爲籌辦地方自治總局、蘇屬地方自治籌備總機關爲蘇屬地方自治籌辦處。由諮議局與地方自治機關之沿革可見兩者關係之密切。

其次，從自治籌備機構人員組成亦可以看到諮議局與地方自治關係之密切，原來籌備諮議局之部分人員，在諮議局議員復選舉完畢後，轉入地方自治的籌辦工作。如蘇屬地方自治籌辦處之「提調以下辦事人員，由總會辦等就原設之自治總局及諮議籌辦處各員內遴委，用此次自治籌辦處人員。」〔註114〕

再次，在蘇省諮議局運行過程中，其對地方自治之推行更是倍加關注。在 1909 年蘇省諮議局常年會中，議員侯瀛、雷奮、謝源深等相繼提出有關自

〔註109〕《清末籌備立憲檔案史料（下冊）》，北京：中華書局 1979 年版，第 733 頁。
〔註110〕此諮議局是蘇省在清廷之《諮議局章程》頒佈前自行開辦的，清廷《諮議局章程》頒佈後，改稱諮議局籌辦處，重新按章籌辦。
〔註111〕江蘇蘇屬地方自治籌辦處編：《江蘇自治公報類編》，卷七至卷八，文海出版社 1989 年發行，第 323 頁。
〔註112〕後來因爲議員分配名額問題又有分辦之議，顯示了寧屬與蘇屬的矛盾。
〔註113〕《蘇撫電請另設蘇屬自治籌辦處》，《申報》，1909 年 6 月 8 日。
〔註114〕《蘇屬自治籌辦處成立之情形》，《申報》，1909 年 6 月 11 日。

治經費的議案。〔註115〕於定一、錢一振提出蘇屬籌辦城鎮鄉自治縮短時間的理由及日期表。〔註116〕清查荒地一案，更是關涉地方自治問題等。〔註117〕在1910年諮議局常年會上，議決案共32件，與地方自治有直接關係者2件，如《限制自治當選人謝絕》、《自治公所應整頓農務工藝》等；地方自治機構應協助進行者 9 件，如《流通民食》、《支配地方財政》、《禁制逃荒》、《推廣初等教育》、《截止報賣沙灘》、《昭文鎮洋海塘工款》、《選舉縣視學》、《法令公佈規則》、《東三省移民殖邊》等，〔註118〕也就是說在所有諮議局議決案中，與地方自治有直接或間接關係的占三分之一強。這說明諮議局對地方自治的重視，也進一步證明地方自治與諮議局的密切關係。蘇省諮議局議員蔡璜在其提案《一體變通自治進行》中開明宗義指出：「諮議局以地方自治爲根據地，地方自治未經成立，勢同孤寄。」〔註119〕可見時人對諮議局與地方自治關係的定位。

（二）省城會議廳 —— 蘇屬地方自治籌辦處與蘇屬各級地方自治

1、省城會議廳與蘇屬各級地方自治

在蘇屬地方自治初期的籌辦過程中，省城會議廳佔有關鍵地位。蘇撫認爲當前對地方自治阻礙最大之因素有二：其一爲政策之不一，其二爲紳商學界氣焰日益囂張，「今行一新政，守舊者既多所固蔽，維新者又近於囂張，各署局所地方官吏，畏紳學商界之勢力，往往於意不願辦之事，貌爲敷衍；迨至情見勢絀，紳學商界氣焰日高，則又積憤相仇，至於官紳衝突而新政遂有因噎廢食之難」。〔註120〕因此，有設置省城會議廳的動議。該會議廳「傳集司道並各局所總會辦及地方官吏會議要政，決定施行，並參仿日本地方官會議之法，本部院親臨會場，即以藩司爲議長，以學臬兩司爲副議長，並遴派參議官二員及機要、稽核、文牘、課員，訂立章程，預備議案。凡屬應

〔註115〕《江蘇諮議局議案》，《申報》，1909 年 10 月 28 日、10 月 29 日。

〔註116〕《蘇屬籌辦城鎮鄉自治縮短年限限期成立案由書》，《申報》，1909 年 11 月 6日。

〔註117〕《江蘇諮議局議場速記錄》，《申報》，1909 年 11 月 12 日。

〔註118〕江蘇蘇屬地方自治籌辦處編：《江蘇自治公報類編》，卷二，文海出版社 1989年發行，第 171～182 頁。

〔註119〕《議案》，《申報》，1909 年 11 月 10 日。

〔註120〕此一點受到輿論的激烈的批判。《論蘇撫政見之謬》，《申報》，1909 年 4 月22 日。

行籌備事宜，及地方上應興應革之件，飭令各屬官吏，條陳所見，互相考究，議定後各回本治，遵照所議次序，實力奉行，以求政策政見之統一」，等等。〔註121〕就省城會議廳的人員組成來看，其純粹爲官辦性質。但就是該機關，成爲蘇屬地方自治籌辦初期的領導機關。

按照省城會議廳之規定，蘇屬城鎮鄉地方自治之籌辦應按照城廂——鎮——鄉的順序，逐步推進。〔註122〕根據會議廳議決案，完成城鎮鄉地方自治需要四年時間，〔註123〕頗有拖延之嫌疑。因而遭到時人的猛烈批評：「規仿憲政館籌備清單之年限而益變本加厲」，「曠日費時之弊而復益以刻舟膠柱之嫌」。〔註124〕

在行政官廳頒佈各種自治章程的同時，地方上也開始爲籌辦自治做各種準備。蘇垣地方自治會爲開民智而去疑阻，增設宣講所於養育巷玄壇廟內。〔註125〕並定於5月16日再開大會，集議設立研究所併推廣鄉鎮宣講所辦法。〔註126〕1909年5月5日，松屬七縣一廳士紳會議地方自治問題，士紳先後到者，約四五十人，主要討論組織遞信機關、培養自治人才、籌議地方經濟的問題。〔註127〕丹陽紳學兩界選舉事務完畢，即遵法籌辦地方自治事宜，邀集同人討論，擬先設立宣講所及自治研究所，以爲入手辦法，得到多數人的贊同。在稟請道府兩憲立案的同時，並請酌撥經費，以爲實行之用。句容許大令前經邀集本邑各紳士，在勸學所集議，認爲地方自治應先從調查戶口入手，並強調籌集經費爲推行自治之前提。〔註128〕

部分官紳積極準備的另一面，卻是高層行政官廳的固守成規。當如皐縣張縣令意欲截留自治款項培養自治學員時，遭到江督端方的拒絕，其理由是爲昭統一，應由省垣選拔各地人才先行培養，等肄業之後回各屬續行培養自治人才，方不至於出現參差不齊的現象。〔註129〕除此之外，自治研究所章程

〔註121〕《蘇省設立會議廳之辦法》，《申報》，1909年4月21日。

〔註122〕蘇州市檔案局編：《蘇州市民公社檔案資料選編》，內部資料，第27頁。

〔註123〕《蘇省會議廳議決城鎮鄉地方自治限期籌辦次序表》，《申報》，1909年5月24日。

〔註124〕山嶽：《論蘇省會議廳籌辦自治年限及其變通辦法》，《申報》，1909年6月14、16日。

〔註125〕《自治會推廣宣講所》，《申報》，1909年5月5日。

〔註126〕《自治會定期開大會議》，《申報》，1909年5月13日。

〔註127〕《松屬士紳會議地方自治起點》，《申報》，1909年5月7日。

〔註128〕《各邑地方自治之預備》，《申報》，1909年5月30日。

〔註129〕《培養自治學員之爲難》，《申報》，1909年4月26日。

亦對自治研究進行了嚴格的限制。時人批評說，《自治研究所章程》之弊病在於對自治研究之期限限制過嚴；條文歧異、前後牴觸，由各省選派士紳培訓方式並不可取。〔註130〕步調一致的結果是限制了地方民眾的創造性與熱情，難以喚起地方紳民的主動性。

2、蘇屬地方自治籌辦處與蘇屬各級地方自治

蘇省自治局於 1909 年 6 月 19 日遵奉撫憲陳啓泰之令裁撤，按照憲政編查館原奏，就諮議籌辦處責令兼理地方自治籌辦事宜。繼任蘇撫瑞澂命令在諮議局籌辦處內另行組織蘇屬地方自治籌辦處，並遵刊木質關防一顆，是年 6 月 19 日開辦啓用。自治籌辦處職員有：保送知府陸懋勳爲提調，在籍前署農工商部尚書唐文治爲總理，翰林院編修蔣炳章、朱壽朋爲協理；兼采用官紳所議，公舉各府州明達士紳，每屬參議四人；並由自治籌辦處重行訂定章程七章二十五條，規則三章四十二條；分設法制、調查、文牘、庶務四科，遴選官紳委充科長、科員、編纂員、繕校員、會計等，分任辦事，各專責成；另延請熟悉法政士紳四員，以備顧問，均常川到處，按定時刻辦事，其有關於自治籌辦處內部重要事件及關於各州廳縣重要事件，則另行定期會議，於每月初三日開會。遇有不能待至定期會議之應議事項，則特別指定日期，於星期六開議，以期集思廣益，事無不舉。所有經費仍由諮議籌辦處開支項下撥用。根據省城會議廳議決之《籌備地方自治日期表》，地方自治籌辦處轉行各屬，次序辦理地方自治事宜。先從城廂入手，其有將鎮鄉提前與城廂同辦者，亦准其因地制宜，協同辦理。〔註131〕

這樣，蘇屬地方自治籌辦處逐漸取代省城會議廳在地方自治籌辦過程中的主導地位。地方自治籌辦處基本沿用省城會議廳推行城廂地方自治的時間表，規定以宣統二年五月三十日（1910 年 7 月 6 日）爲止，城廂自治辦理完畢。〔註132〕並且強調「只准提前，不准落後」。〔註133〕後來，蘇屬自治籌辦處將自治籌辦日程提前，規定以宣統三年九月初一日（1911 年 10 月 22 日）爲止，廳州縣地方自治辦理完竣，〔註134〕表明蘇屬地方自治籌備處更大的自

〔註130〕愷：《再論自治研究所章程》，《申報》，1909 年 5 月 26 日。
〔註131〕江蘇蘇屬地方自治籌辦處編：《江蘇自治公報類編》，卷七至卷八，文海出版社 1989 年發行，第 349～355 頁。
〔註132〕江蘇蘇屬地方自治籌辦處編：《江蘇自治公報類編》，卷二，文海出版社 1989 年發行，第 122 頁。
〔註133〕《籌備處制定自治公所辦法》，《申報》，1909 年 9 月 17 日。
〔註134〕江蘇蘇屬地方自治籌辦處編：《江蘇自治公報類編》，卷二，文海出版社 1989

主權，以及迅速實現地方自治的決心。

從蘇屬地方自治籌辦處職員統計來看，其彰顯的是「官爲主導、紳爲主體」的性質。在籌辦處 49 名職員中，有傳統功名或現任官吏 44 人，占 90%；受新式教育者 5 人，主要分佈在顧問員與法制科，占 10%，傳統士紳占絕對優勢。〔註 135〕

蘇屬自治籌辦處成立不久，即頒佈蘇省自治研究所章程。〔註 136〕該章程分爲宗旨、學科、學期及授課時間、入學及退學、假期、實驗、獎勵、罰則、職員教員等職務權限、經費、附則等十一章，共 21 條。〔註 137〕其條款亦遭時人質疑。〔註 138〕但是，自治籌辦處的成績是有目共睹的，蘇屬地方自治研究所第一屆學員，共收 118 名，〔註 139〕其中，有傳統功名者 68 人，受新式教育者 31 人，地方職業團體 3 人，未知者 26 人。從以上數據可以看到，學員中具有傳統功名者占所有成員的二分之一強，仍然占絕對多數。新式學堂培養出的畢業生亦占不小的比例。〔註 140〕地方自治研究所培養出的學員將被派回原籍講演自治法理，籌辦自治學社，普及自治知識等，其對將來地方自治的推行，有著不可忽視的影響。據此可以推斷，城鎮鄉地方自治推行的主體仍將以新舊士紳爲主。

遲至 1909 年 8 月 21 日，蘇屬自治籌備處方召開正式成立大會。〔註 141〕其成立得到蘇屬行政官廳的重視。在籌辦處開幕之際，江蘇巡撫瑞澂、藩憲左方伯到處演說，其在肯定江蘇省地方自治爲各省之先的同時，要求進一步加強對地方自治的推行。「地方自治不完全，則憲政之基礎無以立，故地方自治，於人民有密切之關係，於官紳有期成之職務，尤不可一日緩也。使者到任以來，抱宣宏願，自以爲江蘇地方自治，苟一日不底於成，即使者個人之

年發行，第 134 頁。《蘇屬自治籌辦處擬定各廳州縣自治籌備日期詳表》，《申報》，1910 年 9 月 6 日。

〔註 135〕同上，第 122～2、122～3 頁。

〔註 136〕《蘇省自治研究所詳准開辦》，《申報》，1909 年 6 月 23 日。

〔註 137〕《江蘇自治研究所章程》，《申報》，1909 年 6 月 25 日。

〔註 138〕《江蘇自治研究所章程》，《申報》，1909 年 6 月 25 日。

〔註 139〕江蘇蘇屬地方自治籌辦處編：《江蘇自治公報類編》，卷一至卷三，文海出版社 1989 年發行，第 47～48 頁。

〔註 140〕江蘇蘇屬地方自治籌辦處編：《江蘇自治公報類編》，卷一至卷三，文海出版社 1989 年發行，第 122-4、122-5 頁。

〔註 141〕《蘇屬自治籌辦處開幕大會》，《申報》，1909 年 8 月 22 日。需要說明的是，蘇屬自治籌辦處在正式成立之前，已經開始的自治的籌備工作。

自治，亦從此同其廢墜。」〔註142〕左方伯則認爲，「所謂以社會促政治之進步，其勢始順而易，反是者所謂以政治促社會之進步，於勢不免逆而難。今日中國之籌辦地方自治也，自上而下，較之列邦情形迥異，其勢似逆而難，雖然吳會爲東南大都，風氣開通獨早，其以立憲之說，號召於國中者尤先，則他日地方自治之進行，必有一日千里之勢。」〔註143〕總之，從蘇屬自治籌辦處成員的組成、蘇屬地方自治研究所學員的成分、以及官廳對自治籌辦處的態度來看，其實際上代表著行政官廳對地方自治實施督導。

在蘇屬自治籌備處的領導下，蘇屬地方自治的籌辦有了長足的進步，先看蘇屬 1909 年九月至 1910 年二月底地方自治的辦理情形，其可歸納爲以下十四項：

一、確定城廂區域。二、調查戶口總數及選民資格。三、編造選舉人名冊及宣示更正並發選舉單。四、甲乙級選舉投票、開票、檢票。五、榜示當選人姓名，並分別知會各當選人。六、城議事會議員如額舉定，並給予執照。七、議事會互選議長、副議長，並選舉總董、董事及名譽董事。八、提前籌備鄉鎮自治。九、自治研究所增設校外生，各屬遵設自治研究所。十、議決帶徵自治經費。十一、通飭清查公款公產，設立事務所及督查公所。十二、按期刊發自治公報。十三、詳定地方官行文格式及議事會、董事會、鄉董圖記。十四、城鎮鄉議事會、城鎮董事會及鄉董照章應各備木質圖記六種，等等。

以上所述共計十四事項，前八項繫屬辦理城鎮鄉自治選舉之事，後六項是自治籌辦處遵照章程簡飭督率辦理之事，蘇屬自治籌辦處「於自治範圍及籌備進行各事宜，雖未能一律完全，尚不至有所隕越，本司等仍當督率各員隨時妥慎從事以重要政。」〔註144〕

根據以上情形，可見蘇屬自治籌辦處的行動是比較積極的。1910 年 5 月 28 日，憲政編查館奏派館員數人到部分省份視察憲政籌辦事宜，調查結果，「江蘇蘇屬開通最先，辦理亦極迅速，現計四府一州城議事會、董事會均已一律成立。」並特別對江蘇候補道夏敬觀提出表彰，認爲其「辦理地方

〔註142〕江蘇蘇屬地方自治籌辦處編：《江蘇自治公報類編》，卷四至卷六，文海出版社 1989 年發行，第 419 頁。
〔註143〕江蘇蘇屬地方自治籌辦處編：《江蘇自治公報類編》，卷四至卷六，文海出版社 1989 年發行，第 420 頁。
〔註144〕江蘇蘇屬地方自治籌辦處編：《江蘇自治公報類編》，卷七至卷八，文海出版社 1989 年發行，第 389～394 頁。

自治，條理秩如」等。〔註145〕

　　程德全於 6 月 4 日接任，其先對前任之籌辦憲政成績進行陳奏，並賡續辦理未完事宜。〔註146〕10 月，程德全再次奏陳自上任以來所籌辦的憲政成績，其中地方自治成績如下：蘇屬三十七州縣城廂，業於本年四月之前將議事會議長、議員，董事會總董、董事如額選定，現已依限一律開會，籌議各該地方之利弊。蘇屬研究自治學員頭班均經畢業，故其會場一切秩序井然，足為鎮鄉表率。至於鎮鄉自治，四月間已有武進循理鄉、嘉定西門鄉二處選舉告竣，嗣又有崑山之菉葭濱鄉、安亭鄉，新陽之夏駕橋鄉，昆新二縣交界之蓬閬鄉，賓山之廣福鄉等五處續報選舉辦齊，議事會、董事會亦剋期成立。其餘各屬提前辦理之鎮鄉或已從事調查，或在劃分區域。除四月間所報吳縣之梅里鎮，香山鄉等四十餘處外，近復據崑山之千墩鄉，崇明之橋鎮等二十餘處，聲請籌辦自治，均已分別核准。

　　蘇省各屬城自治成立後，即由各廳州縣長官增設本廳州縣自治籌備公所，以為上級自治進行機關。且在各鎮鄉自治公所成立之前，於四月間將自治籌辦處所定施行細則通飭各屬，以期提前辦竣以節省經費；並由省城設測繪隊，分派各廳州縣將所屬區域詳測精繪，以資實行。又於各廳州縣設宣講員，按期派赴所轄各境，流通宣講，以開通民人知識，使得各具自治資格。〔註147〕

（三）籌辦地方自治總局與寧屬各級地方自治

　　與蘇屬地方自治普遍發展的態勢相比，寧屬地方自治明顯處於比較落後的狀態。寧屬地方自治的籌辦情形，根據 1909 年六月張人駿、端方的會奏可見一斑。為籌辦城鎮鄉自治，江寧於 1907 年遵旨設局，定名籌辦自治總局。開辦之後，首先從設立自治研究所入手，自江寧府辦起，再次及於其他各屬。研究所學員，每府均分別定額作為官費，並招自費生，另班肄業。1909 年二月以前，江寧官費、自費各生，陸續卒業，然後回籍講演自治法理，籌辦自治學社，以期普及，其中，揚通海三屬選送學生已於本年二月開校。以上規

〔註145〕故宮博物院明清檔案部編：《清末籌備立憲檔案史料》，北京：中華書局出版 1979 年版，第 796～801 頁。

〔註146〕《江蘇巡撫程德全前護江蘇巡撫陸鍾琦會奏籌備憲政情形摺》，《申報》，1910 年 9 月 6 日。

〔註147〕《江蘇巡撫程德全奏籌備憲政第四屆接辦情形摺》，《申報》，1910 年 10 月 26 日。

劃及設立宣講所、調查慈善事業等，多在《城鎮鄉地方自治章程》未頒到之前。等定章頒到後，寧屬即通飭各屬一體遵辦，並查照憲政編查館逐年成立期限，單析爲逐月籌備之期限，督促各屬依限進行，並且省自治總局嚴加考覈，獎勤懲惰。〔註148〕1909年8月3日，江南籌辦地方自治局「將所擬各屬辦事次序表繕具清冊，詳侯示遵」，亦得到江督的認可。〔註149〕可見寧屬地方自治籌辦的初始工作還是能夠按部就班的。

隨著自治籌辦的不斷推進，江北明顯後勁不足。根據王樹槐先生的統計：「宣統元年，按規定應一律設立籌備機構及自治研究所，同時開始戶口調查。寧屬共有36州縣，至宣統元年底，已有20餘州縣設立籌備公所，兼有自治研究所者16州縣，開始調查戶口者23處；至宣統2年底，戶口調查完畢者16州縣，尚有10州縣未完畢。蘇州方面，雖無統計數字，但可推斷，宣統元年底一律籌備公所，並於7月1日開始調查戶口。比較之下，蘇屬較爲領先。」〔註150〕寧屬的落後，在江督1910年八月份催辦自治的批文中亦可以清楚地看到。「籌辦自治均經定有年限，計期程功，不容延緩，查部限繁盛城鎮，以宣統二年爲考覈成績之期，截至本年年底，無可再延，中等城鎮省會首縣亦須於本年籌辦成立，方與定章相符，據稱各州縣仍前玩愒，應辦事宜，毫無端緒，實屬不成事體。」〔註151〕

另外，在江督張人駿所奏第四屆籌備憲政成績摺中，亦非常明顯地體會到寧屬在地方自治籌辦過程中的拖延與疏忽。按照定章，城鎮鄉自治籌辦順序應由城鎮而鄉，同時又於城鎮中劃分繁盛、中等兩級，定限舉辦。而「現查寧屬指定繁盛六州縣，除通州已經成立外，上元、江寧兩縣，業經劃分區域，繪圖呈報，當可次第成立。其銅山、江都、甘泉三縣，亦已嚴催趕辦，務責依限竣事。至中等城鎮，照章應於本年指定籌辦，由臣督飭籌辦自治局，指定海門、高郵、六合、寶應、睢寧、清河、如皋、泰興等八廳州縣，飭令遵章速籌妥辦。……按定章本年省會首縣應籌設議事會、董事會，已飭籌辦自治局督催趕辦。一面分飭各廳州縣將城自治一律成立，即由各該牧令

〔註148〕沈雲龍主編：《端忠敏公奏稿》，文海出版社有限公司1967年印行，第1850～1851頁。

〔註149〕《詳定寧屬各州縣自治秩序》，《申報》，1909年8月4日。

〔註150〕王樹槐：《中國現代化的區域研究：江蘇省，1860～1916》，中央研究院近代史研究所1984年版，第199頁。

〔註151〕《催辦自治選舉事宜》，《申報》，1910年10月5日。

增設本廳州縣自治，以負督促進行，擔任公益之責務。」〔註152〕從以上奏摺中可以看到：其一、在1910年十一月之前，蘇屬城鎮自治機構已經大備的情況下，寧屬仍然參差不齊；其二、張人駿未提及寧屬鄉之自治機構的成立狀況，由此可以猜測其或者無一處成立，或者極不理想；其三、在廳州縣自治機關的籌辦上，寧屬缺乏詳細切實的計劃及行動。

之所以形成此一局面，根源仍在於蘇南、蘇北在各個方面的差異。「江蘇以大江而分南北，風氣迥不相侔，即財力之貧富亦大相懸殊，故江北一帶之教育實業，均不如江南之發達，江寧、揚州姑置不論，淮徐海各屬自丙午患水災以來，民力凋敝，至今未復，此地工商不興，全恃農利，爲今之計，亟應官民合力，改良農藝，以收地利」。〔註153〕在物質條件困乏的條件下，人們往往不會關心政治的改革。

江蘇各級自治機關成立之後，便馬上投入到工作中去。如上海城自治公所在四月份召開議事會春季大會，會議對諸如：整理城根公地案、法人擬於肇周路設粗電線案、各善堂統一辦法案、境內分區案、學務事宜案等共26件提案進行討論，各項提案都嚴格限制在法令規定的自治事務範圍之內，議決後交董事會負責執行。〔註154〕長元吳董事會則提交13件自治事務於議事會；同時城廂選民上董事會議決事件8件，等等。〔註155〕但最終效果如何卻值得懷疑。同樣是上海、長元吳城自治公所，亦遭到時人的頗多非議，姑舉時人評論如下：

其一：蘇城議事會開幕後，正副議長即先後請病假，而逐日到會之議員，復參差不齊。今開會已一星期，僅僅通過普通規約及細則等若干條，其進行遲緩，辦事之鬆弛，誠爲記者所不料者矣！夫我蘇人向以好議論，少實力爲外府所詬病。今議事會開會，猶不過爲議論之開始，尚無執行之地位，而議長議員已推諉趨避，若此，則是僅僅謂之好議論，猶不免稱頌之過量也，遑論實行！

〔註152〕《江督張人駿奏臚陳第四屆籌備憲政成績摺》，《申報》，1910年12月18日。

〔註153〕《對於江蘇新督新撫之希望（再續）》，《申報》，1909年7月31日。

〔註154〕《上海城自治公所庚戌春仲議事會議決事件》，《申報》，1910年4月7日、4月8日、4月9日。

〔註155〕《各省籌辦地方自治》，《申報》，1910年6月16日、6月17日、6月18日。

其二：議事會者，地方自治之意思機關也，議長議員代表人民之意思者也，僅議長果有何種之意思而致負氣，議員復有何種之意思而曰對付，此眞我蘇城議事會之怪現象也。夫在一會之中，意思猶不一致，自治尚無秩序，而欲地方人民盡表同意，以求自治之成效，豈可得乎？

其三：前日上海城議事會開夏季議會，均未到齊，以未能開會聞矣。今蘇垣城議事會開會，復以議員到者寥寥，至於不能開會。夫議員既使無暇，何至靳此開會之一日，紳士夙抱熱心，何獨冷於地方自治。昔我嘗聞，慈善團體經理公款公產等事，地方士紳有喘汗奔走競爭，運動不憚勞苦者矣。而於地方自治之大政，則反忽然若忘，此何爲者焉。嗚呼！蘇滬素稱開通最先之地，而其現象猶若此。〔註156〕

風氣開通之上海、蘇州猶然如此，其他各地可想而知。

（四）民間自治團體——市民公社

在清末地方自治籌辦過程中，民間自治團體的創辦是一個靚點，而最具特色的一個則是市民公社的創辦，其中，蘇州觀前街市民公社有首倡之意義。該社之創辦緣於蘇州宮巷內大火，爲了加強防範，蘇州各商各業擬聯合創辦一民間自治組織。該公社以東至醋坊橋西至察院場口爲區域，試辦一切公益事項，如衛生、保安等，尤其注意清理街道、掃除污穢等，其開辦經費均由各社員協力捐助，並聯合團體互相輔助。〔註157〕

1909 年 6 月 26 日，觀前街市民公社借元都方丈開成立會，紳學各界及本街各商到者約九十餘人。其開會情形如下：一、沈鴻揆宣告發起市民公社之緣由，並已奉自治籌辦處認可批准。二、自治籌辦處金吟谷演說，其認爲城鎮鄉自治非一朝可以辦成，須從小團體做起，市民公社，小言之爲地方自治之起點，大言之即爲地方自治之基礎。三、費玉如演說，今日爲改良市政之起點，可爲他日地方自治之好結果，歐洲古時創行地方自治，皆本於市政之發達，而市政之發達，尤似商人組合爲起源。四、陸雨庵、姚清溪演說，一主暢銷土貨，一爲改良土貨，須由結合團體而成。五、沈洪揆答謝詞。

〔註156〕《時評》，《申報》，1910 年 7 月 2 日。
〔註157〕《創設市民公社紀聞》，《申報》，1909 年 6 月 21 日。

六、公舉各職員。七、推舉評議庶務各員。八、是日各業各商捐助入社開辦經費洋一百數十元。〔註158〕7月6日，觀前街市民公社開第二次會議，提議先從修理街道，掃除污穢入手辦理該社，並將籌辦情形呈請自治籌辦處立案。〔註159〕

從觀前街市民公社成立的概況可以看到，該組織與行政官廳之間形成比較密切的關係，第一、該組織得到自治籌辦處的認可，這樣就為其提供了合法性。第二，該組織的成立得到地方官廳的支持。如長洲趙縣令捐經費一百元給觀前街市民公社，以資褒揚。〔註160〕同時，其還得到自治籌辦處的表揚。撫憲亦認為「該職商等所請先就觀前大街……組織市民公社，應暫准，如來稟，逕報該管地方官立案，先行切實試辦，以為地方自治之模範。」〔註161〕此一批准進一步強化了其合法性，有利於市民公社的發展。

從觀前街市民公社的經費來源、人員組成來看，其自治性質比較明顯，如其經費由各業各商捐獻，因此不必仰官廳之鼻息；其人員不是由官廳任命，而是採取公舉或推舉的方式產生等，這些因素賦予了市民公社更加濃厚的自治色彩。但同時也應該看到市民公社社員民主選舉的有限性，據章開沅先生的研究，市民公社社員多是紳商，普通民眾是難以預聞的。〔註162〕

在觀前街市民公社的示範效應下，閶門外弔橋□洋貨店徐源茂等繼續組織成立新的市民公社（即閶門外市民公社）。〔註163〕觀前街、閶門外等市民公社的建立及運行，使行政官廳看到此民間自治組織在辦理社會公益事業中的巨大作用，因而又有蘇省巡警道傳諭養育巷晉源錢莊在蘇城西路發起市民公社（道養市民公社），「俾與警局聯絡辦理地方公益各事有所依賴」。〔註164〕但是，在此市民公社發起的過程中，行政官廳的因素有所增強，市民主動性亦不如前。總之，從觀前街市民公社開始，蘇州斷斷續續建立了29個市民公社。「該組織前後經歷清末、北洋軍閥兩個歷史時期，延續近二十年，

〔註158〕《市民公社開成立會紀事》，《申報》，1909年6月27日。
〔註159〕《市民公社會議情形》，《申報》，1909年7月7日。
〔註160〕《慨捐市民公社經費》，《申報》，1909年7月17日。
〔註161〕《市民公社紀事》，《申報》，1909年7月27日。
〔註162〕蘇州市檔案局編：《蘇州市民公社檔案資料選編》，內部資料，第7～10頁。
〔註163〕《市民公社之繼起》，《申報》，1910年7月11日。
〔註164〕《蘇城西路發起市民公社》，《申報》，1910年10月31日。

構建了當今蘇州城市的雛形。」〔註 165〕因蘇州市民公社開辦卓有成效，其影響逐漸擴大到市外，如常熟各商界亦思組建，「日前函致該社，索取章程以資仿辦。」〔註 166〕市民公社之發展可以看到當時民氣不斷上昇的事實。同時，我們又應該看到，市民公社仍然處於官廳的嚴格監督之下，爲了自身的發展，其不得不與行政官廳保持良好的關係，《蘇州商務總會覆汪瑞闓函稿》明確提出，蘇州城自治公所已經成立，此後之市民公社的建立，「如係股實公正商人發起，敝會遵將章程稟件代呈核奪批示，仍侯地方官查明，與自治公所章程有無牴觸，議覆尊處及自治籌備處核飭遵照，以副臺囑，而紉公誼。」〔註 167〕章開沅先生認爲，因爲市民公社有溫順和恭謹的特點，所以能在軍閥統治時期委曲求全、左右逢源，能夠在二十幾年的時間裏得以艱難維持。〔註 168〕這一評價指出了市民公社的局限性，也說明其所處環境下的無奈選擇。

二、各級自治選舉中的不法及訴訟

選舉是衡量地方自治本質的標準之一，選舉與被選舉的資格是否有利於人民大眾，選舉的程序是否公平、公正，選舉的結果是否能夠代表最廣泛的人民大眾的意志，等等，都將直接決定地方自治的本質。在地方自治籌辦之前，憲政編查館即指出地方自治重在得人，並警示說：「地方自治，以本鄉之人辦本鄉之事，情親地近，功效易見，而流弊亦易生。選舉苟不得人，則假公濟私，把持壟斷，將利未形而害先見，全在地方州縣於監督選舉時，愼之又愼，必使當選者皆得正人，乃能收相助爲理之益。……應請旨飭下各督撫，愼選牧令，嚴切誥誠，務令所選之人皆合資格，不得使品行悖謬營私武斷之徒濫廁其列，以期扶持善類，屏黜奸豪，仰副朝廷揚清激濁好惡同民之至意。」〔註 169〕根據清廷所頒地方自治章程，一般民眾往往被排除在選舉與被選舉的範圍之外，形成事實上的不平等。其實，既使在狹小的範圍之內，選民的態

〔註165〕蘇州商會檔案乙 2-1，蘇州檔案館藏，第 276 卷。轉引自王聖誦：《近代鄉村自治研究》，中國政法大學 2005 年未刊博士畢業論文，第 76 頁。
〔註166〕《市民公社之繼起》，《申報》，1909 年 12 月 13 日。
〔註167〕蘇州市檔案局編：《蘇州市民公社檔案資料選編》，內部資料，第 33 頁。
〔註168〕蘇州市檔案局編：《蘇州市民公社檔案資料選編》，內部資料，第 24 頁。
〔註169〕故宮博物院明清檔案部編：《清末籌備立憲檔案史料》，北京：中華書局出版 1979 年版，第 727 頁。

度及選舉程序的公正性仍然令人懷疑。

　　事實證明，在城鎮鄉地方自治職員的選舉中，既使獲得選舉權的人們，其積極性也不高。如蘇州長元吳城廂，甲級選民八十三名，乙級選民約四千八百數十名。〔註170〕在乙級選民投票時，五城區共到二百九十二人，不及總數的 6.08%；〔註171〕在甲級選民投票時，到者僅三十八人，結果導致次日開票時被選舉人不足額。〔註172〕錫金城廂自治職員選舉略勝於長元吳，其甲級選民八十一名，乙級選民一千八百九十四名。〔註173〕在乙級選民投票時，到者也僅二百七十人，占總數的 14.26%。〔註174〕丹徒縣在城廂地方自治乙級選民投票時，共投四百四十票，未投者約有八百餘人之多。〔註175〕由此可見人們對自治選舉之冷淡。

　　爲什麼人們對選舉的態度如此冷淡？這在傳統士紳之處世態度中可以找到某些答案。蘇州巡撫程德全指出：「地方自治爲一國行政之基礎，故議事會、董事會及鄉董鄉佐均得其人則基礎完固，然鄉黨自好之士不肯問事，已爲中國社會上心理之習慣」。〔註176〕另外還有一部分人認爲，自己已經成爲這個時代的落伍者，與其入世，不如退隱，「一個傳統的比較正直的紳士，他明白自己已成爲這個時代的落伍分子，在政治上又遭受了前所未聞的壓迫，若是他眞能以社區人民的利益爲重，爲了不願意得罪農民，或者甚於慈善的心腸，他就寧願潔身退隱」。〔註177〕這又代表一部分人的心態。因此在蘇省自治職員選舉過程中，傳統士紳往往不屑於參選，或被選後不遴位，或頻頻辭職，結果導致自治職員之職位多被地痞流氓趁機篡取。下錄長洲某紳覆縣令的信函試加以說明：

　　　　豹文公祖大人閣下，

〔註170〕《自治籌備公所編造選民總數》，《申報》，1910 年 1 月 9 日。
〔註171〕《各省籌辦地方自治》，《申報》，1910 年 2 月 18 日。
〔註172〕《各省籌辦地方自治》，《申報》，1910 年 2 月 20 日。
〔註173〕《城廂自治籌備之進行》，《申報》，1910 年 1 月 28 日。
〔註174〕《各省籌辦地方自治》，《申報》，1910 年 2 月 18 日。
〔註175〕《各省籌辦地方自治》，《申報》，1910 年 2 月 23 日。
〔註176〕江蘇蘇屬地方自治籌辦處編：《江蘇自治公報類編》，卷一至卷三，文海出版社 1989 年發行，第 19 頁。
〔註177〕吳晗、費孝通等：《皇權與紳權》，上海：上海書店出版社 1991 年版，第 128 頁。

敬覆者，前奉大照，承委弟等設立自治公所，剋期舉辦。弟等
猥以菲材，年力不逮，彌懼不能勝此重任，惟會城鎮鄉地方自治為
目前必不可緩之舉，業奉大憲議決，於宣統元年就城廟地方首先具
辦。而省垣為觀瞻所繫，自治機關尤不可緩，現擬暫借元妙觀方丈
內未辦公之所，該□地適居中，集議較為便利。獨弟等以衰髦之軀，
濫竽其間，易致叢勝，且設立以後，一切手續頭緒紛如斷，非衰軀
所能勝任，尚祈閣下，選擇年富力強，公正明達者，以善其後，是
所禱切。專覆。敬請臺安，準照不宣。〔註178〕

根據此一信函可以看到，該紳在自治籌備其間應縣令之命積極參與其間，但
在自治公所成立之後，卻採取了急流勇退的方式，反映了當時部分士紳的一
般心態。正直之士對自治選舉不熱心的另一面卻是部分鑽營之徒對自治選舉
的「過度熱心」。此由運動選舉之盛行中可以看到，以下略錄幾則時人評論予
以證明：

自治選舉談一：地方自治無地不歎乏才，此次城鎮鄉選舉，其
秀而能者，已搜羅淨盡，且不得已而求其次矣！運動而得者，比比
矣！吾不知他日府廳州縣自治之選舉將人才安出？

自治選舉談二：一次運動不得當，則二次運動；代人運動不得
當，則自行運動；堅忍卓絕，百折不回，不達其目的不止。然則我
蘇風尚號稱柔懦，或者甲級當選，諸公可以一雪此恥。

自治選舉談三：納稅不多可以入甲級，鄉評不齒可以得多票，
甘犧牲地方公益者而竟舉此人。然則匿稅不報放棄權利者，其尚為
鄉黨自好之徒歟。〔註179〕

從以上議論中不難看到，部分鑽營之徒在自治選舉中使盡了渾身解數。這進
一步強化了清高之傳統士紳不願參加選舉的心態。這一冷一熱的態度對比，
進一步證明，自治選舉的程序遭到了嚴重的破壞。

這種程序的非正義性從自治職員選舉訴訟中亦復不少。「我蘇選舉自治議
員以後，其被攻訐之人，至居當選者之半數，則各議員之不滿人意可知。」

〔註178〕《為拒任自治公所職位覆長洲趙邑尊函》，蘇州市檔案館藏，蘇州商會〔民
　　　　國〕檔，I14-001-0274-021。
〔註179〕《時評》，《申報》，1910 年 2 月 24 日。

以至於出現不管惡名善名，只要常常聞名，便選舉之，於是「刁矜劣董聯翩攜手來矣」；但聞某人能辦某事，便選舉之，導致被選者始終是寥寥數人；還有礙於情面而選舉之者。〔註 180〕有人把松屬某地自治議員選舉寫成竹枝詞，傳唱里巷：

府廳州縣近時忙，新政遵行日未遑，諮議局員剛舉罷，又將自治辦城廂。

結黨營私運動人，茶坊酒肆暗梭巡，點頭知照低低囑，名字君須認得眞。

舉人乙級定期先，甲級偏教後兩天，畢竟主持尊甲級，一單傳後一單連。

躊躇滿志費疑猜，某氏如何尚未來，幾日前頭曾重託，今朝失信不應該。

翌日忙開投票筒，姓名高唱耳邊□，一心主念都因己，那管音同字不同。

濫竽充數互相爭，訴訟爲難一縣尊，請示姑□籌辦處，盡致兩造□輸贏。〔註 181〕

在江蘇省地方自治職員選舉過程中，隨著不法事件的增加，訴訟亦隨之增加。此處再以蘇屬自治職員選舉訴訟爲例，做一簡單分析：

3-3-1：蘇屬各級自治籌備中部分選舉訴訟事件列表

訴　訟　人	被訴訟人	訴訟理由	結　　果
鎭江府學廩生周祖蔭	自治公所所長	徇情濫選	令蘇屬自治籌辦處澈查
常昭二縣澈查關於法科舉人趙曾翔、選民屈如干等十八人	自治議董丁英、錢霖、蔣可式等	吸食鴉片，品行悖謬	因趙、屈等人電文情詞惝恍離奇，恐係挾嫌誣告，因催令二縣澈查
青浦縣廩貢生吳昌壽	被選人施恒霈	選舉票姓名誤寫是否有效	蘇屬自治籌辦處判決該選票有效

〔註 180〕《時評》，《申報》，1910 年 3 月 5 日。
〔註 181〕《松屬某邑選舉自治議員》，《申報》，1910 年 3 月 4 日。

常昭士紳沈朱軾	縣議事會議員	父喪十六日，雉髮易服，出入茶肆，到場投票	令蘇屬自治籌辦處澈查
嘉定城自治區選民附生廖世培	嘉定籌備自治公所	違章舞弊，監督徇情袒護	所列各條確有誤會之處，並不符實
馮汝驥、王景沂	自治公所、於中林	自治公所選舉違章、投票選舉不甚洽輿情，開票投票諸不如式，或一人投數票，或冒名代簽等弊，大約自治公所職員入選者居多數，被選舉人亦頗有劣跡；於中林吞賑賣荒被控有案	令蘇屬自治籌辦處澈查
奉賢縣吳振寰等	城廂自治公所	濫選有礙選舉	令蘇屬自治籌辦處澈查
川沙附生馬元鼎等	龔文煥、施惠等	龔文煥等營謀悖選，請剝權澈究等，又稟龔煥、施惠二人平日包攬詞訟、武斷鄉曲及種種不法行為	令蘇屬自治籌辦處澈查
川沙廳監生員顧懿行、孟祖詒等	廳自治籌備公所正副所長陸家驥、張志鶴等	選舉違章	所控陸家驥張志鶴等各情既無事實，可毋庸議，顧懿行等捏詞誣告，給予嚴厲告誡

資料來源：近代中國史料叢刊三編，第五十三輯，江蘇蘇屬地方自治籌辦處編：《江蘇自治公報類編》，卷七至卷八，文海出版社有限公司印行。

　　在以上所列選舉訴訟案中，因為大多數訴訟沒有調查結果，難以進行量化分析，只能就其整體情形作一概括的評論。雖然部分案件被判為誣告或不實，但是卻不能排除事實的存在。以空穴來風、無事生非來解釋這些誣告行為，顯然不合邏輯。而唯一的邏輯則是在訴訟背後隱藏著某種利益糾葛，如崇明縣籌辦自治，士紳互控成風，最後巡撫派人前往崇明縣會同姚縣令嚴切查辦，調查結果是：「崇明健訟成風，棍徒刁唆，匪夷所思，而一二士紳，又皆相猜忌，各逞私意，肆行纏訟，間有公正之人，則群相排軋，假控告以遂其私。」〔註182〕所以，所謂的利益糾葛主要是自治選舉過程中，地方精英之間因權力之爭而相互傾軋。

────

〔註182〕江蘇蘇屬地方自治籌辦處編：《江蘇自治公報類編》，卷七至卷八，文海出版社1989年發行，第471～472頁。

從當時《申報》之報導數量來看，各級自治職員之選舉訴訟似較蘇省諮議局議員選舉時少了許多，而實際狀況卻恰恰相反，自治職員選舉訴訟減少的原因是人們對選舉失望到不屑一顧的程度。有人評論到：諮議局成立時，電報、投稿、來函日必數起，自治成立則寥寥，由此可見人們對自治之冷淡。亦可預見自治之前途。〔註183〕因此，可以斷定，在自治職員選舉過程中，勢必存在更加廣泛的舞弊行為。當自治職位一旦被劣紳地痞所攫取，地方自治事業亦勢必陷入囹圄。

這在蘇省地方自治推行過程中對自治職員的訴訟案可以窺得一斑：1910年五月，吳江縣發生附生潘文海控訴柳埇森一案：潘文海世居吳江縣之勝莊村，自治區域劃入北庫區內，該區籌辦所董柳埇森，綽號「拆屋董事」，其子柳耦耕，聲名甚劣，品行卑污，久為人所切齒。在地方自治籌備期間，柳埇森多有違背章程的行為，如派人到區內各村，准開煙館，收捐充費等。是年三月初旬，本區鄉愚惑於宜荊各屬謠傳，聚集至柳埇森家，向其索回調查名冊。因人多擁擠，導致燈窗等物損壞。該董事前未向民眾宣講自治及調查戶口之理由，事後又施以不正當辦法，「遽用強硬手段，以為泄怨索詐地步，……其平日積隙之人，都為污蔑，鄉人貧無力者，則送縣枷責，以伸私憤」，等等。自治籌辦處派科員黃丞鳳前往密查，調查結果是：所稟基本屬實，柳埇森情況較為特殊，其並未直接參與敲詐行為，該事件實由副所董曹德徵、地保馬阿金巧與柳埇森族人柳士梅及差役等經手。蘇屬自治籌辦處表明要嚴加懲戒。〔註184〕

另外，震澤縣五都區附生孫祖經稟控自治所長盛際虞矇官殃民、惡劣益甚等，自治籌辦處即派科員金樹芳前往調查。〔註185〕調查結果為所控各節不符事實，但盛遇事剛愎，不知和衷共濟，溺愛其子，應著縣隨時察看。〔註186〕廩貢生湯鴻鈺等稟控蔡日暄武斷鄉曲一案。〔註187〕崇明縣士紳馮經芳等稟學

〔註183〕《時評》，《申報》，1910 年 3 月 10 日。
〔註184〕江蘇蘇屬地方自治籌辦處編：《江蘇自治公報類編》，卷七至卷八，文海出版社 1989 年發行，第 427～431 頁。
〔註185〕江蘇蘇屬地方自治籌辦處編：《江蘇自治公報類編》，卷七至卷八，文海出版社 1989 年發行，第 444 頁。
〔註186〕江蘇蘇屬地方自治籌辦處編：《江蘇自治公報類編》，卷七至卷八，文海出版社 1989 年發行，第 453 頁。
〔註187〕江蘇蘇屬地方自治籌辦處編：《江蘇自治公報類編》，卷七至卷八，文海出版社 1989 年發行，第 502～503 頁。

董陸燦昕徇私害公一案。〔註188〕昭文縣梅里鎮試用訓導馮崇義等稟控劣紳黃岡營私武斷，因令該縣查黃岡營私武斷、控案累累一案。〔註189〕趙麟書等稟控許其榮清鄉冊結算有浮濫情事一案。〔註190〕日本留學生施恩曦等稟控該縣自治所長薛萬英營私舞弊一案。〔註191〕武陽兩縣紳商學董等稟控於定－－案。〔註192〕蘇州府留東同鄉會稟控洞庭東山劣紳周傳經謀充自治會長，威福自肆，毫無忌憚一案，等等。〔註193〕皆屬此類情事，其在一定程度上說明，因為自治選舉程序出現問題，最終導致自治選舉訴訟層出不窮。

民政部在致各省督撫的電文則如是說：「地方自治議董等會，現均次第成立，所有被選各員，潔己奉公，能謀地方利益者，固不乏人，而營私武斷致滋地方擾累者，亦時有所聞。自治為憲政根本，創辦伊始，不加審察，使良法適成苛政，阻憲政進行之機，關係匪淺，即希轉飭各該監督官廳，遵照定章，妥為監察，倘有假公濟私，逾越範圍者，應即立援奉章辦理，毋得稍事姑容，致失立憲本意」。〔註194〕魏光奇經研究後指出：「由新官紳把持的地方機構借辦理『新政』和各種自治性事務而向農民、小商販濫征稅捐、強行攤派財物，並從中貪污中飽，是清末至1930年代初的普遍現象。」〔註195〕

總之，通過對地方自治選舉與被選舉資格的確定、選舉程序、選舉結果等幾個方面的分析，可以看到，清末地方自治僅僅是少數地方精英所主導的自治；選舉程序的不公正導致自治職位被少數鑽營之徒所霸佔，其結果必然是以私害公，這強化了民眾對地方自治的反感，消弱了地方自治應有的效

〔註188〕江蘇蘇屬地方自治籌辦處編：《江蘇自治公報類編》，卷七至卷八，文海出版社1989年發行，第504～506頁。

〔註189〕江蘇蘇屬地方自治籌辦處編：《江蘇自治公報類編》，卷七至卷八，文海出版社1989年發行，第512頁。

〔註190〕江蘇蘇屬地方自治籌辦處編：《江蘇自治公報類編》，卷七至卷八，文海出版社1989年發行，第458頁。

〔註191〕江蘇蘇屬地方自治籌辦處編：《江蘇自治公報類編》，卷七至卷八，文海出版社1989年發行，第451頁。

〔註192〕江蘇蘇屬地方自治籌辦處編：《江蘇自治公報類編》，卷七至卷八，文海出版社1989年發行，第475～476頁。

〔註193〕江蘇蘇屬地方自治籌辦處編：《江蘇自治公報類編》，卷七至卷八，文海出版社1989年發行，第486～487頁。

〔註194〕江蘇蘇屬地方自治籌辦處編：《江蘇自治公報類編》，卷一至卷三，文海出版社1989年發行，第120頁。

〔註195〕魏光奇：《官治與自治──20世紀上半期的中國縣制》，北京：商務印書館2004年版，第367頁。

果。另外，自治選舉的過程，亦是第三領域的傳統領導者——公正士紳逐漸退出國家與社會調和者的角色的過程。新選舉出的區域社會的代表，不乏有傳統正紳和正直之士，但也摻入不少通過運動而入圍的地痞無賴，這些人無論在資歷上，還是在道德自律上都不能與傳統士紳相比，他們的加入加劇了士紳隊伍的劣化。不管是把執行國家政令看做最高目標，還是把謀取私利作爲第一要求，這些人都不能代表區域社會的利益，這勢必導致地方精英與民間社會關係的緊張，國家與民間社會之間「彈簧」的硬化，勢必增加兩者之間的矛盾和鬥爭。

三、反自治民變及自治區域劃分中的爭端

在江蘇省地方自治推行的過程中，反自治民變此伏彼起，這一現象引起研究者的極大興趣。爲什麼「惠及」基層民眾的自治，反而遭到廣大民眾的反對，並引起更大範圍的社會動蕩？筆者試結合江蘇地方自治推行過程中的反自治民變與自治區域劃分中的糾紛加以說明。

（一）清末反自治民變

清末江蘇反自治民變可粗略以 1910 年 3 月爲界分爲前後兩個階段：第一個階段以反對戶口調查爲主，〔註196〕次數頻繁；第二個階段次數減少，但來勢兇猛，原因更加複雜。〔註197〕

地方自治的推行，以戶口調查爲入手之法，「調查戶口，何爲乎？曰將以爲自治統計也。調查選民，何爲乎？曰將以爲自治選舉也。」〔註198〕所以，戶口調查是所有自治事業的基礎。在清末戶口調查過程中，江蘇各屬所制訂的規程並不一樣，如武陽縣自治辦理順序爲：先調查選民，然後選舉議、董兩會，次再調查戶口。〔註199〕丹徒縣則先劃分區域，設立宣講所，然後派員

〔註196〕據有關統計，在 1909 年、1911 年兩年間，直接因反對調查戶口而發生的民變遍及全國 15 個省區，其中江蘇省 37 起，是各省中最多的。(《清末民變表》，《近代史研究》1982 年第 4 期。) 因此對江蘇省的研究較具典型意義。

〔註197〕王樹槐先生將之分爲三個階段：1910 年以反對戶口調查及每戶收取紙筆費爲主；1911 年以爭奪廟產爲主；1911 年 2 月之後，雖有搗毀自治局之案件，但情勢總體緩和。王樹槐：《中國現代化的區域研究：江蘇省，1860～1916》，中央研究院近代史研究所 1984 年版，第 208 頁。

〔註198〕《各鎮鄉調查戶口選民淺說》，《申報》，1910 年 7 月 8 日。

〔註199〕《武陽自治公所開職員會》，《申報》，1909 年 8 月 9 日。

調查城內外人民戶口。〔註200〕而後一種先宣講，後調查的方式，爲大多數地方所採取。

爲了打消人民的疑慮，在調查戶口之先，蘇屬地方自治籌辦處先就調查戶口的好處進行了廣泛的宣傳，其先言及古代聖賢對調查戶口的重視，再宣揚當前預備立憲之際調查戶口的諸多好處。〔註201〕蘇屬自治籌辦處還爲此制訂簡明告示：

> 籌辦地方自治，先須選舉人民，此次調查戶口，即係選舉先聲，概不假手書吏，辦理均用員紳，並無抽收之意，不須耗費分文，選民極爲榮耀，全在調查分明，爾等宜知此理，均應從實報陳，切勿稍有疑慮，致啓臨時紛爭，用特明白曉諭，仰即一體凜遵。〔註202〕

這樣做目的無非是「誠恐民間多所疑慮」。但仍不免出現抵制的情況，如蘇州長元吳自治籌備公所在調查戶口的過程中，就遭遇不少困難，「聞各鋪戶中明白事理及深悉自治之內容者，皆按照調查各節，逐一答覆。無如不悉自治之理由者居多，以及工藝各店鋪人等，皆不肯詳確報告，且須調查田地房屋納稅之據，多有不肯取出示人者。聞係隨口答覆者居多，照此情形，所查戶口之數，尚難確實，何況他項哉！」〔註203〕除鋪戶外，富有權勢之人亦是戶口調查中的一大障礙。在長元吳「西南二路公館居多，動生阻力」。〔註204〕結果導致「各調查員所查之各戶口數，皆不能確實」。〔註205〕

調查選民則面臨更多困難。因爲選民調查又要增加更多額外的內容，諸如年納正稅、公益捐等皆須登記，〔註206〕這正好違背了中國人不願露富的傳統心理。在常州武陽縣的調查中，雖自治公所事先到處宣講，挨戶遍發傳單淺說，但「日來城外坊廂，因有城鄉爭議，調查尚未著手。城內則均已告竣，計合格者不過千人。聞武陽選民實不止此數，因不知調查爲何事者居多，一遇調查員入門詢問年齡，稅額，疑忌多端，密不相告，甚有將調查員揮之門

〔註200〕《自治公所會議辦法》，《申報》，1909 年 8 月 12 日。

〔註201〕江蘇蘇屬地方自治籌辦處編：《江蘇自治公報類編》，卷四至卷六，文海出版社 1989 年發行，第 430～431 頁。

〔註202〕《籌辦處調查戶口之示諭》，《申報》，1909 年 9 月 27 日。

〔註203〕《調查戶口之困難》，《申報》，1909 年 10 月 6 日。

〔註204〕《自治公所籌議調查之進行》，《申報》，1909 年 10 月 27 日。

〔註205〕《蘇省調查戶口困難之原因》，《申報》，1909 年 11 月 11 日。

〔註206〕江蘇蘇屬地方自治籌辦處編：《江蘇自治公報類編》，卷二，文海出版社 1989 年發行，第 125 頁。

外者，地方情形如此，可憐亦復可笑！」〔註207〕在自治籌備之初，大部分地方的選民調查，尚無過激行為。此大概是因為選民多為殷實富戶，多少有些見識。當城鎮鄉自治機關成立之後，各地復對戶口及選民進行全面調查，此次調查因涉及面擴大，結果引起此伏彼起的抵制戶口調查的民變。

　　江蘇省最早的民變當屬宜荊民變，1910年二月份，當調查員在常州宜興和橋鎮調查戶口時，恰逢該處瘟疫流行，死人無數，有無知之徒藉端造謠，引起鄉民疑忌，結果一唱百和，聚集千餘人，於二十七日蜂擁至該鎮鵝山學校，發生毀學事件，並與前來彈壓的官員發生衝突。〔註208〕不久常州荊溪之蜀山鎮亦因調查戶口釀成毀學重案。〔註209〕時人一般稱之為宜荊民變。此後在各地人口調查過程中，民變不斷髮生，如武進矜孝、淮南兩鄉，在宜荊民變影響下，鄉民亦群起暴動，矜孝將調查原薄索回，淮南並將辦事諸人毆傷。〔註210〕其他如鎮江丹陽縣屬南門外各區、〔註211〕蘇州吳縣香山地方、〔註212〕常州陽湖豐南鄉、〔註213〕蘇州震澤縣屬震澤鎮落鄉五都區吳漊地方、〔註214〕鎮江鎮郡南鄉西十村、〔註215〕鎮江鎮屬金壇縣、〔註216〕揚州揚子縣城廂，〔註217〕等等皆發生民變，可謂民變蜂起。時人評論到：「調查戶口為籌辦自治第一手續，而乃風潮迭起。即以江蘇論，揚州也，常州也，通泰也，此倡彼和，聞者寒心，……此風不息，自治終難進行，有籌辦之者，竟無策以善其後耶。」〔註218〕

　　普通的戶口調查，為什麼會引發如此眾多的民變？筆者認為，原因大概有以下五點：

　　第一，在民智未開之時，一般民眾對於新生事物往往持排斥心理。「問天氏」對遍及江蘇省的自治民變有如此評論：「開通知識之教育尚未遍及於

〔註207〕《調查選民之困難》，《申報》，1909年10月24日。
〔註208〕《宜興調查戶口之風潮》，《申報》，1910年3月11日。
〔註209〕《宜興調查戶口風潮續聞》，《申報》，1910年3月16日。
〔註210〕《調查戶口風潮之滋蔓》，《申報》，1910年3月22日。
〔註211〕《鄉民因調查戶口聚眾滋事》，《申報》，1910年4月15日。
〔註212〕《香山自治公所被毀詳情》，《申報》，1910年4月16日。
〔註213〕《陽湖調查戶口之風潮》，《申報》，1910年4月19日。
〔註214〕《震澤鎮又因調查戶口滋鬧》，《申報》，1910年4月24日。
〔註215〕《調查戶口風潮寢息之原因》，《申報》，1910年4月25日。
〔註216〕《金壇調查戶口鬧事詳記》，《申報》，1910年4月29日。
〔註217〕《揚子縣調查風潮詳記》，《申報》，1910年5月31日。
〔註218〕《時評》，《申報》，1910年5月30日。

閭閻，故惟學士大夫能明夫新政之深意，與其不可不行之故。若夫野老鄉豎，於一切新政既爲平素所未見未聞，一旦接觸於耳目間，自不免傳爲異事，演成不經之說。」〔註219〕戶口調查過程中，之所以出現荒誕不經的謠言，與民智未開有著必然的聯繫。

第二，民眾懷疑調查戶口是爲了抽丁抽稅。因爲戶口調查並非僅僅涉及人口及性別的調查，其還涉及很多相關的名目，根據清末調查戶口表式可以看到，其調查項目包括尊屬、親屬、同居、傭工的姓名、年齡、籍貫、職業、住所等各個方面。〔註220〕在民智未開的情況下，這種欲將戶籍、自治人口調查畢其功於一役的做法，很容易讓人聯想起過去派捐派餉的行爲，因此，很多人不願透漏實情。加上新政推行以來，「各省督撫因舉辦地方要政，又復多方籌款，幾同竭澤而漁」，〔註221〕不免進一步增強了人們的牴觸心理。

第三，莠民大肆製造謠言。據蘇屬自治籌辦處的調查，莠民可分爲兩種：第一種是那些不安分的人，他們「要有事，怕太平，巴不得村莊上有些事情，他好從中取利，或是與本地方有錢的人有些私怨，掀風作浪」；另一種則是師巫邪術，說神道鬼，造言生事，信口胡言的人。〔註222〕謠言也分兩種，一是利用一般民眾的迷信心理，宣傳調查戶口攝人靈魂的謠言。二是利用人們害怕征稅的心理，宣傳此次調查戶口是政府爲了派捐派稅。更多的是兩者兼具。如在對揚州泰興民變的調查結果中，寧屬藩臺樊方伯認爲，「此次謠諑飛流，始自宜興，延及東泰，近且上江兩縣，……江蘇雖號開通者，僅止士大夫，非所論於匹夫匹婦也。益以好亂樂禍之奸民，造言煽誘蠱惑。愚民者本不知憲法有何益，調查爲何事，其妄相揣測者，疑伏抽丁納稅之根；而素性愚迷者，遂信攝魄勾魂之說，惟其先有疑懼之心，故鼓之而易動。」〔註223〕

第四，戶口調查員在調查過程中借機需索的現象。因爲調查員素質良莠不齊，在調查過程中，借機向民眾攤派的現象在所難免，結果引發民眾的群起抵制。在揚子縣城廂調查戶口所引發的風潮中，就有坊保「大肆需索，每

〔註219〕《中國大事記》，《東方雜誌》第7卷第4號。
〔註220〕江蘇蘇屬地方自治籌辦處編：《江蘇自治公報類編》，卷二，文海出版社1989年發行，第122頁。
〔註221〕《光緒朝東華錄》，第五冊，北京：中華書局1958年版，第525頁。
〔註222〕江蘇蘇屬地方自治籌辦處編：《江蘇自治公報類編》，卷四至卷六，文海出版社1989年發行，第491～492頁。
〔註223〕《寧藩對於調查滋事之政見》，《申報》，1910年5月18日。

名須出錢數十文以爲紙筆之費。鄉愚苦於騷擾，造作浮言，遂有造鐵路招生魂，造洋橋取時辰之說。」〔註224〕泰州調查戶口激起民變，原因亦是因有鄉約借調查之機索取費用，「每名索錢十文，嗣經該莊董柳浩然知覺，限令將所得之費盡數交換各戶，並不准再與聞此事。某遂挾嫌煽惑鄉愚，謂此次調查，實係官紳將百姓庚賣與洋人，使用魂魄爲之造橋云云，於是風潮因之而起」。蘇州崑山縣因調查戶口之民變，亦有「令每戶各出紙筆費三十或五十文」的說法。〔註225〕

　　第五、戶口調查宣傳不到位，結果引發謠言，造成民變。如鎮江鎮屬金壇縣鄉民鬧事即「係未多設宣講所所致。愚民因聞宜興、荊溪兩縣棍徒宣傳，此次調查姓名以爲塡造洋橋之用。時適洋人過壇賣藥，遂造作謠言，聚眾至自治公所，肆意衝打，專與調查各員董爲難，滋鬧不已，並要求退還調查戶口各冊。」〔註226〕

　　其實，更多的民變往往是綜合以上幾種因素，如在對震澤縣屬震澤鎮落鄉五都區鄉民鬧事的調查中，官廳有比較詳細分析：「（一）上年各省籌還國債會之事，有四萬萬人，按人分攤，每人攤若干等語，鄉民以爲此次調查戶口，必按人攤還國債之用。（二）自治經費議定每畝帶收五文，鄉民已完糧者，近日又紛紛飭令補繳，各鄉民多有不願捐者。（三）各鄉調查戶口當事者因有鎮鄉關係（凡滿五萬人口者爲鎮，不滿五萬者爲鄉），調查時格外詳細，凡婦人年歲及母家姓氏住處等項皆──詳詢入冊，鄉民以爲別有用處，故如是之詳細。（四）調查之後，適某鄉有瘟疫，人口死去甚多，鄉民以爲因此而死，凡入冊者恐盡要死矣。有此數事，印入鄉人腦筋，故萬眾一心，無可理喻云。」〔註227〕

　　以上諸端表面上看是紳民關係的激化，而深層的原因仍在於官民之間的隔閡。以往官對民往往是以盤剝爲能事，官民之間缺乏基本的信任感。因此，當官廳宣傳推行地方自治，賦予人們以權利時，不但得不到支持，反而引起人們的猜忌。地方士紳因秉承行政官廳的意旨調查戶口，其必然成爲被直接打擊的對象。這其實是官民矛盾的一種變型。在《論調查戶口》一文中，其

〔註224〕《揚子縣調查風潮詳記》，《申報》，1910年5月31日。
〔註225〕《中國大事記》，《東方雜誌》第7卷第6號。
〔註226〕《金壇調查戶口鬧事詳記》，《申報》，1910年4月29日。
〔註227〕《江震鄉民反對調查戶口詳情》，《申報》，1910年4月29日。

明確指出：「今之一言調查而事變卒起者，以現象言之，固仇視紳董也，而其原實始於仇視官。」〔註228〕

以上評論不無灼見，但就當時情形看，馬上解決這些深層次的矛盾是不可能的。所以，只好先從簡單易行的方法入手，即廣開宣講所，通過各種宣傳來化導人心。這一點引起督憲、蘇屬自治籌辦處、江南籌辦地方自治總局，以及各級地方官廳的重視。

督憲主張通過張貼宣傳品的方式來加強對戶口調查的宣傳，並特地制訂幾則白話宣傳告示，以下特錄告示一則：

> 督憲調查戶口禁止謠傳白話告示

> 照得調查戶口係奉旨飭辦之事，專爲保衛百姓起見。從前辦保甲、查門牌與此相仿，不過門牌久成具文，現在既要調查，不得不認眞辦，即如查問年歲，又問一家男幾口，女幾口，本是從前查門牌的舊法，凡鄉間讀書年長之人，必定知道的，朝廷與地方官要保護這地方，先要曉得這地方有多少人口，也是一定的道理，既不是爲抽丁，更不是爲抽税，大眾都可放心。不料江蘇各州縣近日有人亂造謠言，說調查戶口八字是攝人靈魂，此種荒唐奇怪的話，爾等何以公然相信，無論八字叫人知道，也決不會送命，況調查戶口只問年歲，決不問八字，至於鐵路打樁要用靈魂，更是荒謬絕倫的話，可憐爾等不讀書不識字，以致受人之愚。大抵造謠言的，多是匪人，原想趁此鬧事，搶劫得財，爾等跟著胡鬧等，到拿人問罪，悔之晚矣。本部堂深憫爾愚昧無知，誤信謠言，反致身家不保，是以諄諄告誡，不憚苦口。爾等此後須安分守法，聽憑調查，才無禍患。此次各屬所用調查員，多本縣本鄉明白之人，由地方官發給費用，斷不擾累，民間如有跟隨人役，或有需索，以及冒充調查員想來需索的，爾等盡可赴縣申訴，或通知公正村董及本地讀書人，必能爲爾等理直，如爾等憑空滋鬧，無故犯法，便怨不得地方官了，凜遵特示。〔註229〕

〔註228〕《論調查戶口》，《申報》，1910 年 3 月 20 日。
〔註229〕江蘇蘇屬地方自治籌辦處編：《江蘇自治公報類編》，卷七至卷八，文海出版社 1989 年發行，第 408 頁。

在該告示中，其對自治人口調查的目的、方法、原因，以及近期謠言惑眾、人們的誤信謬行等都有所提及，是一個相當全面的宣傳品。

蘇屬地方自治籌辦處則頒佈《廳州縣流通宣講章程》，詳細規定自治宣講的辦法。如每廳州縣籌備自治公所應設宣講員十人，按期派赴各鎮鄉人口眾多地方流通宣講，其各地方自設之宣講所照常設置。宣講內容包括人民宜有愛國之思想，國家預備立憲之德意，調查戶口之緣因，居民與地方之關係及選民之資格，城鎮鄉自治公所設立之緣因，地方自治之有益，普及教育之有益，謠言惑眾之不可誤聽，測量繪圖之緣因，關於地方自治之各種文告等。宣講地點應設於各鄉鎮墟集或廟宇等人群密集之處；每赴一地宣講以十日為期，每日以二小時為限；宣講時適用地方土語，宣講員並注意記錄人數之多寡；宣講完畢並詳詢聽講人，若有識字者則發給白話講義等。〔註230〕在該處擬定的《整頓自治辦法十三條》中，還特別規定「預防鄉愚之被煽之方法」，「由本處詳請撫院通飭各廳州縣，約束書吏、差役，訪拿無賴棍徒，毋任反對自治，煽惑鄉愚；其熱心自治人員如川沙等處之家被毀者，一律傳諭溫語撫慰，務令力圖地方公益，毋稍灰心；其川沙、南匯、丹陽、丹徒各處應請撫憲派員調查，如有莠民應查照清鄉成案辦理。」〔註231〕

江南籌辦地方自治總局亦對前此一段時間出現的反自治民變提高警惕。其一面取消戶口調查所需紙筆費用，一面訂立新的辦法以防止民變發生，如調查員須明白宣示：一不拉捐，二不抽丁，同時禁止需索。先貼布告，7日後再開始調查。敦請有聲望的人士演說，明示不抽捐、不需索之意，凡納稅當兵之套話及緝奸查匪之危言，皆屏勿談。調查員應擇性情平和公平曉事者任之，調查先以聯絡本地人為主，不可貿然前往。地方官應勤加抽查，使造謠之頑民及辦事之隨從，皆有所警惕。〔註232〕當泰州出現士紳控訴人口調查員不肖的風言時，江南籌辦地方自治總局馬上派人進行調查，調查結果認為，此並非調查員之問題，而是謠言所致，但為平息謠言，仍要求重新委定「和平誠實，鄉望素孚」之調查員。〔註233〕

〔註230〕江蘇蘇屬地方自治籌辦處編：《江蘇自治公報類編》，卷四至卷六，文海出版社1989年發行，第131～132頁。

〔註231〕江蘇蘇屬地方自治籌辦處編：《江蘇自治公報類編》，卷一至卷三，文海出版社1989年發行，第27頁。

〔註232〕《中國大事記》，《東方雜誌》1910年第4期。

〔註233〕《調查戶口或可改弦更張矣》，《申報》，1910年6月18日。

地方官廳更是把宣傳作爲防止自治民變發生的良方。泰興縣因民變迭起暫停戶口調查，擬先派人大力宣講，然後再行調查。〔註234〕華婁兩縣在縣自治籌備公所時，「議定鄉鎮自治所，亟宜先聘宣講員，逐處演講，以開民智，爲將來鄉自治之基礎。」〔註235〕武陽城廂戶口調查之前，做了更加充分的宣傳。〔註236〕因爲有事先的告示宣傳以及城中縉紳的示範作用，武陽城人口調查進展比較安靜。〔註237〕可以說，宣傳的效果是比較明顯的。在鎮鄉與縣自治的籌備過程中，民變的次數明顯減少。既使出現牴觸情緒，也往往是小規模的。如武進縣鳴鳳鄉卜弋橋鎮某紳不准調查戶口者將其所開當鋪記入調查簿，有更夫與調查員發生衝突，撕毀調查簿，而呈縣調查。〔註238〕這是典型的因怕課稅而引起的衝突。

但是。好景不長，在自治推行過程中，因爲捐稅的徵收、官廳的推諉、莠民的煽動、迷信的盛行等原因，導致民變再次發生，並且比前一階段來的更加迅猛。其中以松屬最爲典型：

1911 年一月某日，松郡東鄉淺蒲涇鎮因捐罷市，罷市後，鄉眾又分數隊至新橋鎮挨戶強賒，導致該鎮市面閉歇。之後，民眾以市面閉歇，無米可糴，要求新橋自治局負責，結果發生民眾搗毀自治局的事件。〔註239〕據時人記述，此次事件之發生，與捐稅徵收有極爲密切之關係。〔註240〕時隔不久，南匯川沙鄉民亦起反對自治。川沙廳西北鄉自治事宜由董事吳蔭卿主持，其辦事處所繫暫借唐墓橋鎮西南之俞公廟，該地與南匯接壤，俞公廟又是由川南人民集資公建，南匯鄉民以川南公立之廟爲川沙人獨自佔據，大爲不滿，迷信之人，尤以驚動神廟，必有災殃等詞，輾轉傳說，遂產生拆毀鄉董房屋的反自治風潮。浦東川沙鄉民則因加捐之說遷怒於新選自治董事，亦相繼出現打毀紳董房屋及學校的行爲。〔註241〕而另有傳聞說，風潮的背後是因爲自治公所的煙賭禁令損害了部分人的利益。〔註242〕此次風潮從發生到最後解決，耗時

〔註234〕《泰興稟報暫停調查戶口》，《申報》，1910 年 5 月 8 日。
〔註235〕《華婁籌辦自治之進行》，《申報》，1910 年 8 月 7 日。
〔註236〕《武陽城廂調查戶口先聲》，《申報》，1910 年 12 月 27 日。
〔註237〕《武陽城鄉開始調查戶口》，《申報》，1911 年 1 月 7 日。
〔註238〕《卜弋橋調查戶口之小風潮》，《申報》，1911 年 1 月 19 日。
〔註239〕《錢蒲鄉民搗毀自治局之眞相》，《申報》，1911 年 2 月 26 日。
〔註240〕《鄉民與自治公所爲難之又一說》，《申報》，1911 年 2 月 28 日。
〔註241〕《南匯川沙鄉民反對自治之駭聞》，《申報》，1911 年 3 月 5 日。
〔註242〕《四記川南鄉民反對籌辦自治之暴動》，《申報》，1911 年 3 月 7 日。

五個月之久，可以說是清末反自治民變中持續時間最長的一次。〔註 243〕川沙廳長人鄉自治副議長艾曾恪對此次民變的原因如此總結：第一，川境自治提前成立，出臺嚴禁煙賭政策，而臨邑較寬鬆，因此引起部分既得利益者的不滿；第二，地方行政官廳對肇事者的寬容態度導致事態進一步擴大；第三、巡警對肇事者拿辦不力，等等。〔註 244〕另外，武陽、〔註 245〕華亭、南匯、金山、陽湖、邵縣等地亦接連發生反自治的風潮。〔註 246〕

與前一階段的自治民變相比，此一階段的自治民變又出現新的特點：

第一、民變與自治職員素質不高、行政官廳放縱宵小有關。在自治職員中，有不少武斷鄉曲，劣跡昭著，唯利是圖之徒，他們的不法行為是惹起民變的重要原因。如吳縣某鄉自治副議長借自治名義敲詐鄉愚，得洋四十元，鄉評嘖嘖，舉國皆聞。〔註 247〕而官廳對宵小的放縱則使矛盾進一步激化，如常城北境豐西鄉民因夾城庵事灼傷自治所長戴彬，並兩次闖鬧公堂。官廳的處理結果是戴彬辭職、鬧事者從寬處理。此一結果引起周圍各鄉籌備自治士紳的反對，皆認為這樣會刺激民變，應該嚴懲鬧事者。〔註 248〕官廳之所以放縱，大概是懾於前一時段自治民變之威力，而放縱的結果，導致民變一再擴大。

第二、民變和權利與義務的不平衡亦有關。時人曾如此評論：「在辦理地方自治者，則曰我輩為地方謀公益，則地方應擔納捐之義務。此言固甚正當，而鄉民則謂我輩權利未享，而義務先增加無已，於是兩相□枘而衝突以起。」其進一步舉例說：「他縣我弗知，即以某縣城區自治局論，自開辦至今八閱月中之費用，觀決算表約四千五百元，而用之於公益事業者，僅四百餘元而已，此外皆用之於薪水、裝飾及一切雜用之途。所謂用之於公益事業者，不過築一模範路及修一二橋腳而已，而所謂模範路者，石子稜起，平民怨聲載道，咸謂不如不修之。為愈自治如此，而欲愚民之歡然，無間豈可得耶？竊願此後之辦理自治者，切實撙節，不求形式，量力而後動，庶可以弭禍亂而望發

〔註 243〕《川沙自治風潮之結果》，《申報》，1911 年 7 月 1 日。
〔註 244〕《川沙廳長人鄉自治副議長艾曾恪上蘇撫稟》，《申報》，1911 年 3 月 21 日。
〔註 245〕《武陽又有自治風潮發現》，《申報》，1911 年 3 月 16 日。
〔註 246〕《清談》，《申報》，1911 年 4 月 3 日。
〔註 247〕江蘇蘇屬地方自治籌辦處編：《江蘇自治公報類編》，卷四至卷六，文海出版社 1989 年發行，第 531～532 頁。
〔註 248〕《常守對付自治風潮之物議》，《申報》，1911 年 4 月 4 日。

達。」〔註249〕另外，在地方自治籌辦的過程中，「小民無知，未見自治的好處，先受捐錢的影響」，〔註250〕自然容易被人煽惑，激起民變。

第三、民變與部分既得利益者的煽動有關。如那些師巫邪術的人，平日胡說亂道，專以鬼神闖人，一旦自治發達，迷信被破除，其發財之道必然受阻，所以竭力破壞。再如一些頑鈍之人，平時恃符橫行鄉里，或依善堂為窟穴的，一旦自治興起，便覺不便於己，因屢思推倒自治。而地方上的失業無賴，則趁機興風作浪。〔註251〕即如禁絕煙賭一事，本來是國策，但是其發佈文告及執行者皆為地方自治機關，因此必然引起那些既得利益者的不滿，而將這筆賬記在地方自治機關的頭上。在川沙自治風潮中，部分胥吏實是煙賭的獲利者，其對於民眾的反自治行為，採取的就是教唆與煽動的態度。〔註252〕有人指出，地方自治推行之後，自治公所在地方事務中的地位大增，但是其所推行政策對大部分人有利，對另外一部分人可能有損，故容易引起反抗。另外，長久生活於專制之下的人民對與官廳的命令視為當然，對於地方紳董的命令則往往不屑，因此，自治機關所頒佈之章程並不為一般人所重視。加之官廳往往將地方事務皆委之於地方，自己不負責任。這勢必導致自治公所在政策推行過程中負擔增加，並成為責難的對象。〔註253〕同時，地方上公款公產以淫廟荒寺及僧道觀院為最多，在崇鬼祀神之迷信一時難以破除的情況下，一旦廟宇遭到侵犯，必然引起民眾的反對。〔註254〕

由此可見，此一階段反自治民變的發生，有著更為複雜的原因，民眾的迷信心理、官廳的放縱心態、既得利益者的教唆、自治職員的行為不當等，都可能導致民變發生。

當然，前後兩個階段亦有相同之處。如民變往往與民眾的迷信心理有關。自治推行過程中，皆有投機者利用人民迷信鬼神的心理，來煽動民眾來反對自治。如川沙之民變，即有「驚動神廟，必有災殃」的說法；而武陽陽

〔註249〕《危哉自治之前途》，《申報》，1911年4月3日。

〔註250〕江蘇蘇屬地方自治籌辦處編：《江蘇自治公報類編》，卷四至卷六，文海出版社1989年發行，第531～532頁。

〔註251〕江蘇蘇屬地方自治籌辦處編：《江蘇自治公報類編》，卷四至卷六，文海出版社1989年發行，第529頁。

〔註252〕《川沙自治風潮訊供之魔障》，《申報》，1911年4月14日。

〔註253〕醒：《論辦理地方自治亟宜改變方針》，《申報》，1911年3月14日。

〔註254〕醒：《論辦理地方自治亟宜改變方針》，《申報》，1911年3月13日。

湖豐西鄉之民變的直接原因則是因為自治公所設於僧庵內，該庵因盜案被封充公，而鄉人卻遷怒於自治公所。〔註 255〕再如，民變與自治加捐的傳聞有關。如川沙之民變，就有自治加捐的傳聞。「松屬紳民衝突之風潮可謂烈矣！華亭也，川沙也，南匯也，金山也，其近因雖各有不同，而遠因則終不外乎民窮財盡四字。」〔註 256〕因此，一旦有加捐謠言，便極易引發民眾的騷動。時人對此評論到：「如欲執行地方政事，勢非另籌款項不可，欲籌款項，又無他策，惟有抽收捐款，取之於民而已，小民不見辦理自治之益，但聞剝削小民之事，於是眾憤難遏，風潮遂由之而起，是則自治風潮之起。」〔註 257〕另外，學校往往占用舊有之祠觀廟庵，久為篤信鬼神之民眾所不滿，且是自治捐稅的分享者，以及地方自治的宣傳之所，不免殃及池魚。《東方雜誌》曾記載幾例，很能說明問題：江都縣嘶馬鎮一所初等小學堂被焚毀，堂長及庶務員均遭毀辱；楊家橋蒙學堂被搗毀，教員兩人被毆傷，以上兩案皆因「抽取學捐，鄉民積忿而起」。梁垛場西堤一所高等小學堂被拆毀，「則緣改佛寺為學堂，鄉民不悅而起，適遇毀學風潮極烈之時，遂乘機暴動。」〔註 258〕

　　總之，在清末地方自治推行的過程中，反自治民變是相伴始終的現象之一。除上文所列民變產生的直接誘因之外，更深層的原因則在於地方自治的推行使士紳階層的進一步分化，成分的分化則導致其功能的異化。王先明認為，在清末新政時期，士紳階層出現多向流動的現象，「不僅使它所擁有的『功名』身份逐步失落而不再構成一個特定封建等級，它還被日趨細化的新興社會職業所接納而趨於分化」。〔註 259〕具體到地方自治，則是在地方自治推行的過程中，造就了一批「新官紳」〔註 260〕（即前文所謂「權紳」），如在蘇省自治人口調查的告示中，其直接把自治職員比喻為「從前的秀才舉人」，〔註 261〕很能

〔註 255〕《武陽又有自治風潮發現》，《申報》，1911 年 3 月 16 日。

〔註 256〕《危哉自治之前途》，《申報》，1911 年 4 月 3 日。

〔註 257〕醒：《論辦理地方自治亟宜改變方針》，《申報》，1911 年 3 月 13 日。

〔註 258〕《中國大事記》，《東方雜誌》第 7 卷第 4 號。

〔註 259〕王先明：《中國近代紳士階層的社會流動》，《歷史研究》1993 年第 2 期，第 94 頁。

〔註 260〕魏光奇把清末地方自治推行之後，佔據基層社會主導地位的所有地方精英統稱為「新官紳階層」。參見魏光奇：《官治與自治——20 世紀上半期的中國縣制》，北京：商務印書館 2004 年版。

〔註 261〕江蘇蘇屬地方自治籌辦處編：《江蘇自治公報類編》，卷七至卷八，文海出版社 1989 年發行，第 425～426 頁。

反映一般人的心理與認識。這些人因依靠體制內強制力量而成為區域社會的管理者。與傳統正紳不同，他們既然以體制內強制力量為權威源泉，其必然以國家代理人的身份來執行行政官廳的政令，這無形中增加了民眾與地方士紳之間的新隔閡，「昔之所患在官與民隔膜，今之所患又在紳士與民分畛域。」〔註262〕同時，地方自治把士紳階層納入到體制內，導致紳權的擴張，其在分享本屬於行政官廳的職能的同時，也使官民之間的矛盾轉變為紳民之間的衝突。事實證明，在反自治民變中，民眾矛頭多直指地方紳董等自治職員，其進一步證明紳民關係的緊張。在王先明的研究中，其將「紳民衝突」驟然升高的趨向視為清末新政的時代特徵。〔註263〕這進一步證明此一階段紳民關係的緊張具有積累性和普遍性。在紳民衝突中，一些刁滑之徒利用一般愚民的迷信心理，推波助瀾，最終造成此伏彼起的反自治民變。從理論上講，因為第三領域領導成分的變化，導致其緩衝作用逐漸消弱，使原本處於相對「隔絕」狀態下的國家與基層社會直面的機會增多，當利益對立時，博弈成為常態，矛盾的激化成為必然。

（二）自治區域劃分中的爭端

在地方自治推行的過程中，自治區域之劃定是另外一項基本事務。但是，因為中國縣級行政界域向來混淆不清，這給清末自治區域的劃定造成很大的困難，這是導致自治區域劃分過程中，發生眾多糾紛的直接原因。「自城鄉分區之問題起，凡區域未定者，紛紛聚訟。」〔註264〕而利益糾葛則是隱藏在區域劃分糾紛背後的根源，「至於邊界之分割，區域之分合，紛紛聚訟，雖屬私意，然還是為地方上起見，並非為個人起見，私意之中，猶有公心，不過見理未透，於權利義務的分際未能了然於心，徒爭意氣，無當事實罷了。」〔註265〕不管公心還是私心，利益糾葛才是核心。通過對這些糾紛的分析，也許能夠更好地明瞭地方精英在地方自治推行過程中所扮演的角色。

常州武陽城鄉區域劃分之爭在眾多糾紛中最為典型。根據武陽志書中所

〔註262〕雨：《論化導人心為今日地方紳士之責》，《申報》，1910年4月6日。

〔註263〕王先明：《歷史記憶與社會重構》，《歷史研究》2010年第3期，第9頁。

〔註264〕《無錫西門外廿二六選字圖內惠山街應歸城區議》，《申報》，1910年3月29日。

〔註265〕江蘇蘇屬地方自治籌辦處編：《江蘇自治公報類編》，卷四至卷六，文海出版社1989年發行，第559～560頁。

載，武陽城內外共有十八坊廂，因城外坊廂之事向來歸城中辦理，故此次籌辦自治時，自治公所將城外坊廂併入城之區域。在開調查員談話會時，西門外某君對此提出異議，其認為城外坊廂為各鄉之第一圖，應歸入鄉之區域。〔註266〕由此開始了長達一年的自治區域劃分之爭。

為了避免區域劃分之糾紛，蘇屬自治籌辦處曾擬定辦法四則：「甲、城區域以城廂為準，廂之界未劃定者，以街市毗連為斷，不拘區圖，但中間間隔半里以上者，不得以毗連論。乙、鎮鄉區域以舊時某鎮某鄉所轄各都圖為準（其他與鎮鄉同等之名稱應比照辦理）。丙、凡鎮鄉固有區域不滿五十方里者，應行合併，過三百方里者應行分析。丁、凡一街市跨連二鎮鄉以上，同在本府廳縣內者，當以小者合併於大者。」〔註267〕但是該辦法在武陽城鄉之爭中並未見效。蘇屬自治籌辦處派沈保申來常州，會同府縣召集城鄉士紳協議劃區事宜，沈保申之意是按照籌辦處擬訂之區域劃定標準解決問題，根據此一標準，十八坊廂將被割去不少。對此，城紳作出有限讓步，而鄉紳卻不滿意，問題只好呈請督撫核定。〔註268〕在呈請督撫核定之前，自治籌備處先定折中意見，「按照武陽舊志，凡輿地門所列之街巷，——劃入城廂公所辦理，其餘村莊一律歸入鄉區，以昭公允。」〔註269〕但是這種意見亦不為武陽鄉紳所接受。本定於1月6日召集的劃區協商會，以鄉紳不出席而未果。〔註270〕在2月25日的會議上，因鄉紳堅持己見，區域劃分問題仍未解決。〔註271〕是年二月，武陽城公所為盡快將選民調查完畢，擬將城內選民原薄交監督，然後再造正冊。結果引起城紳的憤怒，因為這種方式意味著將城廂分離，不啻於再次巨大讓步。〔註272〕最終，武陽籌備城鎮鄉自治公所因區域問題拖延不決，延誤自治推行之期，商議全體辭職，以讓賢能。〔註273〕蘇屬自治籌辦處不得不再次派員赴常調查，但受到各鄉紳的排斥。〔註274〕最後，籌辦處調

〔註266〕《自治公所區域之爭議》，《申報》，1909年10月1日。
〔註267〕《解決自治區域問題》，《申報》，1909年11月22日。
〔註268〕《解決城鄉區域問題之困難》，《申報》，1909年11月20日。
〔註269〕《城鄉區域問題之解決》，《申報》，1909年11月28日。
〔註270〕《鄉人競爭區域之毅力》，《申報》，1910年1月9日。
〔註271〕《區域問題解決之為難》，《申報》，1910年3月1日。
〔註272〕《自治區域紛爭之訟案》，《申報》，1910年3月27日。
〔註273〕《武陽自治公所全體職員辭職》，《申報》，1910年5月5日。
〔註274〕《武陽區域爭議之近狀》，《申報》，1910年5月17日。

查員沈某與府縣商酌，決定由官府聯合城鄉士紳共同調查，以早日完成區域劃分，而利自治之推進。〔註275〕

　　人們之所以在自治區域劃分上爭執不下，實質上與現實利益的分割有相當之關係。根據費孝通「差序格局」這一理論，地方士紳的權力範圍，是以個人爲中心對其所處區域社會產生漣漪擴散般的輻射，在原來自然形成的、無明確疆界的傳統社會，這種輻射波將通過姻親、朋友圈子等不斷向外擴散。而一旦劃定清楚的經界，其「勢力範圍」勢必受到影響。因此，爲了獲得更大的利益，其對區域劃分是十分關注的，當劃分標準危及其區域社會的勢力範圍時，區域糾紛也就產生了。對於此一點，時人的認識是深刻的。「自治之障礙有二，一爲經費支絀，一爲區董紛爭。然經費之支絀苟得人以籌劃之，究亦可以逐漸進行。至於各挾私見，以相爭執，則無論經費之無著也，即使經費充足，亦將以私計滋出，而貽累地方。今之紛紛爭執者，豈非處於私見乎？挾私見以言自治，何自治之可言！」〔註276〕結合江蘇省的實際情況，筆者試將各種糾紛分爲以下四種類型：

　　第一、因經濟利益而導致區域劃分糾紛。如在無錫城廂與開原鄉對惠山街的爭奪中，便有明顯的經濟因素參雜其間。在城者認爲，「開原全鄉之財用，胥惟惠山一隅是賴。前日之惠山，一切教育經費，修除道路經費，以及種種公用經費，多得之城中之補助，一旦割而棄之，既補助之頓絕，且朘削之無益。惠山之脂膏，其□供此誅求乎，況固有區域內之地，豈容作調人之酬品。」〔註277〕非常明顯，開原鄉爭奪惠山街的原因在於惠山街給其帶來的經濟利益。

　　第二、因政治權益而導致區域劃分之糾紛。根據《城鎮鄉地方自治章程》第二條、第二十三條、第二十四條之規定，〔註278〕鄉鎮級別的劃分是以人口

〔註275〕 《武陽區域紛爭之結果》，《申報》，1910 年 5 月 19 日。
〔註276〕 《時評》，《申報》，1910 年 9 月 24 日。
〔註277〕 《無錫西門外廿二六退字圖內惠山街應歸城區議》，《申報》，1910 年 3 月 29日。
〔註278〕 《城鎮鄉地方自治章程》第二條、凡府廳州縣治城廂地方爲城，其餘市鎮村莊屯集等各地方，人口滿五萬以上者爲鎮，人口不滿五萬者爲鄉。第十二條，鄉有戶口過少，其選民全數不足議員最少定額十倍之數者，得不設置自治職，與同一管轄區內臨近之城鎮鄉合併辦理。若因地方情形不便合併者，除按章設置鄉董外，得不設鄉議事會，以鄉選民會代之。第二十三

為標準的，滿五萬者為鎮，不滿五萬者為鄉，因此人口的多寡在自治級別的劃分中具有決定性的意義。而不同的自治級別，權利往往有別，當人口過少時，各鄉有免設自治職及被臨近之城鎮合併的可能。因此，在體制強制力量成為區域社會權威源泉的時候，被合併於其他地方，實非地方精英所願。有人指出，「我省各處訴訟，有的是為了區域問題，不是某處強並了某處，定是某處不願附屬某處」。特別是對鎮鄉議員名額的規定亦是以人口為標準的，雖然人口多寡對於當選自治職員的幾率相同，但對於部分人卻具有決定性的意義。

　　第三、地方精英的勢力範圍問題是導致區域糾紛的重要原因之一。前面已經提及，地方精英的權力輻射範圍與行政區域的範圍有密切的關係。〔註279〕此一點在松郡東北鄉趙家、太平、陳家行、沙港、新橋、十字、車墩、梵修八莊士紳在自治區域劃分中表現可見一斑。根據官廳意見，擬將趙、太、陳、沙四莊劃為一區，新、十、車、梵四莊劃為另一區。但是因為新橋莊董為陳家行人，該莊董害怕經劃分後，失去新橋積善堂等權利，大力阻梗，意欲將新、十、車、梵、陳、沙六莊合為一區。新、十「紳民亦以不甘受外界鉗制，力求與陳沙分立」，此舉得到車、梵二莊士紳的支持。〔註280〕最後，由自治監督一錘定音，暫按趙、太陳、沙為一區，新、十、車、梵為一區的方式辦理。〔註281〕由此可見，在地方自治本地人治本地事的原則下，區域的重新劃分將危機到部分人的利益，同時也會惠及某一部分人，這正是糾紛不斷的根源之所在。

　　另外，對自治章程的曲解，亦是產生爭執的原因之一。如在錫金城鄉的

　　　　條、城鎮議事會議員，以二十名為定額。城鎮人口滿五萬五千者，得於前
　　　　項定額外，增設議員一名。自此以上，每加人口五千，得增議員一名，至
　　　　多以六十名為限。第二十四條、鄉議事會議員，按照人口之數定之，其比
　　　　例如左：人口不滿二千五百者，議員六名，人口兩千五百以上不滿五千者，
　　　　議員八名，人口五千以下不滿一萬者，議員十名，人口一萬以上不滿二萬
　　　　者，議員十二名，人口二萬以上不滿三萬者，議員十四名，人口三萬以上
　　　　不滿四萬者，議員十六名，人口四萬以上者，議員十八名。徐秀麗編：《中
　　　　國近代鄉村自治法規選編》，中華書局 2004 年版。
〔註279〕江蘇蘇屬地方自治籌辦處編：《江蘇自治公報類編》，卷四至卷六，文海出版
　　　　社 1989 年發行，第 515 頁。
〔註280〕《鄉自治互爭區域原因》，《申報》，1910 年 9 月 8 日。
〔註281〕《監督解決爭區》，《申報》，1910 年 9 月 22 日。

劃分過程中，就有鄉董蔣遇春倡言，「城自治區，當以城爲限」。對此，裘廷梁反駁說「蔣君僅知巍然在目者城，而不悟章程城廂之連及，故今日之爭，城不必論，當論廂，廂在城內者不必論，論城外之廂。」〔註282〕其背後有無其他利益糾葛，亦不能武斷下結論。

　　國家以統一法令來規定自治區域劃分的標準，實質上卻打破了地方上原有的利益格局，這種強勢行爲必然導致國家與地方精英之間產生矛盾，爲了維護固有利益，地方精英與國家政令相抗衡自在情理之中。另外，在自治區域劃分的糾紛中，新、舊地方精英之間的矛盾與鬥爭亦進一步激化。

第四節　江蘇各級地方自治的官治化趨勢

一、控制與整合：清廷自治章程的官治色彩

　　1908 年七月，民政部將本部所擬《城鎮鄉地方自治章程》轉憲政編查館核議。憲政編查館經核議並修改之後，於十二月公佈，憲政編查館認爲「諮議局議員選舉係用復選舉制度，現在自治職員選舉宜用單選舉制度，繁簡各殊，一切規制勢難通用。且選舉人不分等級，尤宜使刁生劣監挾平民冒濫充選，殊非爲地方興利除弊之道」。〔註283〕所以，在《城鎮鄉地方自治章程》之外，又單獨頒佈《城鎮鄉地方自治選舉章程》。

　　《城鎮鄉地方自治章程》凡九章一百十二條，分別爲：總綱、城鎮鄉議事會、城鎮董事會、鄉董、自治經費、自治監督、罰則、文書程序、附條等。

〔註282〕裘廷梁：《錫金城區議》，《申報》，1909 年 10 月 11 日。
〔註283〕故宮博物院明清檔案部編：《清末籌備立憲檔案史料》，北京：中華書局出版 1979 年版，第 725 頁。

3-4-1：城鎮鄉地方自治結構圖

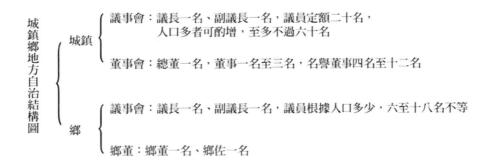

注：1. 議事會設文牘、庶務等。由議長、副議長遴派。

　　2. 董事會（或鄉董）設文牘、庶務等員，由總董（或鄉董）遴派。

　　3. 鄉還設鄉選民議，由本鄉選民全數充之。其職任權限照鄉議事會辦理。

　　4. 議事會、董事會（或鄉董）辦公之地爲城鎮鄉自治公所。

　　在《總綱》中，其明確規定：「地方自治以專辦地方公益事宜，輔佐官治爲主。按照定章，由地方公選合格紳民，受地方官監督辦理」。〔註284〕該條款透漏出三條關鍵信息：第一，地方自治是官治的補充；第二，地方自治的執行者爲合格紳民；第三，地方自治接受行政官廳的監督。

　　第一點是對地方自治的定位，其決定了地方自治機關與行政官廳難以分庭抗禮的弱勢地位。從這一刻起，地方自治便與官僚體制形成輔助與主導的關係，這種不對等的關係是中國近代地方自治推行過程中所遭遇的困境之一。

　　第二點所謂合格紳民還有其他種種條件限制，如章程對於選民資格又作如下限定：一、有本國國籍者，二、男子年滿二十五歲者，三、居本城鎮鄉接續至三年以上者，四、年納正稅（指解部庫司庫支銷之各項租稅而言）或本地方公益捐二元以上者。如居民內有素行公正，眾望允孚者，雖不備第三、第四款之資格，亦得以城鎮鄉議事會之議決，作爲選民。若有納正稅或公益捐較本地選民內納捐最多之人所納尤多者，雖不備第二、第三款之資格，亦得作爲選民。如此規定，能夠獲得選民資格者，或財產或德行，二者必具其一。但有下列情形者不得爲選民：一、品行悖謬，營私武斷，確有實

〔註284〕故宮博物院明清檔案部編：《清末籌備立憲檔案史料》，北京：中華書局出版1979年版，第728頁。

據者，二、曾處監禁以上之刑者，三、營業不正者，其範圍以規約定之，四、失財產上之信用，被人控實尚未清結者，五、吸食鴉片者，六、有心疾者，七、不識文字者。這七種人中，前六種尚屬合理，第七種則有完全不顧社會現實之嫌，以當時中國文盲占絕對多數的現實來看，此一限制導致大部分人不能獲得選舉權。層層限制之後，剩下的便是鳳毛麟角，即所謂的地方精英。具備選民之資格者，有選舉自治職員及被選舉為自治職員之權。但下列人等，仍然不得選舉自治職員及被選舉為自治職員：一、現任本地方官吏者，二、現充軍人者，三、現充本地方巡警者，四、現為僧道及其他宗教師者。並特別規定，現在學堂肄業者，不得被選舉為自治職員。〔註285〕這樣規定之後，女子、貧民百姓、文盲、特殊職業者等皆喪失選舉及被選舉權，結果自治職員的選舉與被選舉成為少數人的特權，地方自治亦成為少數人的「專制」。

　　至於官廳之監督，根據該章程第 102、103 條之規定，城鎮鄉自治職，受該管地方官的嚴格監督，其不但可以糾正自治機構的行為，而且還對自治機構辦理自治成績、預算決算表冊有定期查驗上報的權力；並且地方官還有呈請督撫解散或撤銷城鎮鄉議事會、董事會以及自治職員的權力，等等。縱觀整個章程，獨不見地方自治機構對行政官廳的監督，這必然導致自治機關和自治職員仰官廳之鼻息，難以形成獨立之人格的局面，這種施捨性的權力賦予使地方自治處於隨時被取消的境地。既然其存續的前提是以官廳的意志為意志，那麼，地方自治勢必淪為國家滲透基層社會的工具。

　　另外，根據《城鎮鄉地方自治章程》可以看到，議事會、董事會（或鄉董）、行政官廳之間形成議事會與董事會相互制約，官廳從中制衡的權力關係：如議事會議決事件，由議長、副議長呈報該管地方官查核後，移交城鎮董事會或鄉董按章執行。議事會有選舉城鎮鄉董事會職員，或鄉董鄉佐，及監察其執行事務之權，並得檢閱其各項文牘，及收支賬目。議事會於地方行政與自治事宜有關係各件，得條陳所見，呈侯地方官核辦。議事會於城鎮董事或鄉董所定執行方法，視為逾越權限，或違背律例章程，或妨礙公益者，得聲明緣由，止其執行。若城鎮董事或鄉董堅持不改，得移交府廳州縣議事會公斷。若於府廳州縣議事會之公斷有不服時，得呈由地方官核斷。如再不服，由地方官申請督撫交諮議局公斷。同樣，董事會於議事會議決事件，視

〔註285〕故宮博物院明清檔案部編：《清末籌備立憲檔案史料》，北京：中華書局出版1979 年版，第 730～731 頁。

爲逾越權限，或違背律例章程，或妨礙公益者，得聲明緣由，交議事會復議。若議事會堅持不改，得移交府廳州縣議事會公斷。仍不服者得呈由地方官核斷。如再不服，由地方官申請督撫交諮議局公斷。由此可知，在議事會與董事會（或鄉董）的權力制衡中，行政官廳往往穿插於其間，這種仲裁權的取得使地方自治難以擺脫行政官廳的鉗制。從國家、社會、第三領域的分層理論來看，此一階段的地方自治仍多「紳治」的味道，地方士紳進入體制內的結果卻是以緩衝作用的消弱爲代價的。清末地方自治推行的過程，必將成爲第三領域不斷遭到侵蝕的過程。

以上多爲《城鎮鄉地方自治章程》的不足，但並不能掩蓋其劃時代的進步意義。其進步之處在於引進了西方地方自治制中的部分民主因素，如選舉制，在自治職的產生過程中，雖然行政官廳會起到部分作用，但其仍然規定以選舉爲主。遵循了基本的民主程序，這無疑是歷史的一大進步。再如任期制，根據《城鎮鄉地方自治章程》的規定，所有的自治職都是有任期的，流動性的自治職位，總會給在職者一定的壓力，促使其努力辦事，而不是尸位素餐。又如迴避制，這樣更能有效防止以私害公，促進公正、公平。

根據預備立憲大綱之地方自治推行時間表，1909 年，清廷頒佈《府廳州縣地方自治章程》與《府廳州縣地方自治選舉章程》。《府廳州縣地方自治章程》，凡八章一百零五條，包括總綱、府廳州縣議事會、府廳州縣參事會、府廳州縣自治行政、府廳州縣財政、府廳州縣自治監督、文書程序、附條等。

3-4-2：府廳州縣地方自治結構圖

府廳州縣地方自治結構圖
{
府廳州縣議事會：掌議決自治事宜，議事會設議長一名、副議長一名。議事會視人口多寡，議員額數從二十名至一百名。

府廳州縣參事會：掌議決自治事宜，參事會以該府廳州縣長官爲會長，參事員由議事會于議員中互選任之。

府廳州縣長官：掌執行自治事宜。
}

注：1. 議事會得設文牘、庶務數員，由議長副議長派充。
　　2. 參事會得設文牘、庶務，由府廳州縣長官遴員派充。
　　3. 府廳州縣得置自治委員若干人輔佐長官執行自治事宜。

　　與《城鎮鄉地方自治章程》相比，《府廳州縣地方自治章程》有兩個主要特點：

　　第一，其進一步突出行政官廳的作用。就地方自治事宜的議決與執行來看，府廳州縣自治事務的執行者為行政官廳，而不是經過選舉產生的自治職員。更有甚者，在府廳州縣自治行政一章，其有如下規定：府廳州縣議事會或參事會之議決及選舉，如有逾越權限或違背法令者，該官長得說明原委事由，即行撤銷或將其議決事件交令復議，若仍執前議得撤銷之，若議事會或參事會不服前項之撤銷者，得呈請行政審判衙門處理，行政審判衙門未經設立以前，暫由各省會議廳處理之。府廳州縣長官遇議事會不赴召集或不能成立或遇緊急事件不及召集議事會時，得將該事件交參事會代議，議事會於應行議決之事件不能議決或閉會期屆尚未議決者亦同。府廳州縣長官遇參事會不赴召集或不能成立時，得將該事件申請督撫核准施行，參事會於應行議決之事件不能議決者亦同。這些規定對議事會的議決權形成極大的威脅。在自治監督一章中則進一步彰顯官廳的權威：府廳州縣自治由本省督撫監督之，仍受成於民政部，其關係各部所管事務並受成於各部。監督官府如以府廳州縣之預算為不適當者，得消滅之。督撫遇有不得已情節，得咨請民政部解散府廳州縣議事會，等等。〔註286〕時人評論到：「憲政館對於上級自治章程改董事會為參事會，採用日本制度也。然地方自治總以寬予民權為主義，今憲政館必欲嚴格以待之，予府廳州縣以得交令復議及撤銷議事會參事會、議決事件之權，並刪除議事會議決自治規約之權，則地方自治尚有何權可操！而他日辦事多牽掣可預決也。吾不知憲政館對於各種新法令之編制，必事事取法於日本嚴重之制度，以縮民權而張官權，果何為也歟。」〔註287〕此一評價可謂一語中的。

　　第二、議事會與參事會功能重複。《府廳州縣地方自治章程》規定議事會與參事會都掌握地方自治議決之權，而且參事會權限明顯大於議事會。根據該章程規定，議事會主要功能在於地方自治經費的歲出入決算、預算、籌集辦法、處理辦法等，另外還包括城鎮鄉議事會應議決而不能議決的事件，其餘依據法令屬於議事會權限內的事件等。參事會所議決範圍則有「一、議決

〔註286〕《國風報》，第 1 年第 5 號，第 89 頁。
〔註287〕《時評》，《申報》，1910 年 2 月 25 日。

－124－

議事會議決事件之執行方法及其次第，二、議決議事會委託本會代議事件，三、議決府廳州縣長官交本會代議事會議決之事件，四、審查府廳州縣長官提交議事會之議案，五、議決本府廳州縣全體訴訟及其和解事件，六、公斷和解城鎮鄉自治之權限爭議事件，七、其餘依據法令屬於參事會權限內之事件」，〔註288〕等等。另外，鑒於參事會的會長爲廳州縣的最高長官，其有可能會造成行政官廳對議事會議決權限的進一步侵蝕，如參事會可以「議決府廳州縣長官交本會代議事會議決之事件」的規定，當官廳不願將議案提交議事會時，其完全可以直接提交參事會進行議決。有人評論到：「憲政館既以官治與自治合併爲主義，則不得不改董事會爲參事會，奪董事會執行權寄諸府廳州縣長官，而以參事會爲常設之議決機關。然議決機關既有議事會，在今又增一參事會，是兩議決機關也。夫既不欲有執行機關之董事會，則直去之可也，何必再添一議決機關，致涉駢枝之誚」。〔註289〕

　　總之，與《城鎮鄉地方自治章程》相比，《府廳州縣地方自治章程》更加凸顯行政官廳的意志，這實與當局者的意圖是相符的。在憲政編查館上奏清廷的奏摺中，其對地方自治應注意事件如此解釋：「地方自治既所以輔官治之不及，則凡屬官治之事，自不在自治範圍之中。查各直省地方局所，向歸紳士經理者，其與官府權限，初無一定，於是視官紳勢力之強弱，以爲其範圍之消長。爭而不勝，則互相疾視，勢同水火。近年以來，因官紳積不相能，動至生事害公者，弊皆官民分際不明，範圍不定之所致。」「自治之事既淵源於國權，及應受監督於官府，法理當然，無待煩稱。所慮官不知所以監督之道，寬猛一失其宜，不獨戕折良民自治之機，亦且爲長奸啓侮之漸。茲故以監督重權，上寄民政部及各省督撫，下畀於地方官吏，並確示監督條款，特訂自治職員罰則，俾得按章督責，無敢非懟，庶自治區域雖多，而──就我準繩，不至自爲風氣，自治職員雖眾，而──納之軌物，不至紊亂綱紀。」〔註290〕以此而言，清末行政官廳所主導的地方自治完全採取一種自上而下的推行方式，其權利的分配則完全視地方行政官廳的意思，在縱向分權不明確的情況下，基層民眾的主動參與精神將大打折扣。王萍一針見血地指出，根

〔註288〕《國風報》，第1年第5號，第87～88頁。

〔註289〕《時評》，《申報》，1910年2月24日。

〔註290〕故宮博物院明清檔案部編：《清末籌備立憲檔案史料》，北京：中華書局出版1979年版，第726～727頁。

據《城鎮鄉地方自治章程》和《府廳州縣地方自治章程》的內容來看，其「都是抄襲日本的制度」，日本的地方自治仍然停留在官治階段，中國的地方自治當然大打折扣，「人民除了選舉自治職員外，別無權力可言。」〔註291〕

二、江蘇各級地方自治的官治化傾向

在清末江蘇地方自治籌辦的過程中，行政官廳始終處於主導地位，從自治法令的制訂、頒佈到付諸實踐，基本是行政官廳在運籌帷幄。同時，行政官廳亦清楚，僅靠自身的有限力量，是難以將各項自治法令貫徹下去的，其必須依靠基層社會中的地方精英，因此，在清末地方自治推行的過程中，眞正躬身實踐的仍然是基層社會中的地方精英們，行政官廳則手持監督的利器，左右其在預定的路徑上行走。因此，對於清廷所主導的江蘇地方自治，可以定性爲「官爲主導，紳爲主體」，以下結合江蘇地方自治籌辦的進程，試加以分析論證。

（一）各級自治籌備公所

首先，就各級自治籌備公所的規約來看，其對自治籌備過程中官、紳的作用都有明確的界定。在長元吳城廂自治籌備公所規約中有如下明確規定：「本公所一切事務由地方長官照會郡紳，由各公益團體之領袖及熱心士紳協力分任之。調查戶口章程第六條調查職員未經選出以前，所有調查事務由本公所酌定相當士紳定期舉辦，其調查細則另定之。經費在自治公所未成立前議由官紳各半籌墊，其認墊者及墊數別以議案載存之。本公所呈由地方官及省城自治籌辦處准辦，惟所辦係籌備自治公所，不請刊發圖記。」〔註292〕因此，從自治籌備公所之創辦者、調查戶口人員的確定、自治經費的籌集、合法性來源等幾個方面來看，其都能說明自治籌備公所之「官爲主導，紳爲主體」的性質。

其次，就各級自治籌備公所的成立來看，基本是由行政官廳召集地方士紳集議成立。如在接到蘇州巡撫頒發的城鎮鄉自治章程後，常州武陽兩邑長官馬上照會勸學所、教育會、商會、鄉董公所各團體，籌議辦法。6月27日，各團體假商會籌議此事，並請兩邑長官蒞會，擬以雙桂坊忠義祠爲城自治籌

〔註291〕《廣東省的地方自治——民國二十年代》，中央研究院近代史研究所集刊，第 7 期，1978 年版，第 485 頁。
〔註292〕《自治籌備公所訂定規約》，《申報》，1909 年 8 月 17 日。

備公所，公推惲莘耕觀察爲所長，某紳爲副所長，某紳爲駐所辦事員，俟兩邑官長照會後，即可成立。〔註293〕揚屬劭伯鎮自治宣講所於 6 月 22 日開會，參加者均爲紳商學界人士。〔註294〕6 月 30 日劭伯鎮官紳借來鶴寺開特別大會，組織自治籌備公所，甘泉萬縣令登臺演說並捐貼經費七十千文以示提倡。〔註295〕松江青浦縣西鄉珠家閣鎮紳商學界衛家壽等則於 6 月 27 日午後，在城隍廟米行廳議設地方自治研究公所，演說自治進行程序，推舉正副會長等。〔註296〕7 月 3 日，華婁張、劉兩縣令邀集城鄉紳士就普照寺會議地方自治事宜，就華婁分合問題、局所、經費、職員等進行討議，特別是職員一項，「本應公舉，現在局所未開，暫由兩邑令擇委士紳十二人作爲幹事員」。〔註297〕7 月 2 日昆新兩邑紳商學界借顧亭林先生祠開會，崑山、新陽兩縣令均到場，城鄉各團體到會者一百餘人。〔註298〕長洲趙縣令會同本地熱心公益之紳商，商榷辦理地方自治事宜。〔註299〕再如揚州之江甘、〔註300〕太倉之太鎮、〔註301〕蘇州之吳震、〔註302〕無錫之錫金〔註303〕等皆是在地方行政長官的督促下，由紳學商集議設立自治籌辦公所的。

根據蘇屬自治籌辦處擬定的各廳州縣自治籌備日期詳表，在江蘇各城鎮鄉自治機關陸續成立的同時，縣自治的籌備亦逐漸展開。1910 年 7 月 20 日，錫金城鄉各紳在勸學所會議縣自治籌備事宜。〔註304〕松江南匯縣城鎮鄉籌備地方自治總公所，在奉到省自治籌辦處頒發的廳州縣地方自治籌備日期詳表後，即遵令將城鎮鄉自治籌備公所撤去，改爲縣自治籌備公所。並邀集四鄉各紳，擬於 7 月 26 日各在本鎮鄉地方邀集區內紳士，舉定職員，設立各鎮鄉調查事務所，以爲將來縣自治之預備。〔註305〕常州武陽兩邑則擬將原來之鄉

〔註293〕《武陽自治公所之開幕》，《申報》，1909 年 6 月 28 日。
〔註294〕《研究自治之一斑》，《申報》，1909 年 6 月 29 日。
〔註295〕《劭伯鎮組織自治公所情形》，《申報》，1909 年 7 月 8 日。
〔註296〕《珠家閣鎮議設研究自治公所》，《申報》，1909 年 7 月 4 日。
〔註297〕《婁縣會議自治事宜》，《申報》，1909 年 7 月 5 日。
〔註298〕《昆新自治公所成立》，《申報》，1909 年 7 月 8 日。
〔註299〕《照會士紳組織自治公所》，《申報》，1909 年 7 月 12 日。
〔註300〕《江甘自治合辦之先聲》，《申報》，1909 年 7 月 13 日。
〔註301〕《太鎮地方自治研究所成立》，《申報》，1909 年 7 月 26 日。
〔註302〕《江震城廟自治公所成立》，《申報》，1909 年 7 月 27 日。
〔註303〕《錫金自治公所開幕》，《申報》，1909 年 7 月 29 日。
〔註304〕《集議籌備縣自治辦法》，《申報》，1910 年 7 月 27 日。
〔註305〕《南匯二團鄉籌備自治》，《申報》，1910 年 7 月 30 日。

董公所裁撤，提取原有經費三分之二爲籌備縣自治經費之用，〔註 306〕並於 6 月 19 日開正式成立會。〔註 307〕松江華婁張劉兩縣令，於 8 月 5 日會同兩縣士紳會議舉辦縣自治事宜。〔註 308〕蘇省自治籌辦處亦箚催各屬組織縣自治籌備公所，「並定該公所內應先多設宣講所，派員分赴各鎮鄉宣講自治原理，開導一切，以免阻滯。」〔註 309〕

總之，從自治籌備公所建立的過程可以看到，行政官廳與地方精英是一種主導與主體的關係。這種合作關係在利益不一致時，亦會發生矛盾。如揚州江甘自治公所在選舉自治職員過程中，行政官廳的專制行爲遭到與會者施永華的反詰，因縣令回答之理由不能服眾，集會之紳學商一鬨而散。最後，江甘兩縣令決定指派，以免再生糾葛。〔註 310〕反對專制的結果導致專制的變本加厲，適見官廳對自治籌備的主導地位。在縣自治籌備公所的建立過程中，部分職員是由地方推舉產生，如華婁兩縣的縣自治籌備職員皆係推舉產生。但更多地是由官廳委定，如武陽縣自治籌備公所，則由府縣委定憚紳等爲縣自治籌備公所正、副所長，各鄉董及勸學所總董、城自治董事爲參議。〔註 311〕這是官廳主導的又一明證。正是因爲行政官廳的主導作用，嚴重消弱地方自治籌備過程中的民主精神，民眾的主動性與積極性遭到一定的打擊。

（二）各級自治機關

在地方各級自治機關成立的過程中，「官爲主導、紳爲主體」的性質進一步彰顯，根據各級自治機關成立的步驟，以下按照城廂 —— 鎮鄉 —— 府廳州縣的順序分別予以介紹：

首先，與自治籌備期間不同，在地方各級自治機關成立的過程中，行政官廳開始退到幕後，因爲它們此時獲得一個更加合法的名號 —— 自治監督。其實現了各級自治職員由選舉產生的形式，但行政官廳仍然掌握著最關鍵的權力，即由選舉產生的主要自治職位仍然要得到行政官廳的認可，如長元吳城董事會之總董、董事及名譽總董在選出之後，應「呈請撫憲加箚委用」。

〔註 306〕《武陽縣自治經費有著》，《申報》，1910 年 8 月 2 日。
〔註 307〕《武陽縣自治籌備公所成立》，《申報》，1910 年 8 月 12 日。
〔註 308〕《華婁籌辦自治之進行》，《申報》，1910 年 8 月 7 日。
〔註 309〕《蘇省自治籌辦催促進行紀詳》，《申報》，1910 年 8 月 9 日。
〔註 310〕《江甘自治選舉衝突》，《申報》，1909 年 8 月 1 日。
〔註 311〕《武陽縣自治將開成立大會》，《申報》，1910 年 8 月 8 日。

〔註312〕對於各級議事會，行政官廳則施以嚴格的監督，在長元吳自治公所
議事會第一次開會時，自治監督趙吳陳三大令均到會監督。〔註313〕華婁兩
縣自治公所議事會開幕之際，府尊戚太守、華亭張大令即赴會監督指導。丹
徒城廂自治議事會第一次開會之際，監督倪大令亦親臨大會實施監督。〔註
314〕但這並不影響自治機關中地方士紳仍爲主體的現實。如在青浦縣城議、
董兩會（如下表）中，議事會正、副議長，董事會總董、董事皆有科舉背景，
這表明正紳地位仍然穩固，是一個非常典型的例子。另在長元吳城自治公所
成立之際，其邀請城廂士紳光臨以增加其影響，根據此一邀請名單來看，這
些人不是大人，就是老爺，抑或是大老爺。〔註315〕在「官督」的同時，還
頗有「紳督」的意味。

3-4-3：清末青浦城自治機關的組成

自治機關	成　　　　　員
議事會	正議長：張毓英（舉人）、副議長：葉其松（貢生） 議員：蔡鍾秀（貢生）、朱鴻恩、徐震民、張濡澤、茅承基、俞師言、施恩霈、支頌堯、李維城、盛作霖、宋寶祁（貢生）、張家櫬、董人鏡、孫似康、徐正常
董事會	總董：許其榮（貢生）、董事：金詠榴（舉人）、名譽董會：沈樹敏、章紀綱、呂鐘、張汝諧

資料來源：1、近代中國史料叢刊三編，第五十三輯，江蘇蘇屬地方自治籌辦處編：
　　　　　《江蘇自治公報類編》，卷一至卷三，文海出版社有限公司印行，第45期，
　　　　　第150頁。
　　　　　2、參考《進士舉人表》、《貢生表》、《武科表》、《畢業生獎勵表》等，《青
　　　　　浦縣續志》，第534～543頁。

　　另外，城廂議事會提案的性質亦可以證明自治公所的性質。城廂議事會
提案主要分四類：議員建議事件、董事會交議事件、選民請議事件，〔註316〕
還有職業團體如商會等提議事件等。一般非選民的普通民眾則無提案權。可

〔註312〕《長元吳董事會定期成立》，《申報》，1910年6月4日。
〔註313〕《蘇臺自治進行之一斑》，《申報》，1910年6月25日。
〔註314〕《各省籌辦地方自治》，《申報》，1910年6月15日。
〔註315〕《長元吳城自治公所成立之期邀請人員名單》，蘇州市檔案館藏，蘇州商會
　　　　　〔民國〕檔，I14-001-0274-016。
〔註316〕《長元吳三縣城自治公所議事會規則》，《申報》，1910年6月26日。

見所謂的地方自治實即少數人的「專制」（或者說是紳治）。因為各項議案必須經過行政官廳的核准方能執行，所以說，城廂自治確為「官為主導，紳為主體」。

　　其次，鎮鄉自治機關成立於城廂自治機關之後，各地成立的日期亦參差不齊。此一點在前文寧屬與蘇屬行政官廳的奏摺中已可窺得一斑。並且，在鎮鄉自治機關中出現了比城廂更加複雜的情況：第一，自治職員往往由舊有鄉董充任。除嚴重違反自治章程者，大部分舊有鄉董皆能當選，如在太倉太鎮各鄉自治選舉中，其舊時鎮董除吸煙者略加斥退外，其餘一律當選。〔註317〕第二，鎮鄉自治機關仍然受到行政官廳的嚴格監督。如蘇州蘇鄉滸墅關鎮自治分所鎮議事會開幕時，各紳則邀請長洲縣張大令，前往監督開幕。〔註318〕第三，鄉鎮自治機關往往被一班土豪劣紳所把持。如松江金山東一鄉地方議事會議員中，就有前曾犯案被罰五百金之沈少秋，及向業地師之子沈子達等，這些人都是通過運動當選的。〔註319〕另外，亦有與行政官廳相抗衡的案例，如武進金縣令批斥議事會呈報禁止吃請茶議決案，引起循理鄉全體議員的不滿，並以辭職相抗議。〔註320〕但這種情形實屬鳳毛麟角，其表明地方精英不斷向國家靠攏的事實。

　　雖然出現了更加複雜的情況，但可以斷言的是，鎮鄉地方自治仍然不脫「官為主導、紳為主體」的窠臼。並且，越是基層的地方自治機關，存在問題越多，舊紳之戀棧，地痞之把持，導致地方自治失去應有之義。

　　再次，按照自治章程之規定，廳州縣自治機關由議事會、參事會、行政官廳三部分組成。而實際上清末自治機關之設置僅止於縣一級，且縣一級自治機關，成立者亦是寥寥；既使成立者，也往往並未開議。時人對廳州縣自治機關的評價是，「其地位介於官府與下級自治之間，兼有官治與自治之性質，故其編制必用官治與自治合併之制度，窺其用意，不過欲奪自治之權歸諸官府，名為合併制度，實則官治而已。」〔註321〕這種完全取法於日本之自治制的方式，進一步凸顯行政官廳在上級地方自治中的絕對主導地位。

〔註317〕《太鎮自治進行之一斑》，《申報》，1911 年 2 月 5 日
〔註318〕《滸關鎮議事會開幕》，《申報》，1911 年 7 月 2 日。
〔註319〕《民部注意自治流弊》，《申報》，1911 年 6 月 12 日。
〔註320〕《循理鄉議員全體辭職》，《申報》，1911 年 6 月 28 日。
〔註321〕《時評》，《申報》，1910 年 2 月 24 日。

在縣自治機關中，地方士紳仍然是主體。如在青浦縣自治機關（如下表）中，雖然大部分自治職員的身份不能確定，但是根據自治章程的限定，這些人必是紳商學界中的人士無疑。另外，議長仍然具有科舉背景，這表明正紳仍然起著領導的作用。但縣自治機關中正紳的人數卻比城自治機關中少了很多。﹝註322﹞這與當時傳統士紳在區域社會的不斷退卻及其漸趨保守的心態是一致的，但是否為此時的普遍規律，還有待於進一步研究。

3-4-4：清末青浦縣自治機關的組成

自治機關	成　　　　員
議事會	議長：蔡鍾秀（貢生）、副議長 吳保華 議員：席裕壽、徐國士（武舉人）、俞達章、倪世基、陳覲丹、黃封、朱光輔、徐申錫、張澤濡、王德培、吳邦墚、王鏡清、張筠、何錫勳、陳式蕃、張之珍、徐宗賢
參事會	參事員：唐汝紳、支頌堯、諸光、許啓秀

資料來源：1、《青浦縣續志》，第 551〜552 頁。

2、參考《進士舉人表》、《貢生表》、《武科表》、《畢業生獎勵表》等，《青浦縣續志》，第 534〜543 頁。

總之，江蘇省各級地方自治機關的成立進一步彰顯「官為主導，紳為主體」的性質，並且自治級別越高，行政官廳的干預就越強。

（三）地方自治經費

地方自治經費的來源亦是透視自治性質的一個重要視角。按照自治章程，自治經費是有固定來源的，﹝註323﹞但是因為過去地方財政過於混亂，把

﹝註322﹞在城自治機關中，有科舉背景者達 6 人之多，占總數的 26.09%；在縣自治機關中，有科舉背景者只占 2 人，占總數的 8.70%。

﹝註323﹞根據蘇撫提議、蘇省諮議局的議決，蘇省地方自治經費將分為三大塊：地方公款公產、附捐特捐、過去吏胥董保所掌握之公款等。除此之外，還特別規定兩點：其一、自治區域內如有無主荒地或新漲洲地，得由自治公所查報、承領並設法墾闢作為公產。其二、特捐的徵收範圍：奢侈消費之品，如煙酒捐，茶捐、肉捐之類；一切作為無益之事，如戲捐、經懺捐之類。鑒於寧蘇各屬地方情形不同，特捐性質應以本地方能否通行為準，不為通省劃一。各地應列舉可以徵收特捐之種類名目，作為標準，使各地方之辦自治者，既有法定的範圍，又有參酌的餘地。至本地方大宗物產如棉花絲米豆麥之類，亦可酌量地方情形，徵收特捐，以助自治之進步，但不得因此妨礙小民生計。《議決案》，《申報》，1909 年 10 月 23 日。

持在一二劣紳之手，一時無法整理。〔註 324〕蘇垣自治籌備公所紳董在清理公
款公產時，即遭遇此種困難：「城廂內外各善堂、倉所，歷年既久，中更數手，
頭緒又繁，一時清查匪易。現聞某善堂董會有變賣公產市房等事，因此為難
之處甚多。」〔註 325〕所以在各城廂自治籌備期間，其經費主要來源於官廳與
士紳的墊付。如在武陽籌備自治公所成立時，所有一切經費由憚紳擔任。〔註
326〕婁縣在籌辦地方自治時，經費「議由紳士聯名具稟撫憲借用濬河經費存
息，不足提賑餘存款。」〔註 327〕蘇垣地方自治會在開辦過程中，議定經費預
算開辦八個月，經費大約八百元左右，即以藩署津貼撥充。〔註 328〕蘇州長元
吳城廂自治籌備公所開辦經費先由各公團墊付，〔註 329〕共同擔任各一千元，
後因預算一切不敷開支，再由縣紳各擔任五百元，等等。〔註 330〕自治經費既
然由官紳墊付，其必然要求在地方自治籌辦過程中佔據主導地位。

　　楊壽祺認為，在地方自治推行過程中，自治經費劃分不明確是首先要解
決的問題，因而提出幾點辦法：第一、以區域範圍定之，即廳州縣自治經費
要與城鎮鄉自治經費劃分清楚；第二、以事務範圍定之，防止挖西牆補東牆
的現象；第三、宜以管理徵收之法律範圍定之，防止少數大紳把持自治經費
的現象。〔註 331〕楊指出了其中存在的部分癥結，但在當時情況下，這些建議
皆難以立即實現，只得採取官紳墊付的方式。而這種官紳墊付的方式嚴重影
響了地方自治的主導權：由官廳來墊付，一切自治事宜往往仰官廳之鼻息；
由士紳來墊付，則自治事務往往取決於出資士紳之個人意志。

<hr>

〔註 324〕東吳：《論地方自治第一次籌款之難（續）》，《申報》，1909 年 8 月 5 日。
〔註 325〕《清理公款公產之為難》，《申報》，1909 年 11 月 13 日。
〔註 326〕《武陽自治公所之開幕》，《申報》，1909 年 6 月 28 日。
〔註 327〕《婁縣會議自治事宜》，《申報》，1909 年 7 月 5 日。
〔註 328〕《地方自治會職員議紀要》，《申報》，1909 年 7 月 7 日。
〔註 329〕《官紳籌辦自治公所情形》，《申報》，1909 年 7 月 17 日。
〔註 330〕《籌辦地方自治之綱要》，《申報》，1909 年 10 月 13 日。
〔註 331〕楊壽祺：《論地方自治經費宜速明定權限》，《申報》，1909 年 10 月 12 日。